笑出腹肌的中国史

2

不明山人
著

北京理工大学出版社
BEIJING INSTITUTE OF TECHNOLOGY PRESS

目录

第十八章　宣帝中兴

第十九章　父与子

第二十章　与舅舅共天下

第二十一章　王莽的奋斗

第二十六章　荡平群雄

第十四章

辅政五大臣

壹　私生子

说起来，前汉对匈奴战争的显赫武功，是由两个私生子开创的。

卫青是私生子。

卫青的父亲名唤郑季。郑季是平阳人，在平阳县中做小吏，曾被外派到曹参曾孙平阳侯曹寿家工作。外派期间，郑季和平阳侯曹寿的小妾、一个姓卫的女子私通，随后生下了卫青。

换言之，卫青是郑季给平阳侯曹寿戴绿帽子的产物。

值得一提的是，曹寿就是大名鼎鼎的平阳公主的第一任丈夫，而后来曹寿死后，平阳公主又有了第二任和第三任丈夫。第二任丈夫是前汉开国功臣汝阴侯夏侯婴的曾孙夏侯颇，第三任丈夫则正是敕封大将军后的卫青。

不过，这是后话，私生子卫青小时候的生活是颇为艰难的：辛苦是一方面，最难受的是屈辱。

在电视剧《卫子夫》里，曹寿被诠释成一个忍者神龟一样的人物，在汉武帝强势的皇权与皇权的至亲姐姐面前，曹寿很难强势。但即便曹寿再弱势，也不可能每天看着一个私生子在自己面前晃悠而无动于衷。当然了，还有一种可能，曹寿压根不知道卫青不是自己的儿子。

卫姑娘可能希望卫青能有个更好的前程。于是，卫青稍大一些就被送回了生父郑季家里。

但郑季太让卫青和卫姑娘失望了。郑季给卫青安排了放羊的工作，然后就任其自生自灭。倒不是郑季有多渣，实在是郑季扛不住来自正妻与正妻诸子的压力。卫青同父异母的哥哥们都不把他当兄弟看，而是把他当作自己家买来的奴隶。

显然，在郑家是没有什么前途的。于是，再大一些，卫青又回到了平阳侯家里。这时候，平阳侯曹寿已经去世，卫青作为一名侯府骑士，因为长得高大健壮、英姿勃发，就成了平阳公主亲随骑兵中的一员。

到了建元二年，也就是公元前139年，卫青的同母姐姐卫子夫，在平阳公主为汉武帝设下的歌舞宴席上得到了汉武帝的垂青，并成为汉武帝后宫的一员。

卫青也因此进入了汉武帝的视野。不过，卫青并没有因此立刻飞黄腾达，因为他的姐姐卫子夫一进入皇宫就像被汉武帝忘记了一样。

又过了一年多，汉武帝例行公事，发落一批一直没有被临幸的后宫女子，让她们出宫、给她们自由。卫子夫就趁着这个机会，梨花带雨地请求汉武帝放她出宫。

汉武帝自然不忍，卫子夫再度被临幸。不久之后，卫子夫怀孕了。

生育能力是后宫女性的核心竞争力，这一点，卫子夫随妈——卫子夫的生母，前后一共生了卫长君、卫青两个儿子，卫孺、卫少儿、卫子夫三个女儿。

卫子夫成为第一个为汉武帝怀孕的女人，自然也因此宠冠后宫。

不过，这时候的汉武帝，上有窦太后，下有诸兄弟，位置并不安稳，尚需要得到皇后陈阿娇及岳母兼姑姑、汉文帝长公主刘嫖的支持。

那么，卫子夫的得宠，就让阿娇和刘嫖非常不满。但刘嫖没有笨到要跟少年天子刘彻决裂的程度，他们是绑在一辆战车上的。

倒霉的是卫青。刘嫖决定杀掉时任建章宫卫士的小角色卫青，于是，卫青被长公主府秘密逮捕。不过，卫青也不白给。他在平阳侯家卫队、建章宫卫队中结识了不少好兄弟、好战友。听闻卫青被逮捕的消息后，一个叫公孙敖的骑郎带领手下壮士帮助卫青完成了越狱。

当然了，公孙敖们铤而走险，一方面是跟卫青的战友情、朋友情；另一方面也是因为他们明白，汉武帝可以成为卫青最大的后台。

果然，汉武帝听闻卫青被捕的消息后，不动声色地任命卫青为建章宫监，同时加侍中官衔，成为汉武帝身边的机要人员。

汉武帝没有向刘嫖、陈阿娇问及此事，高明的政治家都懂得斗而不破。而卫青自此之后也安全了——刘嫖势力再大，也不敢对皇帝的心腹下手。

随后的事情，我们在第一卷已经讲过了——窦太后不久死去；茏城之战，卫青在一众大汉将领中脱颖而出；皇后陈阿娇倒台，卫子夫生皇子刘据上位皇后；卫青就任大将军；卫青娶平阳公主。

再没有谁能阻止卫氏在大汉权力场上的舞蹈。

霍去病也是私生子。

霍去病的姥姥是那位跟卫青爸爸郑季私通的卫姑娘。卫姑娘的二女儿卫少儿，就是霍去病的亲生母亲。而霍去病的亲生父亲是汉河东郡平阳县人霍仲孺。

霍仲孺的身份和郑季一样，都是平阳县中小吏，也在平阳侯家外派办事。一来二去，霍仲孺就与卫少儿情愫暗生，生下了霍去病。然后，霍仲孺外派结束回了家，又娶了个女人结婚，从此与卫少儿断绝关系。

这种情况下，霍去病的地位本来会和卫青一样，做平阳侯家的普通奴仆，混得好可以做个侯府侍卫长。

但霍去病生于公元前140年。这一年，汉武帝已经继位一年。后一年，也就是公元前139年，霍去病的姨妈卫子夫就晋位夫人，舅舅卫青则当了建章宫监、太中大夫、加侍中衔。

所以，卫青受过的苦，卫青没有再让霍去病受。

不久之后，卫少儿也因为卫子夫的缘故，得以嫁给詹事陈掌，过上了踏实日子。霍去病则在卫青、卫子夫的帮助下进入宫中，陪伴汉武帝刘彻左右，接受汉武帝的一手培养，然后在十八岁那年横空出世。

随后的故事，我们在前面也详细讲过了：高阙塞外，一鸣惊人；一出河西，金人为虏；二出河西，张国臂掖；当机立断，受降浑邪；绝幕之战，封狼居胥……

后来，霍去病知道了霍仲孺是自己的亲生父亲，但霍去病远在长安，一直也没得空去认亲。

直到公元前119年，汉武帝发动远征漠北的绝幕之战，霍去病统领的大军从长安出发，途经河东，河东太守到远郊迎接。太守亲自背负着弓和箭在前导军，把霍去病迎到了平阳侯家里接待安置。

霍去病便派人召霍仲孺来平阳侯家。霍仲孺来了，但他并不敢认这个威风凛凛的骠骑将军。霍去病没有质问他为什么抛弃自己和母亲，这种事情司空见惯，大汉儿女不纠结这个。

霍去病远远地快步迎上前去，作揖，跪拜，向霍仲孺说道："我早先不知道您是我的生身父亲，所以，没有尽早来拜见您。"

霍仲孺也慌忙跪地叩头还礼，说道："老夫我因为将军而改变命运，都是上天的恩赐啊！"

感人的认亲事件就这么暂时告一段落。意气风发的大汉冠军侯、骠骑将军霍去病给老迈的霍仲孺买了大量的良田、豪宅和奴婢后，带领大军出发，北上征战。绝幕奔袭，犁庭扫穴，登临瀚海，封狼居胥！

归来，霍去病带领的凯旋之师再度经过河东。霍去病再次探望了生身父亲，临了，带走了霍仲孺的一个婚生子。

这个儿子，就是霍光。时年只有十几岁。霍光的进击之路，从此开启。

绝幕之战两年后，霍去病去世，没能再对大汉帝国之后的历史施加影响。当然了，没有影响本身就是一种影响。

汉武暮年，卫青去世。失去了庇护的卫太子刘据成为众矢之的，汉帝国政治中心动荡，以卫子夫、卫太子为首的卫氏被连根拔除。

而在这场大动荡中，霍光完全置身事外。霍光被霍去病带回长安后，当即被汉武帝任命为郎，成为一名光荣的近卫军，不久之后又升任诸曹侍中，在霍去病去世后，被任命为奉车都尉、光禄大夫。

此后二十余年，霍光以奉车都尉、光禄大夫的身份担任汉武帝的机要秘书，汉武帝出巡，他伴随左右，汉武帝在京，他侍奉左右，小心谨慎，兢兢业业，从未出过差错，因此极受汉武帝宠幸。

在血雨腥风的巫蛊之乱中，霍光也是这样的态度，不多说话，听汉武帝指挥。而这也让汉武帝对他的信任保持到了最后。

汉武帝非常之人行非常之事，临终，排除了另外两个成年儿子燕王刘旦、广陵王刘胥的继承权，立最小的儿子刘弗陵为皇太子。而汉武帝为刘弗陵指定的首席辅政就是霍光。

据说，汉武帝曾经让宫廷画师画了一幅周公负成王接受诸侯朝贺的图赐给给霍光。在汉武帝病重时，霍光含泪问汉武帝："皇上如有不测，谁可以继承皇位？"汉武帝说道："上次送给你的画，意思还不明白吗？立小儿子弗陵为后，你来辅佐他，做大汉的周公！"

霍光诚惶诚恐，立即跪地叩头，辞让："臣比不上金日磾。"金日磾是个顶聪明的人，立即也跪下说道："臣出身匈奴，比不得霍光。"

金日磾的理由更充分，汉武帝的考量也不会因为霍光的辞让而轻易更改，于是霍光被任命为大司马大将军，成为辅政首辅。

当然了，有人怀疑，所谓的周公负成王图，是霍光往自己脸上贴金编造的故事，一如"安汉者周勃"。这样的怀疑并非没有道理，汉武帝的辅政安排并没有把鸡蛋装在一个篮子里。

贰　霍光的帮手

汉武帝为刘弗陵安排的辅政大臣，除了首席霍光之外，还有四个人。

第一个是匈奴王子金日磾。

汉武帝元狩二年（公元前121年），大汉帝国对匈奴发动了河西之战，霍去病是战役前线总指挥，春季一个奔袭，夏天一个迂回，基本上廓清了盘踞在河西走廊的匈奴势力，匈奴浑邪王等带领残余部众逃走。

浑邪王部、休屠王部的惨败让匈奴单于恼羞成怒，单于决定把他们召到王庭处决，以振军威。

浑邪王、休屠王也猜到了单于的算计，两人干脆和其他部落贵族一商量，派人找到了在朔方督造城池的大行令李息，表达了投降的意图。

李息接见了浑邪王使者，明确了对方的意图后，立即派人快马加鞭去长安向汉武帝报告。

汉武帝担心浑邪王们诈降袭扰边境，于是安排霍去病带兵前往迎接。还真就出了差错。

倒不是浑邪王玩诈降，而是有些匈奴人后悔了。霍去病带兵渡河不久，双方还没接上头，浑邪王部众中就有人要收拾铺盖逃走，其中就包括休屠王及其部众。

霍去病何等敏锐的战场观察力，他发现了浑邪王营中的骚动后，当机立断，带领数十名亲信长驱直入浑邪王营，大军则追随其后。

霍去病确定了浑邪王投降是真之后，便和浑邪王一起开始对叛逃部众进行镇压，前后斩杀了八千多人。

休屠王为他的立场不坚定付出了生命的代价，他也成为这八千人之一。休屠王死后，他的阏氏和年轻的儿子放弃了抵抗，保住了性命，但却没有办法和其他匈奴降者获得相同的赏赐和政治地位。

休屠王阏氏和两个儿子都被收入官府，成为帝国奴隶。这两个儿子都取了汉名，一个叫金日磾，一个叫金伦。金日磾年长为兄，河西之战这一年十四岁，金伦年幼为弟。

奴隶是要干活的，金日磾领到的差事是在黄门郎手下负责养马。弼马温这活儿，不光孙悟空干过，金日磾也干过！和孙悟空一样，金日磾也没当太久的弼马温。不过，他俩也有区别：孙悟空是耐不住性子，金日磾则偏偏和霍光一样，是个极其克制的人。

有一次，汉武帝带领后宫游宴观马，六宫粉黛，绮丽满园。金日磾和几十个同事各自牵着马从大殿下走过接受汉武帝的检阅。

弼马温也是人，又是终日劳作的雄性，面对汉武帝庞大的美女后援团，金日磾的同事们纷纷冒着被处罚的危险，向汉武帝的后宫嫔妃们偷窥。

这一切，汉武帝都看在眼里，并没有因此发怒，同为男人，汉武帝对这些养马的汉子有基本的了解。

不过，其中一个人吸引了汉武帝的注意：他表情严肃、目不斜视。另外，这个人身高八尺有余，容貌凛凛，气派威严，养的马也膘肥体壮，看起来比其他人的马都漂亮些。

不拘一格降人才的汉武帝当即叫住了这个人，问他叫什么名字？为什么能目不斜视？马儿怎么养得这么好？他都一一作答，有条有理，有礼有节。而且，显然，他用的是长安官话，大汉普通话。

汉武帝觉得这是个可造之才，当即赐他洗沐衣冠，拜为马监。这个人正是休屠王子、发配黄门养马的金日磾。严格说起来，先前的金日磾并不是弼马温，现在升职为马监的才是。

金日磾没有当多久的马监。他谨慎持重，深得汉武帝赏识，官职自然升得快，不久就加侍中衔，又升任驸马都尉、光禄大夫，前后赏赐千金有余，这样就和霍光一样，成为汉武帝出则骖乘、入侍左右的心腹机要之人。

而对金日磾得宠，许多贵戚重臣都颇有微词，私下里议论："陛下碰巧得一胡儿，竟让他如此贵重！"

汉武帝乾纲独断之际又不失海纳百川之风，自然不把这种话当回事，继续保持对金日磾的信任与宠幸。但金日磾却不敢因此放肆，反而愈加谦逊内敛。

金日磾有两个儿子也很受汉武帝宠爱，日常陪伴汉武帝左右，供他逗乐，颇有含饴弄孙的意味。

其中长子无名，称弄儿。弄儿小时候曾经有一次从身后抱着汉武帝的脖子，就像孙子跟爷爷撒娇，而金日磾当时侍奉在侧，当即怒目瞪视弄儿。金日磾大概平素对儿子们很严厉，弄儿一下子被吓哭了，赶紧从汉武帝背上爬下来走开，边走边喊："老爹生气了！"

汉武帝听了，却对金日磾说："干吗对我儿这么凶？"爱屋及乌，亲信如此。

但汉武帝对弄儿的一味娇惯也害了弄儿。弄儿在汉武帝身边长大，只学到了韩嫣一样的骄纵不谨，霍去病一样的锐不可当、少言不泄却一点没学到，弄儿成了汉武帝教育的残次品。

弄儿不知分寸地在殿下与宫女嬉戏，恰好被金日磾看到。金日磾担心时间长了，弄儿与宫女有淫乱之事，随即杀了弄儿。

你没看错，虎毒不食子，但金日磾却因为弄儿与宫女的一次嬉闹就杀了弄儿。金日磾显然过于冷血了，但却是他当时处境下的必然选择，当年汉匈边境他父亲休屠王的鲜血足以让他无数个夜晚被梦魇惊醒，从而警钟长鸣。

命运垂怜，让他和兄弟金伦从被俘为奴的低谷奋起，得到如今的地位。如何让这种地位保持下去，让休屠王的血脉在长安成为世家大族，是金日磾必须考虑的事情。秘诀也在金日磾发迹缘由中：小心谨慎、不敢造次以及忠心耿耿。而弄儿的骄矜与不知礼数，将给金家带来极大的政治风险。

汉武帝知晓金日磾杀了弄儿后，极度愤怒。金日磾连忙跪下向汉武帝说明杀弄儿的缘由。汉武帝的愤怒被化解，但依然为弄儿伤心落泪。与此同时，金日磾在汉武帝心中的形象进一步高大起来：这个胡儿，淳朴率直，让人放心！

汉武帝后元元年（公元前88年），马何罗与马通兄弟意欲谋反。

原因是马何罗与江充很要好，而马通又在平定卫太子刘据之乱中力战有功封侯。汉武帝却在轮台罪己之后，亢龙有悔，开始了对江充的反攻倒算，马何罗兄弟担心自己最终难逃株连。

不过，马何罗的异常很快被金日磾发觉，因而被金日磾刻意防范——马何罗求见汉武帝，金日磾必与他一同前去。因此，很长时间，马何罗没有得到机会。

直到有一天，汉武帝行幸林光宫，金日磾又身患小疾，在行宫偏殿稍事休息，让马何罗逮到了机会。

马何罗、马通及小弟马安成矫诏夜出，杀使者，发兵。第二天早上，汉武帝还没有起床，马何罗进入行宫，意欲刺杀。在这千钧一发之时，金日磾第六感发作，立即前往汉武帝住处，端坐外室。

金日磾刚坐下，马何罗袖中藏剑也进入汉武帝住处，一看金日磾在，做贼心虚，大惊失色。但箭在弦上不得不发，马何罗心一横，不理金日磾，直入内室，但忙中出错，被琴绊了一下，金日磾得以趁机从后抱住马何罗，随即大喊："马何罗谋反！"

这样，就惊动了包括霍光、上官桀在内的其他近臣侍卫，汉武帝也被惊起。大家围上来，立时要把马何罗剁为肉泥。但被汉武帝制止，汉武帝担心这样会误伤金日磾。

于是，近臣侍卫们围着马何罗、金日磾陷入僵持。金日磾身材高大，又制敌机先，大概也很擅长摔跤，不久就彻底制住了马何罗，一个举火焚天，把马何罗连人带剑扔到了殿下。众人随即围上，逮捕了马何罗。

马何罗的谋反计划大抵是，自己刺杀汉武帝完成斩首，让弟弟马通、马安成带领部众控制行宫。现在，马何罗被金日磾擒拿，计划自然流产。斩首行动被反斩首，这就是马何罗谋反案。

而金日磾在这一事件中，展现了除忠诚、谨慎、有原则之外的其他品质：勇武、机敏、果断。

那么，在汉武帝这里，霍光的第一个帮手就是金日磾了。

第二个人是上官桀。

上官桀是陇西郡邽县人，很小的时候，就进入宫中成为羽林期门郎。

汉代的郎，大抵是负责宫城守卫的。比如羽林郎，最初是负责建章宫守卫及皇帝出行扈从，也称为“建章营骑”，卫青就干过这个活，而羽林郎的卫队长则称为“羽林骑令”。而期门郎则是负责跟随皇帝狩猎的，狩猎之日要在皇宫之前集合等皇帝出来，这个“期门”实际上就是等皇帝从门里出来的意思。

汉武帝时期多征战，后期常常安排羽林照顾战死将士的后代，教他们兵器、战阵之法，这一批人又称为“羽林孤儿”。

那么，考虑到上官桀年少入宫，又在汉武帝中后期发达，上官桀有一定的概率是羽林孤儿、烈士之后。

上官桀的身体条件很不错。有一次，他作为羽林护卫的一员，跟随汉武帝前往甘泉宫，路上遇到大风，汉武帝顶着华盖的大车遭遇风阻，前行困难。于是，汉武帝命人把华盖取下来，随手交给身边的卫士保管。

上官桀在队伍中的位置离御驾很近，所以，这一次大奖就砸在了他的头上。寻常人可能就老老实实把华盖收起来，负重继续前进了。但上官桀不是寻常人，他知道表现的机会到了。只见他奋力擎稳了华盖的长柄，冒风稳稳地跟着天子六驾前进，用物理学语言描述，就是上官桀的华盖与御驾保持了相对静止。

大风没有停，还淅淅沥沥下起了雨。上官桀这时候将华盖稍稍倾斜，竟然替汉武帝挡住了雨……

汉武帝欣赏勇武的男人，到了未央宫，当即任命上官桀为未央厩令，也就是未央宫养马的头儿。嗨，又一个弼马温！不过，此上官弼马温没有像彼金弼马温那样青云直上。因为除了勇武之外，汉武帝没有从上官桀身上看到更多可贵的品质。

但对上官桀这种始终做好准备的人，只需要另一个机会。机会说来就来。

汉武帝病了。汉武帝又好了。汉武帝出来看马。汉武帝看到未央宫的马都瘦了。汉武帝勃然大怒：“你个未央厩令，好生大胆，莫非觉得我见不到马了？”当即就要把上官桀逮捕下狱处罚。

上官桀扑通一声跪下，痛哭流涕地说道："陛下圣体不安，我日夜忧虑害怕，实在没有心思照管马匹！"

漂亮！如果不是处心积虑，这样的应变不可谓不迅速。当然了，《汉书》的记载，因为后来上官桀的失败，对此事的暗示，倾向于认为上官桀处心积虑讨取汉武帝欢心。

对比上官桀与金日磾，似乎金日磾打娘胎里出来就一身正气，上官桀则是谄媚到骨子里，一身奸臣相。

这是自古以来，历史讲述者，包括笔者在内，都无法避免的问题：我们都在事后解释，而我们都无法了解事情的全貌。所以，提请各位读者主意，笔者所有的叙述，所有的观点，仅代表个人的一种逻辑，并不是真实而完全的历史。同样的，正史也不是真实完全的历史。

回到上官桀的辩解。汉武帝接受了他的辩解，而且天纵英姿如汉武帝、雄才大略如汉武帝、聪敏多疑如汉武帝，在当时，只读到了上官桀的一片赤诚之心。

上官桀赢得了汉武帝的信任，不久之后，加侍中衔，随后，又升任太仆，位列九卿。

当汉武帝病重托孤时，上官桀被任命为左将军，和霍光等人一道辅佐刘弗陵。

霍光、金日磾、上官桀，这是内阁三巨头，统领内朝。而在外朝，则是老好人田千秋做丞相，财政专家桑弘羊担任御史大夫，为丞相之副。

田千秋是个厚道人。巫蛊之祸后，田千秋上书汉武帝为卫太子刘据鸣冤，说："臣梦见一只白头翁对我说：'子弄父兵，按律当接收鞭刑；天子的儿子过错杀人，该判什么罪呢？'"

恰巧汉武帝冷静下来后，也渐渐知道刘据是被逼得退无可退才铤而走险，已经有所醒悟，于是就召见了田千秋。

田千秋也是个大高个，好身材，好样貌。汉武帝一看，很喜欢他，就对田千秋说："父子之间，外人是很难说得上话的，只有你知道是怎么回事。一定是高皇帝教你来开导我，你就留在身边辅佐我吧。"

田千秋因此被任命为大鸿胪。不久之后，李广利、刘屈氂集团覆灭，丞相之位空缺，田千秋就接任了丞相，被封为富民侯，寓意与民休息、富民养民。前后不过几个月的事儿，田千秋可谓平地飞升。谁说人善被人欺，田千秋就证明，厚道人得福报。

至于桑弘羊，正史无传，其经济思想主要体现在《盐铁论》中。汉朝经济不是本书的重点，不多叙述。

以上，霍光领衔掌舵，金日磾、上官桀为副，丞相田千秋、御史大夫桑弘羊负责执行，这就是汉武帝临终的辅政格局。

这里边，好玩的一点是：霍光、金日磾、上官桀、田千秋都是汉武帝一手提拔起来的，内朝三巨头还是汉武帝一手培养起来的，他们没有跟豪强大族有过多的利益关系，只对皇帝负责；至于桑弘羊，一系列经济政策，没少得罪豪强和依附于豪强的士族。

这样的清白履历决定了他们每一个个体想成为一股庞大势力都要花时间，他们对外，要摆平豪强、士族，对内，彼此之间的制衡也能预防权臣的形成。

至少理论上是这样的，而汉武帝显然也为此下了一番功夫，汉武帝临终前，大概相信：帝国会行稳致远，在寡头形成之前刘弗陵会长大。

真的会吗？

叁　第一个意外

给辅政五大臣各自一个标签的话，那霍光就是稳重，所以是首辅，把握大方向。金日磾则是原则，所以是次辅，是纠错机制。上官桀则是平衡，有利于内阁民主。田千秋是听话，保证内阁国策的下达。桑弘羊则是执行，处理具体事务是高手。

那么，汉武帝的安排，制约霍光权力的最主要人物就是金日磾。金日磾也不负汉武帝的期望。

汉武帝驾崩后，霍光宣读汉武帝遗诏，封赏平定莽氏兄弟叛乱的功臣。其中重头戏是：霍光封博陆侯，金日磾为秺侯，上官桀为安阳侯。

这个事情很可疑。因为卫尉王莽的儿子王忽位列侍中，王忽扬言说："先帝驾崩前后，我一直侍奉左右，没听说过遗诏封三人为侯的，这帮小子相互吹捧谋高位呢！"

霍光听说后，招来王莽，一通训斥。王莽回家后，就毒杀了他这个多嘴多舌的儿子。

关于遗诏封侯，霍光、上官桀肯定有过交流，并且达成了一致。至于金日磾的态度则不得而知。但金日磾的反应告诉我们，至少他对此事不置可否。金日磾以昭帝年少为由拒绝了封赏。这样一来，霍光、上官桀自然不好意思接受封赏。相当于金日磾一票否决了遗诏封侯的落地。

金日磾未必就是要故意跟霍光唱反调，这符合他一贯谨慎、谦逊、原则性强的作风。但必须承认，这样的金日磾，无疑能起到时刻警醒霍光的作用，是维持辅政五大臣平衡的关键力量。

但可惜天不假年。公元前121年，金日磾被俘为官奴时，年仅十四岁。三十三年后，汉武帝逝世，金日磾四十七岁。辅政仅仅十七个月后，在汉昭帝始元元年九月，车骑将军金日磾薨，年仅四十八岁。

公元前119年，霍去病在漠北之战后将霍光带到长安，霍光十几岁。这样看来，金日磾比霍光略年长些，但相差应该在两三岁之间。然而，霍光的宏大事业才刚刚开始，金日磾就追随汉武帝而去。

当金日磾病重时，大将军霍光向昭帝上书请求敕封金日磾为秺侯。请示只是例行程序，昭帝自然批准。随后，霍光派人奉印绶前往金日磾家授赏。

在最后一刻，金日磾妥协了，他在病床上接受了秺侯印绶。大汉的侯爵是大汉男儿无上的荣耀，他无法拒绝。

一天之后，金日磾薨逝。汉昭帝下诏，谥金日磾秺敬侯，赐予金日磾葬礼用品、战车甲士，在茂陵边霍去病墓东侧为金日磾起墓地陵园，安排军队从金日磾家列阵至茂陵，为金日磾送葬，极尽哀荣。

霍光这一手极其漂亮。赏平定马氏兄弟叛乱之功，当前唯一的阻碍就是金日磾。当金日磾接受了封赏，霍光和上官桀的封赏自然水到渠成。

次年，汉昭帝始元二年二月，大将军霍光以平定马何罗之乱封博陆侯，上官桀则封安阳侯。

辅政五大臣的格局，也瞬间变成了辅政四大臣格局。而无论是上官桀，还是田千秋，抑或桑弘羊，都无法在资历上与霍光相提并论，于是他们都成了霍光的追随者。

当然，这都是暂时的。上官桀们会发展自己的势力，其他对抗霍光的势力，也会寻找与上官桀们的合流。不过，我们暂时不讲这个话题，且回头看一下短暂的五辅时代，帝国还有哪些大事发生。

汉武帝轮台罪己，亢龙有悔，放弃了对长生不老的孜孜追求，放弃了对外扩张，开始把重心转向富民养民。可以说，汉武帝在最后时刻，基本上完成了帝国的政治转向。

那么，对霍光、上官桀而言，大政方针已定，随事应变，因权制敌，兵来将挡，水来土掩，不瞎折腾，就不会出乱子。而霍光、金日磾、田千秋恰恰是汉武帝选中的稳重不折腾的政治家。

匈奴人不会放过汉武帝崩逝的好机会。他们在公元前88年冬，入侵朔方城，杀掠官吏百姓。

霍光的应对是，让左将军上官桀亲临朔方，巡行河上，做了一次军事演习，告诉匈奴好自为之。匈奴也没有力气真打，不过打个劫占个便宜。当国丧期间，这便宜也只好给匈奴占了。

益州少数民族部落廉头、姑缯、牂柯谈指、同并等二十四座城邑都造反了。

汉武帝时期一直没解决好西南夷问题，汉帝国官吏对当地居民的压迫时刻存在着，而哪里有压迫，哪里就有反抗。但这终究是用一些人的鲜血换来另一些人的减负，落后的西南夷颠覆不了汉帝国，甚至搅乱不了益州。

霍光派遣水衡都尉吕破胡募集犍为、蜀二郡的吏民组织起一支一万多人的军队，攻击牂牁，大胜而还。

齐孝王的孙子刘泽意图发兵诛杀青州刺史隽不疑，结果保密工作没做好，被隽不疑先知道了。隽不疑先发制人，捕杀了刘泽，将谋反扼杀在萌芽中。隽不疑因此被调到了京城长安，任京兆尹。

刘泽一个旁支孽孙，何以造反呢？这就牵涉昭帝时代一股重要的势力，代表宗室的汉武帝之子、上蹿下跳、急不可耐的燕王刘旦。

刘旦这个人，颇像汉武帝，多才多艺，孔武有力。卫太子刘据死后，最年长的他本来是最有机会的。但机会有时候是靠等的，而不是靠抢的。而刘旦千不该万不该，在汉武帝满心沮丧、为刘据之死伤心欲绝的时候，提出宿卫长安的请求。

汉武帝当即就把燕王刘旦的使者给逮捕下狱。后来，又以刘旦藏匿亡命之徒为由，削夺了燕王三个县的封地。于是，燕王刘旦被汉武帝排除出继承人名单。

当汉武帝去世后，刘弗陵继立的诏书下达燕国时，燕王刘旦无论如何是不服气的。

亲爹死了，刘旦也没顾得哭一声，却立即以装诏书的信封比平时的信封小，怀疑京师有政变为由，派遣宠臣寿西长、孙纵之、王孺等前往长安打探消息。

刘弗陵的继位并没有很多阴谋，王孺们也没打探出个所以然来。刘旦不死心，又派中大夫到京师上书，请求在郡国为汉武帝立庙。小皇帝的官方答复只有两个字：已阅。不置可否。

等汉武帝的丧事办妥后，霍光例行公事，益封燕王刘旦、广陵王刘胥和鄂邑长公主各一万三千户封邑。

这更加激怒了刘旦，刘旦竟放出这样的话来："我应该当皇帝，你霍光什么东西，要你来赏赐我！"

从此，刘旦就走上了谋反的不归路。一如当年，欲望的魔鬼曾经找上淮南王刘安，现在，魔鬼也找上了刘旦。齐孝王的孙子刘泽就是这么跟刘旦勾搭到一起的。那么，刘泽被捕，刘旦的阴谋自然也就败露了。

不过，奇怪的是，汉昭帝刘弗陵和霍光选择了高高举起，轻轻放下，刘弗陵下诏："大家都是亲兄弟，饶你这一遭！"

根本上，这就是霍光的不折腾。当刘弗陵新继位之时，霍光需要摆平的势力太多，这时候，穷追猛打，兴起大狱，有害无益。

推恩令之下，诸侯地盘大的不过一郡，只要中央不乱，霍光有这个自信——刘旦翻不了天。而只要刘旦心中的魔鬼还在，他迟早还会再跳出来，到时候再收拾不迟。

以上，权力交接期密集冒出来的几个问题，都弹指而定。除了这些之外，五辅时期霍光、上官桀还迅速推出了几项鼓励农耕的行动。

其中之一，是始元元年春二月，八岁的孝昭皇帝刘弗陵在钩盾署管理的供皇帝宴游的田地里，在宦官的帮助下，尝试耕田。

这不同于如今的少年儿童在游乐场玩模拟挖掘机的角色扮演。这是政治任务，是一种皇帝躬耕农桑的姿态，是为汉帝国人民做表率。当然，不否认，小弗陵应该还玩得蛮开心的。

另一件事，也是在始元元年，不过是闰九月。汉昭帝（或霍光）派遣原廷尉王平等五人持节巡行郡国，举贤良，慰问贫苦、失业百姓，同时平理冤狱。

显然，在汉武帝的既定方针下，五辅时代的核心任务就是缓和人民内部矛盾，昭帝躬耕、特使巡行都是围绕这一核心任务展开的。

这一核心任务还会继续推行，但五辅时代已经结束了。

第十五章 燕盖之乱

壹　反霍集团

金日磾死后，有人向霍光建言："将军没看到诸吕的事情吗？诸吕处在伊尹、周公的位置，摄政擅权，而与宗室疏远，不任用宗室，因此失信天下，最终身死族灭。现在将军位高权重，陛下又年轻，您应该广纳宗室，反诸吕之道，可以免除祸患。"

霍光听了觉得有理，就举荐宗室刘辟强和刘长乐为光禄大夫，进入内阁，同时刘辟强还兼任长乐卫尉。

刘辟强是楚元王刘交的孙子，休侯刘富的儿子。楚元王刘交死后，次子刘郢客继位，刘郢客死，刘戊继位，所以刘富是刘戊的叔叔。

七国之乱时，刘戊接受吴王刘濞的蛊惑，投身造反大军，刘富曾经劝诫他，但刘戊不听，还扬言起兵时先宰了叔叔。刘富吓得背着老母亲逃到了京师。

七国之乱平定后，刘富因为曾经劝阻刘戊谋反，又逃到京师与汉中央坚定地站在一起，因而没有被株连，还由休侯改封红侯。

值得一提的是，当时刘辟强已经八十多岁了。霍光本来是打算提拔刘辟强的儿子刘德的。刘德当时待诏丞相府，修习黄老之术，很有学问。但是一打听，老子还活着，那还是先用老子吧。不过，刘辟强年纪太大，没多久就去世了。刘德则先升任大鸿胪丞，又迁太中大夫，后来也做了宗正。

霍光还是个联姻狂魔，武帝死后不久，他就把两个女儿分别嫁给了金日磾的儿子金裳和上官桀的儿子上官安。

从善如流，团结一切可以团结的力量，霍光展现了一个出色政治家的素质。与此同时，一系列休养生息的政策相继推出：始元二年三月，派遣使者巡行郡国，赈贷给贫民食物和种子，帮助农民度过春播难题；始元二年秋八月，又下诏："往年灾害多，今年蚕、麦歉收，春季贷出去的种子、粮食免于偿还，农民今年也不必交田租。"

接下来的几年里，类似这样的扶助贫苦农民的措施，还有很多。在这样的政策指导下，流民返家，抛荒的土地得到耕种，大汉帝国的人民得以喘息，帝国渐渐又恢复了生机。

对内休养生息的同时，对外，霍光进一步巩固了汉武帝时期新开拓的领土：益州蛮再度反叛，被田广明镇压；朔方、河西的防御得到进一步加强；调整了对海南岛的行政区划，废儋耳郡并入珠崖郡；调整了朝鲜半岛北部的区域规划，废除真番郡，并入乐浪郡。

除了对西南夷连番用兵，治标不治本之外，霍光的决策基本上做到了用较小的治理成本最大限度地维护了帝国利益。

毫无疑问，随着汉帝国的重新欣欣向荣，霍光的声望与势力也与日俱增。不过，在这个过程中，不单单他的势力在发展，一个强大的反霍派也逐渐形成——霍光毕竟是臣，不是所有人都能忍受头上还有个二皇帝。

上官桀跟霍光是儿女亲家，两人的关系一度很融洽。当霍光放假归家的时候，就由上官桀进入内朝代理霍光值班做决策。大汉的事儿，一对亲家翁商量着办，如果各自恪守界限，也是一段佳话。但上官桀有更大的图谋。

刘弗陵刚继位时，才八岁，生活不能完全自理，所以就由大姐鄂邑长公主（又称盖长主）留在宫中照顾小皇帝。盖长主守寡有年，就和自己儿子的门客、一个叫丁外人的河间人好上了。小皇帝和霍光知道了，也挺体贴，就下诏让丁外人进宫侍奉长公主，极富人文主义关怀。

不久后，长公主给小皇帝找了个媳妇，是周阳氏的女儿，这大概是姐姐对弟弟的朴素回报。不过，小皇帝的媳妇儿，那就是小皇后，这个位置上官家也盯着呢，霍光家也未必没有盯着。

上官桀的儿子上官安有个女儿，同时也是霍光的外孙女。上官安本来打算通过霍光把女儿嫁给小皇帝，但霍光以皇帝、外孙女都还小为由拒绝了。霍光或者是爱惜羽毛，或者是另有所图，则不得而知。

上官安一条道走不通，就另想办法。他和丁外人关系素来不错，就对丁外人说："你帮助我说服长公主纳我的女儿为皇后，我帮助你谋得侯爵。"

按说汉朝约定俗成的规矩是非有功不侯，后来开了口子，至亲外戚也能封侯，汉武帝时从公孙弘起又有丞相封侯，但大抵也就这些。那丁外人凭啥封侯呢？丁外人就没有自知之明？

但上官安说出了一个很有说服力的理由——汉朝惯例，公主的老公都封了侯。于是丁外人动了心，上了船，帮助上官安当上了国丈。

汉昭帝始元四年春三月，上官安的女儿被立为皇后。次年六月，封上官安为桑乐侯，食邑一千五百户，不久之后迁车骑将军，权势甚至超过了他的父亲上官桀。

而上官安又没有上官桀那种一代创业者的谨慎。似乎也没有必要，毕竟大汉最有权势的人是他的岳丈，大汉第二有权势的人是他亲爹，大汉天子是他女婿，谁能拿他怎么样呢？

汉昭帝曾经在宫中赐宴宴请上官安，宴请结束，上官安出了宫门，就对他的宾客随从说："今儿，和我女婿喝酒喝得痛快。"这话在平民百姓没什么问题，但在皇家，翁婿之亲无论如何不能凌驾于君臣之义上。

上官安还向众人展示皇帝赐予自己的服饰，让人拿回家里，准备自己烧了以祭祀祖先。最终烧没烧不得而知，但他的僭越之心可见一斑，而有朝一日拉清单时，这些都会成为他的罪证。

上官安的私人行为也很不检点。据说他在家里喝醉了酒，就光屁股乱跑，不知忌讳，以至于和父亲上官桀续弦的老婆、纳娶的姬妾通奸淫乱。

上官安的儿子不知什么缘故，得病死了，他就指天大骂。现在看来，上官安的这一行为颇得唯物主义之义，但在当时，和射天的商帝武乙、宋君偃一般，是狂悖残暴的行为。

德不配位，必有灾殃。

上官安要兑现他对丁外人的承诺。但这事儿，最终要大将军、大司马霍光点头才行。上官安对岳丈暂时还不敢造次，他多次跑霍光家里候着，请求霍光能按照国家惯例封长公主的相好为侯。但霍光坚决不同意。上官安退而求其次，为丁外人谋求光禄大夫之位，霍光依旧不同意。

台面上讲，公主的相好并非合法夫妻，且国家惯例也得先是侯爷，公主才嫁，比如刘嫖嫁的是堂邑侯，平阳公主嫁的是平阳侯，都是功臣之后、正牌的侯爷。现在封丁外人为侯，说出去，因为跟大汉公主私通封的侯，有伤国体。至于光禄大夫，那是皇帝近臣，是内阁成员。

圣人讲："唯器与名，不可以假人。"和公主私通就能当光禄大夫，如何向天下贤良文学之士交代？

私下里，上官安之女最终成为皇后，标志着上官氏与长公主结成攻守同盟。而霍光作为辅政首席，有必要遏制上官氏、长公主集团的进一步膨胀。否决丁外人封侯，就是一个警告。

但政治有时候和街头斗殴是一个道理。高手与高手之间才会点到为止，王八拳选手之间不会，王八拳与高手之间也不会。

霍光的坚定拒绝，彻底激怒了上官安，也让他与上官家逐渐走向了决裂。长公主也因为此事对霍光产生了怨恨。

不久之后，又发生了一件事。上官桀的老丈人的男宠充国是一名太医监，曾经擅自闯入大殿，按律当斩。冬决之前，长公主用二十匹马替充国赎罪。在这样的投桃报李中，上官氏、长公主同盟自然得到加强。

大概也在这个时候，盐铁会议召开，天下的贤良文学士大夫与桑弘羊为首的技术官僚展开了一场大辩论。

贤良士大夫们提出了一系列诉求：罢盐铁专营；罢酒类专卖；下放铸币权，允许民间私铸；减少军费开支，甚至摒弃武力，战略收缩；开放山泽；罢均输；恢复井田……

最后，霍光只让渡了一个不痛不痒的罢酒类专卖及答应与民休息。考虑到鼓励农桑、赈济贫民、减免田租这些与民休息的事情，昭帝继位以来一直在做，本质上霍光只满足了贤良文学之士的一个要求：罢酒类专卖。

霍光是个懂得妥协的政治家，他用一个小退却，糊弄了满口儒家圣道、实操一无是处的儒生们。

不过，作为一系列经济政策的主要制定者，桑弘羊在这场大辩论中，可遭了罪。儒生们不敢批判汉武帝，只好找着桑弘羊这只替罪羊狂喷。而桑弘羊又是个超级鹰派，是国营计划经济的坚定支持者，他甚至觉得不应该与民休息。

那么，当盐铁会议结束时，为了安抚读书人，桑弘羊的政治前途即告终结。封侯拜相，暂时都不可能了。盐铁会议，让桑弘羊成了失意者。

他看不到霍光在许多经济政策上的坚持，他认为霍光在挤对他。他又想安排子弟进入政府任职，也被霍光否决。于是桑弘羊也倒向了上官桀、长公主集团。

至此，上官桀、上官安、长公主、桑弘羊，一个包含内朝要员、皇亲、改革先锋的反霍联盟成立了。

霍光面对他们，看起来毫无优势。山雨欲来风满楼，霍光最难受的时期来到了。

不过我们先放下这件事，穿插一段英雄史诗。

贰　苏武回来了

在匈奴放羊的英雄苏武回来了。

苏武是杜陵人苏建的儿子。苏建是卫青手下大将，曾经跟随卫青征伐匈奴，出生入死，屡立战功，被封为平陵侯。苏建的三个儿子，因为父亲的关系，均被朝廷任用为郎。

卫青、霍去病大破匈奴后，匈奴元气大伤，再也无法大举入侵中原，但时不时地骚扰大汉边境，还是可以做到的。汉武帝要求匈奴臣服大汉，匈奴要求继续从大汉获利，双方始终达不成共识。于是，汉与匈奴双方便不断地派遣使者，到对方阵地刺探消息，而一拨拨的使者又不断地被对方扣留。

汉武帝太初四年，即公元前101年，且鞮侯单于初立。因担心大汉趁机偷袭，自己地位不保，便归还扣押的汉使，试图向汉示好。

汉也想缓和彼此的紧张关系，便派遣苏武等一干人，带着大批财物以及扣押的匈奴使者，出使匈奴。苏武顺利地完成任务，但在回汉前被自己的副使张胜给坑了。

自小生长在汉朝的胡人卫律，在出使匈奴的时候背叛汉朝廷归顺了匈奴。他的手下虞常痛恨卫律叛国求荣，便与匈奴缑王联手策划反叛，要挟持单于母亲逃回汉。

虞常与张胜曾经交好，便暗中拜访张胜说："听说汉朝皇帝非常怨恨卫律，我能为汉暗设弓弩杀死他。我的母亲和弟弟在汉朝，希望他们能得到我为汉朝立功的赏赐。”张胜表示同意。

最终，计划暴露虞常被活捉，事情牵连到张胜，苏武知道自己也脱不了干系，为不受辱，便要拔剑自刎，被张胜、常惠劝住。

卫律负责审理此案，他召苏武受审，想劝降苏武，苏武义正词严地说：“若丧失了节操，辱没了使命，就算活着，还有什么脸面见故国故人？”随即拔刀自刎。

卫律大惊，急忙召医生前来。匈奴医生的水平还挺高，经过一番抢救，已经闭气的苏武又慢慢活了过来。常惠等人哭着把他抬回了营帐。单于听说后，非常钦佩他的气节，每天都派人探问他的病情。

苏武的伤势慢慢好转后，单于又派卫律来劝降。卫律当着苏武的面审判虞常，想以此逼迫苏武投降。他用剑杀死虞常之后对张胜说：“你谋杀单于近臣，罪当处死，但如果你投降的话，单于可以赦免你的罪。”说完便举剑要杀张胜。

张胜被杀人不眨眼的卫律吓坏了，战战兢兢地在生死之间做了选择，他投降了，保全了性命，玷污了节义。

卫律又对苏武说：“副使有罪，你应当与他连坐。”

苏武说：“我本来没有参与密谋，又不是他的亲属，为什么要与他连坐？”

卫律比画着剑，作势要刺苏武，苏武毫不动摇，如果苏武怕死，当初就不会那么决绝地自刺。卫律的虚张声势，吓唬张胜这种软骨头可以，吓唬苏武，不可能。

卫律无奈改以利诱，他对苏武说：“苏公啊，我抛弃汉朝投身匈奴后，单于赐号封王，让我拥众数万，牛马遍野，既富且贵。苏公今天要是投降，明天也一定能得到类似的封赏。何必这么倔强，最终落个埋身荒野，有谁会记得你！”

苏武鄙夷地看了卫律一眼，大义凛然地说道：“身为人臣，你不顾恩义廉耻，叛主背亲，投降蛮夷，我岂能学你。要杀便杀，休要在这徒费唇舌。只是我警告你，南越杀汉使者，被夷平，成为汉朝的九个郡；大宛王杀汉使者，他的头颅已被悬于汉宫之北阙；朝鲜杀汉使者，立即遭到灭顶之灾。唯独匈奴未发生这种事。我死都不会投降的，如果你想让汉与匈奴继续相互攻伐，可以杀了我，我保证匈奴的败亡就在眼前。”

铿锵有力，掷地有声，有礼有节，不辱使命！

匈奴单于和卫律恼羞成怒，就把坚贞不屈的苏武关在了地窖中，断绝饮食，他们要让他受尽折磨而死！

但自杀未遂后，苏武展现出了极其强烈的求生意志，他要活着，他要代表汉节矗立在漠北草原上，让匈奴如鲠在喉。

没有喝的，苏武就吃雪解渴。没有吃的，苏武就咀嚼动物皮毛做成的毯子挨过饥饿。许多天过去了，匈奴人打开地窖，准备把死去的苏武埋掉。结果却惊讶地发现，苏武还活着。匈奴人大为吃惊！

但既然与汉交恶，匈奴也不会轻易把苏武放回去。但天天在眼前看这么个硬骨头也挺闹心，单于和卫律一合计，又生一计。他们把苏武一个人赶到人迹罕至的北海牧羊，并告诉苏武，如果羊下了崽儿就让他回来，然后给苏武分了一群公羊。

到了北海，除了数百只公羊，苏武没有任何个人用品，吃穿用度都要自己想办法！

苏武挖野鼠、吃草籽、渴饮雪，寒则与羊群相依偎，艰难地生存了下来。五六年后，苏武因为单于弟弟於靬王的帮助，日子稍稍好过了些，但於靬王死后，他好不容易积累起来的财产都被丁零人偷盗而去，苏武再度陷入困厄。

这时候，匈奴单于又派来了劝降者。这个人是苏武的老朋友，李广的孙子李陵。李陵带来了一连串的坏消息：苏武的兄长被弹劾，拔剑自刎；苏武的弟弟追捕宦骑失职，喝药自杀；苏武的母亲去世；苏武的妻子已经改嫁……

随后李陵对苏武说："人生就像草尖的露珠一样短，何必苦苦为难自己呢？"李陵想向苏武传达：他做得已经足够多，对得起汉朝，对得起汉武帝了。

但苏武依旧矢志不渝，他说记得是汉武帝的提拔，父亲才封侯、兄弟才升职，他的一切都是汉给的，他愿意为了君、为了国而守节至死。

再后来，苏武听说汉武帝驾崩后，面向汉的方向痛哭至吐血，每天早晚必哭吊武帝。

昭帝即位后，匈奴与汉重新和亲、交好。但匈奴仍不愿苏武归汉，汉使要求接回苏武时，匈奴谎称苏武已死，苏武仍然无法归汉。

后来，汉使再次出使匈奴的时候，常惠偷偷联系上汉使，告知其苏武活着的消息，并教其使计哄骗单于。使者就听从常惠的安排，告诉单于："汉朝皇帝在上林苑打猎，射下一只雁，雁的脚上系着一封帛书，书上写着苏武在荒泽中。"

汉使如计责问单于，单于大惊，终于答应放回苏武。

单于召集了苏武的属吏，准备放他们归汉。但随苏武一起出使匈奴的一百多人，部分已经投降匈奴享受荣华富贵，部分已经死去。最终，随苏武一起返回故里的，只有常惠等九人。

值得一提的是，霍光、上官桀们想一同迎回的还有李陵，苏武也劝李陵归国，但李陵以汉武帝杀了他的老母、兄弟、妻子为由拒绝了。苏武可以堂堂正正地回去，李陵却再也回不去了。

昭帝始元六年春天，苏武一行回到了都城长安，长安百姓夹道迎接，称赞他是个有气节的大丈夫。昭帝安排他到武帝陵墓祭祀，又授予他典属国之职，官阶为中二千石，并赏赐二百万钱，公田二顷，宅地一处。

苏武出使匈奴十九年，终于活着回到了大汉的怀抱。至今，两千余年过去，苏武牧羊依旧是中华民族气节的典范，这就叫名垂青史！

叁　摊牌

元凤元年，上官氏、长公主集团开始发难了。

但很遗憾，这一集团的人集体脑子不够用。本身，上官桀、上官安、长公主、桑弘羊的势力已经足够大，运作得好，足以撼动霍光，但他们却千不该万不该，不该把燕王刘旦也拉进了小集团。

汉昭帝刘弗陵刚继位时，燕王刘旦的狂悖行径已经被定性为谋反。八岁的刘弗陵虽然小，但从这件事情的定性至少能得到这样的信息——他这个哥哥是要抢他皇帝位的。

我们假设，刘弗陵当时对皇帝的认知只是一件玩具，那对一个小孩子，你要抢他的玩具，他也不干呢！

而上官桀上官安父子、长公主却只想到了燕王旦怨恨霍光，可以成为他们对付霍光的盟友。于是，大汉四人帮发展到五个人，却不知不觉地站到了昭帝刘弗陵的对立面——刘弗陵此时十四岁了，很聪明，这点利害他门儿清。

上官桀等人的第一拨攻击开始了。

上官桀父子、桑弘羊搜集了霍光摄政以来的罪状，随后写信给燕王刘旦，安排刘旦上书告发霍光。

上官桀则打算在接到刘旦的上书后，趁着自己主持内阁的机会，形成定议，再诱骗小皇帝刘弗陵签字画押，一举击溃霍光。

一切都按计划进行，刘旦的上书被顺利呈递给刘弗陵。奏疏上，刘旦先举出秦不用宗室二世而亡，汉高祖分封子弟、刘氏盘根错节江山为固，然后话锋一转说：“当下权臣用事，排挤宗室，官吏枉法，损害国威，有架空皇权之势。”

随后，又列举了霍光的三条擅权不臣的罪状：其一，中郎将苏武出使匈奴二十多年不降，回来就被任命为典属国；其二，大将军长史杨敞没有什么功劳却升任搜粟都尉，还擅自调用增加大将军的幕府校尉；其三，大将军在会试羽林禁军之时，竟然采用皇帝的礼仪在道上传呼行人辟止回避，还提前派置太官侍候，是为僭越。

但出乎上官桀等人意料的是，小皇帝看了诏书无动于衷，任凭他们怎么说霍光的坏话，他就是不签字批准。而上官氏长公主集团显然也没强到可以逼迫小皇帝就范的地步，于是他们退却了。

上官桀等人发难的消息，当天就传到了霍光耳朵里，同时到达的消息，当然还有小皇帝的态度。

第二天平明，霍光很早就上朝，他进入画室之中，却不去内朝见小皇帝。小皇帝左等右等，不见霍光来，就问上官桀：“大将军去哪了？”

上官桀不知是真傻还是假傻，回答道：“因为燕王刘旦告发大将军有罪，所以大将军戴罪画室，不敢入内。”

霍光显然是以退为进。刘弗陵听了上官桀的回答之后，立即下诏，宣大将军进殿。霍光这才进入大殿，诚惶诚恐地走到刘弗陵面前，摘下帽子，跪伏叩头谢罪，一气呵成。

少年天子刘弗陵露出了一丝不易察觉的微笑，他长袖轻轻一挥：“大将军请起，朕知道诏书是假的，将军没有罪！”

霍光问：“陛下怎么知道的？”

刘弗陵略显得意地说道：“将军到广明，检试郎官，是最近的事；调选校尉到现在也不过十天，燕王是怎么知道这些事的？况且将军要做不法之事，也不需要校尉。”

上官桀和其他内阁尚书们一听，大惊失色。上官桀知道，自己彻底败了！他们都低估了小皇帝。

刘弗陵并未罢休，当即下诏抓捕上书之人，而上书之人做贼心虚早就逃之夭夭。上官桀在边上劝刘弗陵不要计较这些小事，刘弗陵还坚持不肯罢休。

当然了，最终也没有深究，但只一个回合，霍光什么也没有做，就翻盘了。赢得如此轻松，秘诀就在：自始至终，霍光都把自己的利益与小皇帝牢牢捆绑在一起，他是首辅，只要小皇帝信任他，他就安然无恙。

而通过这一回合的交锋，霍光也看出了上官氏长公主集团的成色，这实在是一群黔之驴一样的对手，踢一脚就暴露了大而无用的马脚。

霍光是一只猛虎，他决定吃掉这群驴。

上官桀等人不甘心失败，又策划了一起谋杀案。他们准备让长公主宴请霍光，然后帐后埋伏刀兵，击杀霍光。后续，则废掉刘弗陵，迎立燕王刘旦。因为，这些都停留在口头谋划阶段，所以，我们有理由怀疑，这些事没少添油加醋。

具体到上官氏父子身上，还有更离谱的。说是上官安还有后续计划，准备等燕王刘旦来了之后，杀掉刘旦，自立为帝。还有个有鼻子有眼的对话，有人问上官安："这样，皇后可怎么办？"上官安回答："追逐麋鹿的狗，哪里顾得上菟丝子！"

但这都不重要了。政治斗争就是这么残酷，弱者不配活着，而胜者拥有一切事后解释权。

大司农署的稻田使者燕仓不知怎么得知了上官桀等人的谋反计划，就转告大司农杨敞。燕仓以为，曾经做过大将军府属官的杨敞会坚定地和霍光站在一起。但这个杨敞却是个怕事的，不敢上奏，也不敢向霍光汇报，而是装病卧倒，然后把这个消息悄悄告诉了著名酷吏杜周的儿子谏议大夫杜延年。

杜延年作为世家子弟，受父亲影响，雷厉风行，当即上书向汉昭帝、霍光汇报了此事。

刘弗陵很聪明，但没聪明到小小年纪就懂得在两派之间玩平衡。而杜延年汇报的证据直击刘弗陵的命门——上官桀等人意图颠覆他的皇位。

这就是霍光的反击，对比燕王旦上书列出的不痛不痒的罪状，霍光展现了一个顶级捕食者最核心的技能：一击必杀！

诛逆行动很快开始收网。田千秋领导的丞相府成为收网行动的主要执行者，丞相征事任宫得以亲手捕杀上官桀后，由丞相少史王寿通知上官安入府议事，进而诱捕击杀。

诛杀了能够开府有私兵的上官桀父子后，桑弘羊一个文官就只有束手就擒的份了。一张拘捕文书，两个廷尉属办事员就拘捕了桑弘羊，桑弘羊随即也伏诛。

对鄂邑长公主和燕王刘旦，汉昭帝和霍光没有诉诸刑罚，而是下诏严厉责备。燕王刘旦和鄂邑长公主很识相地自杀了。燕太子刘建、长公主的儿子文信及其他没有直接参与谋反但被株连的宗室子弟，则都被法外开恩，免为庶人。

至此，霍光大获全胜。他最大的政敌，上官桀父子覆灭了。他觉得碍手碍脚的鄂邑长公主和燕王刘旦都自杀了。刘姓宗室中那些对他执政不满的，也被挤了脓包。放眼天下，再没有人能阻挡霍光，连汉昭帝也不能。

汉昭帝刘弗陵其实在这场争斗中也成了失败者。上官桀父子、鄂邑长公主本可以成为他制衡霍光的武器，而他已经十四岁，渐渐到了可以谋取亲政的年纪了。但上官氏、长公主集团的覆灭，让他彻底失去了快速亲政的机会，他的一生都将只能活在霍光的阴影之下。

肆　侯史吴案

汉昭帝始元四年，即公元前83年，冬天，大汉帝国发生了一件在历史长河里不起眼的事情。什么事儿呢？廷尉李种被判斩首弃市，罪名是故纵罪，也就是该检察起诉的没有起诉，该判刑的没有依律判刑。

这件事，孤立起来看，不知所以然。但结合其他事情来看，就能看出霍光时代的执政风格来。

事情一，追尊昭帝生母赵婕妤为皇太后，为太后起云陵，后来又徙三辅富人于云陵，起聚落城邑。这是延续了汉高祖以来迁徙郡国豪强实京师的政策。虽然这一次迁徙，仅仅是京师内部迁徙，依然有撬动豪强根基的作用。

事情二，始元元年，有个叫成方遂的人冒充故卫太子求见未央宫前。当时百姓围观的有数万人，右将军王莽带着禁军严阵以待，以备非常。丞相、御史、二千石前去观看的，都不辨真假，也不敢乱说。这时，我们的老熟人，京兆尹隽不疑来了，立即下令属吏拘捕成方遂。有人劝隽不疑冷静点。隽不疑说："即便是真的卫太子，又有什么可怕的，他得罪先帝，逃亡在外，今天来归，也是罪人，拿下！"

后来一审问，果然不出隽不疑所料，这是个骗子，先前卫太子的一个宾客提过一句，说他和卫太子长得像，现在穷疯了，侥幸求富贵来了。把戏戳穿了，成方遂自然没命了。而隽不疑的果断则受到了昭帝与霍光的高度赞扬。

从这两件事看，虽然同样是休养生息，但在昭帝继位初期，霍光的执政风格并不同于汉初那种小政府状态，而是延续了汉武帝建立起来的针对统一帝国的严刑峻法。

没错！霍光摄政期间，帝国政治的底色一直是法家为内核。所以，不依法办事，拿法律当儿戏，往轻了自由裁量，是霍光无论如何不能允许的。理解了这一背景，我们接着来看，燕盖之乱的余震，侯史吴案。

燕盖之乱后，桑弘羊伏诛，他的儿子桑迁逃亡。作为重要政治犯的嫡亲儿子，同时又是饱读经书的读书人、帝国的储备人才，桑迁当然没有逃过追捕，最终还是被抓回来处决了。

而桑迁在逃亡的过程中，曾经去投奔父亲桑弘羊原来的属下故吏侯史吴，大概也在侯史吴家躲藏了几天。显然，侯史吴犯了窝藏罪。不过，由于保密工作做得好，暂时没有被告发。但这种事儿，纸里包不住火，无论什么时候被捅出来，都能要人命。于是，恰逢大赦，侯史吴就出来自首，试图通过大赦混过这件事儿。

不过，这其中还有个门道：侯史吴犯了窝藏罪是明白无疑的，但窝藏的是什么人才决定最终的判决。

廷尉王平和少府徐仁联合审理此案，依律得出的判决是：桑弘羊谋反，桑迁被株连，是从犯；侯史吴藏匿桑迁，藏匿的是随从者，而非谋反者。因此，根据赦令，侯史吴在可赦之列，免罪释放。

若是寻常案件，这事儿就结束了。但由廷尉与少府两位九卿官员审理的案件，不会是寻常案件，整个朝野都盯着呢！

不久之后，负责检察的侍御史介入调查，给出了截然不同的调查意见：桑迁通晓经术，知道父亲的阴谋而不竭力劝谏，与谋反者无疑；侯史吴原来是秩俸三百石的政府公务员，却窝藏桑迁，知法犯法，罪在不赦，不能与平民藏匿从犯等同。

不赦就不赦，那是不是就到此为止了呢？当然不。各位没忘了本节开头廷尉李种被判弃市的罪名吧！

侍御史申请重审侯史吴案的同时，对廷尉王平和少府徐仁提出了弹劾，罪名和李种一样，是故纵罪。那么，深究下去，廷尉王平和少府徐仁恐怕也要落个斩首弃市的下场。水到这里越来越深了——徐仁不是寻常九卿，他还是丞相田千秋的女婿。

田千秋素来不愿意跟霍光唱反调。早在辅政初期，霍光尚未一统江湖的时候，每每公卿朝会，都会跟田千秋客套："光与君侯都受武帝遗诏辅政，我主内，君主外，君侯要时常有所教授督导，让我不要有负于天下。"

田千秋呢，总是说："只要将军多留心政事，就是全天下的福气。"始终不肯提出任何有建设性的意见，诸事全听霍光决策。

你谦我让，各安其分。但时光到了汉昭帝元凤三年（公元前78年），田千秋年事已高，汉昭帝体贴他年老，优诏赐给他一辆小车，在朝见时，可以乘小车进入未央宫大殿，以至于得了个"车丞相"的新称号。

而人之常情，越是年老，越是对子女放心不下。因而，在侯史吴案中，田千秋一改常态，每每替侯史吴辩解。田千秋的意图也很明显，只要侯史吴不是藏匿谋反主犯，女婿徐仁也就够不上故纵罪。

但霍光的立场很坚定，除恶务尽，他决不允许上官氏长公主集团有任何死灰复燃的可能，在他的逻辑里，敢藏匿桑迁，就是谋反集团的人，敢故纵藏匿桑迁的人，跟谋反集团必然有千丝万缕的联系。

田千秋爱女心切，爱屋及乌，决定再搏一把。田千秋以丞相的名义召集在长安的二千石官员及博士子弟汇集公车门，公开讨论侯史吴案。

田千秋有意通过公开讨论形成有利于侯史吴的定议，来逼迫霍光就范。但讨论的结果，完全出乎田千秋的意料。

与会二千石官员及博士子弟全都认为侯史吴藏匿谋反主犯，罪在不赦——倒不是这些官员、博士真的认为侯史吴罪该万死，而是在田千秋与霍光的博弈中，他们很容易就站在了霍光一边，他们对影子挑战主人没有任何信心。

无可奈何之下，田千秋也只好按照程序，把公车门会议纪要呈报给霍光。那么，廷尉王平、少府徐仁，以及属地管辖的最高地方长官左冯翊贾胜胡的故纵罪就坐实了。

徐仁被迫自杀，而王平和贾胜胡被处以腰斩极刑。但这并没有结束。霍光在发布终审判决书时，还指出田千秋擅自召集二千石开会，使内朝外朝发生分歧，有违大体，有违程序。也就是说，霍光子弹已经上膛，并且瞄准了田千秋。但霍光最终没有扣动扳机。

田千秋是个老好人，谁也不得罪，在朝廷里有相当高的威望。当霍光指责田千秋时，朝廷众臣虽然仍然做了沉默的大多数，但在心里，都对田千秋充满同情，并不愿意看到田千秋倒下。

这一切，霍光的大将军府故吏杜延年都看在眼里，他寻个机会，向霍光进言："侯史吴一案，确实量刑过重。丞相持重，又喜欢替人说好话，也没别的意思。至于擅自召集二千石，确实是他老糊涂了。但是，丞相在先帝时期就是丞相，如果没有大的过错，不能废黜。另外，民间一直以来都认为刑罚过于严峻，现在这件事，又牵扯到刑罚，如果连及丞相，恐怕天下众口纷纷、流言四起，对将军的名声也不利。"

霍光也并没有真的想搞掉他这个素来听话的外朝搭档，只是当田千秋越界时，他必须予以警告。而杜延年关于累及名望的那番话，也是他的担忧。

政治斗争，很多时候是零和游戏，当你击败对手时，你的权力看起来增加了，但在民间，在沉默的大多数的认知里，你的声望也可能在极速消耗。

霍光一举击溃上官氏长公主谋反集团，已然诛杀无数。敢站出来为谋反集团说半句好话的，可能半个人都没有。但满朝文武百官，有没有觉得霍光做得太绝，兔死狐悲，又对上官氏长公主产生同情的呢，必然有。

而在民间，又会是怎样的论议呢？老百姓会不会说霍光说是摄政，其实是当今皇帝的亲老子呢？要知道，用我们历史读者后视镜的视野，此刻，大汉的下一任皇帝正在民间，已经十岁有余，正是好听故事听八卦的时候。

最终，霍光放过了田千秋。一年后，做了十二年大汉丞相的田千秋，在丞相位上病逝，谥曰定侯。

这是一个双赢的结局，田千秋成了汉武帝遗诏辅政五大臣最有福报的一个，而霍光则从田千秋的善终中巩固了声望。人们会说："霍光和田千秋真是一对好搭档！"

在田千秋去世的这一年，汉昭帝刘弗陵进入自己当皇帝的第十个年头，他十八岁了。

汉昭帝成人了，按照惯例，霍光为他举办了成人礼，加冠服，去高庙里拜见刘邦祖宗，赏赐群臣，免租赋，举国欢庆，好不热闹。

但热闹之后呢?

公元前77年春，正月初二，汉昭帝举行成人礼，几天后，丞相田千秋去世。汉武帝辅政五大臣，养蛊结束，霍光成了唯一幸存者，也成了最强胜利者。那么，对汉昭帝而言，从成人礼到亲政，他得先迈过霍光这座大山。

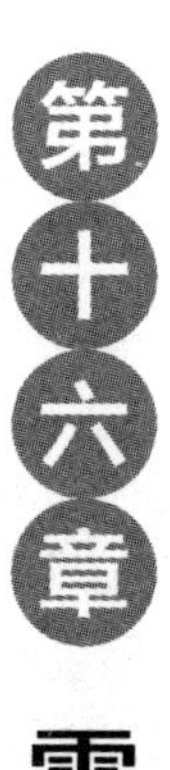

霍光专权

壹　匈奴内乱

十年，弹指一挥间，小皇帝刘弗陵长成了十八岁的大小伙儿，霍光熬死或者斗败其他四个辅政大臣，一家独大。

寻常的剧情，少不了成年皇帝对权臣的夺权，比如秦始皇与吕不韦，比如汉武帝对窦、田两家外戚。但在刘弗陵与霍光之间，事情不大一样。

刘弗陵虽然很小就成了孤儿，但被保护得很好。因而，一方面，他的性格中有较为柔弱的一面，他需要长公主照料他的生活，又需要霍光教他怎么看起来像皇帝。另一方面，他不会像秦始皇一样在屈辱中锻炼钢铁般的意志，也不会像汉武帝一样在万千宠爱中放任自我疯长、锐不可当。

刘弗陵也许对霍光管天管地、还管自己吃喝拉撒睡不满意，但仅仅停留在一个类似儿女普通叛逆期反应的阶段。他习惯了自己以及帝国的一切被霍光照料得很好，所以，长大后的他并不打算立即打破这种习惯。

因此，在刘弗陵冠礼之前，刘弗陵与霍光之间几乎没有什么稍大的龃龉，在刘弗陵冠礼之后，仍然没有。表面上，终昭帝一朝，刘弗陵与霍光，一个冰雪聪明，一个忠诚持重，一幅君圣臣忠的画面，和汉武帝赐给霍光的周公负成王接受诸侯朝见图几无两样。

这种和谐相处，自然助长了霍光在独辅时代势力的发展，但也保证了帝国政治的稳定，让帝国的国力得到迅速恢复。

与此同时，处于帝国羁縻管辖下的势力，似乎不习惯汉帝国长达十年的安静，有一些势力已经开始蠢蠢欲动。

在公元前77年前后，霍光主持发动了两次对外的军事外交行动。在聊这两次军事行动之前，我们先看看帝国北方的邻居——匈奴的这些年。

匈奴发生了内乱！

李广利向匈奴投降，是汉武帝对匈奴用兵的重大失败。不久之后，汉武帝轮台罪己，帝国政策转向休养生息。及至武帝驾崩霍光秉政，汉帝国对匈奴进入了长期的防御态势。

但匈奴并没有因为公元前90年对汉反击的这次大获全胜，扭转对汉帝国的战略优势。匈奴很强大，与汉恶斗了数十年，几乎将汉帝国拖入崩溃的边缘。但归根到底，落后的匈奴，在综合国力上无法与历经文景之治后的汉帝国相匹敌。当汉帝国濒临崩溃时，匈奴实际上已经崩溃。

汉武帝去世后第三年，匈奴狐鹿姑单于去世。卫律与颛渠阏氏拥立了阏氏的儿子为壶衍鞮单于。

而壶衍鞮单于的继位，并不符合狐鹿姑单于的遗愿，颛渠阏氏的儿子太小了，在强者为王、丛林法则的匈奴部落里，这不符合部落的长期利益。

狐鹿姑单于先有一个人选，是自己的异母弟左大都尉，左大都尉是个很有才能的人，但被颛渠阏氏暗杀了。左大都尉的同母弟弟左贤王因此不肯去茏城朝会。

狐鹿姑单于临终的时候，又立下遗嘱：“我与颛渠阏氏的儿子太小，不能治国，立弟右谷蠡王为继任单于。”那么，卫律与颛渠阏氏的拥立，自然又得罪了右谷蠡王。右谷蠡王一怒之下，也学左贤王，从此不肯前往茏城朝会。

我们注意卫律活跃的身影。卫律和阏氏的矫诏拥立，很有汉文化的意味——卫律这些活跃在匈奴最高政治舞台上的汉朝叛徒掌权者，在不知不觉间促进了匈奴的汉化。

回到左贤王与右谷蠡王不肯朝会茏城这件事。它标志着匈奴走向初步分裂。但卫律与阏氏的拥立，得到了匈奴贵族的支持，这意味着匈奴单于部仍然有相当大的势力。

而坐实分裂是要实力支撑的，不然，在单于眼里，左贤王和右谷蠡王只是叛乱。左贤王与右谷蠡王了解自己与单于的力量对比，因而并没有声称分裂，而是试着跟汉人联系，打算南下降汉。

但当时，壶衍鞮小单于在卫律与颛渠阏氏的谋划下，也伸出了与大汉和亲的橄榄枝。同时，单于控制区横亘在左贤王、右谷蠡王与汉联络的交通要道上，左贤王和右谷蠡王的谋划很难保密，一旦泄密，单于就有了攻打他们的理由。

此路不通，左贤王、右谷蠡王又生一计。他们胁迫西边的卢屠王，打算和卢屠王一道从西边向亲汉的乌孙投降，然后联络乌孙与匈奴单于抗衡。卢屠王表面上答应了二位，转头就向单于告发。壶衍鞮单于派人来调查，右谷蠡王否认三连：我没有、不知道、别胡说八道。随后，右谷蠡王又倒打一棒，说是卢屠王自己的谋划。

壶衍鞮单于当然不会只听右谷蠡王的一面之词，但在各方势力的博弈下，卢屠王还是成了牺牲品，被处死。卢屠王的部落，也因此与单于离心离德。

内部的分裂，进一步削弱了匈奴的力量。而颛渠阏氏为了巩固她儿子的统治，竟然听从了卫律的意见，要挖井筑城积粮，要在草原上建造固定据点——匈奴已经丧失了基本的文化自信。从这点看，卫律的水平比之中行说要差得多。

不久之后，有人跟卫律说，匈奴人不擅长守城，建造坚城不过是为汉人蓄积粮草而已。这么说，也并非没有依据，遥想当年，漠北之战，卫青就攻破寘颜山赵信城，让远征战胜的汉军饱餐一顿。

卫律因此改了主意，转而谋划与汉求和交好。苏武、常惠及马宏都是这时候被放还汉帝国的。苏武、常惠我们都熟悉，常惠后续还是一场大戏的主角，马宏却是第一次露脸，他是何许人呢？他先前跟随副光禄大夫王忠出使西域，遭到匈奴攻击，王忠战死，马宏虽然被俘，但坚持不肯投降。

汉朝方面，此时正是燕盖之乱的时候，霍光与上官氏、长公主、燕王斗得不可开交。匈奴抛足了媚眼，汉方面只如不见。

匈奴人很凶，但某种程度上也是可怜人。一方面，一到冬天，西北风呼呼地吹，牛羊成群地死，老人孩子也常有饿死的。这时候，为了躲避恶劣的自然环境，就需要南迁避难。另一方面，他们牛羊肉不缺，但谷物、丝绸、茶叶及其他生产资料却不丰裕，需要跟南方的邻居换，或者干脆抢。

汉武帝之前，汉朝忍辱负重，不管是敲诈，还是强抢，匈奴人的日子都不算难过。汉武帝继位后，打是打不过了，抢的代价自然沉重。终于，不得不低下头来服软求和。

然而，公元前81年，匈奴的这次求和，无人应答。匈奴人又忍了一年，到了公元前80年冬天，实在扛不住了，趁着上官氏长公主集团覆灭、霍光忙于打扫战场的空当，匈奴人鼓起勇气，发左右部各两万骑兵，分四路入侵。

汉军反击，双方大战，匈奴败阵，匈奴溃逃，匈奴被斩首九千人，瓯脱王还被抓了，而汉军无所失亡！

按说，匈奴左贤王、右谷蠡王不肯会茏城是内乱，汉朝燕盖之乱也是内乱，但看起来似乎汉朝丝毫未受到影响，帝国依旧岿然不动，而匈奴却成了不经打的小蟊贼。

区别在哪里呢？双方的综合实力对比依然是最根本影响因素，但另一个因素也不能忽视，那就是双方的组织结构问题。匈奴是部落联盟，内乱直接导致了分裂，而汉帝国是统一帝国，内乱不过是官僚们的相互倾轧，战火只局限于朝堂之上。

一言以蔽之，匈奴内乱伤国本，汉朝内斗不伤国本。

而公元前80年冬的这一战，也成了匈奴战力崩盘的里程碑事件。接下来，匈奴人在对汉朝的战争中，越来越拉胯。

战后，匈奴担心瓯脱王做带路党，就举族向西北迁徙，不敢南逐水草。不久之后，卫律病死。单于的弟弟左谷蠡王秉政，接替卫律成为和亲政策的支持者，一段时间内对汉使很客气，也不怎么犯边。

但左谷蠡王也很快死去了。左谷蠡王去世的第二年，壶衍鞮单于鼓起勇气派遣犁汙王前往汉与匈奴边境哨探。犁汙王一番侦查之后，回报酒泉、张掖病弱，可以试试看能不能收复失地。

而恰在此时，匈奴又有人向汉帝国投降，壶衍鞮单于与犁汙王的可疑动向，也因此被汉中央所了解。汉昭帝下诏，让边境加强戒备。

公元前78年的一天，壶衍鞮单于派遣右贤王和犁汙王率领四千骑分三队分别攻击张掖郡日勒县、屋兰县、番和县。

结果你猜怎么着？张掖太守与属国都尉发本地兵反击，大破匈奴骑兵，四千人绝大多数被击杀俘虏，逃脱的只有区区几百人，而犁汙王也被属国千长原义渠王的一名骑士射杀。从此之后，匈奴人再也不敢靠近张掖。

到了汉昭帝中后期，大体上就是这么个情况，匈奴很难发动起大规模战争，勉强一战，总是大败亏输。曾经让汉帝国屈辱求和的匈奴，如今成了破落户。

在这样的背景下，一些依附臣服于匈奴的部落，必然渐渐寻求脱离匈奴，比如乌桓和鲜卑。霍光在一统江湖之后的第一次主动对外军事行动也是在这样的背景下开展的。

乌桓和鲜卑，大概是东胡的后人，被匈奴吞并后，一部分东胡人逃到了鲜卑山和乌桓山，遂以山为部落名，臣服于匈奴。到了公元前80年前后，匈奴衰乱、向西北退却，乌桓与鲜卑开始渐渐脱离匈奴的控制，转而臣服于汉帝国的同时，也渐渐向西发展，夺回了一部分东胡故地。

乌桓农奴翻身把歌唱，匈奴脱了毛的凤凰不如鸡，对乌桓的反向蚕食，匈奴本来也忍了。但乌桓人太高调，他们竟然把老单于的坟墓给挖了。

匈奴人忍无可忍，于是发两万骑兵进攻乌桓。匈奴人大概想：惹不起南边的友邦，还收拾不了你个家奴？然而事实告诉匈奴人，家奴他也收拾不了。这个家奴现在换了主人，背后是汉帝国这个大靠山。

霍光已经攒了十多年的家底，一看旧霸主要打自己的新奴才，心底不自觉泛起一股盟主的天然自豪感来——他要为乌桓人主持公道，顺道向其他小弟展示自己的实力，让他们痛快地交保护费。

霍光先向护军都尉赵充国咨询。赵充国说：“乌桓也不是什么好鸟，屡次侵犯我国边塞，现在正好乐看狗咬狗，不必费事儿。”霍光又问中郎将范明友，范明友说：“必须打！”

霍光折中了两个人的意见，任命范明友为度辽将军，给了他两万骑兵，出辽东救援乌桓。但同时，霍光交代：“出兵不能无所斩获，如果匈奴跑了，就打乌桓。”

匈奴人一听汉军来救，抢劫抢了一半就匆匆跑了，范明友自然扑了个空。于是，范明友遵从霍光的交代，攻击了正在进行灾后重建的乌桓人，斩首六千余人，包括三个王。

这就是霍光的实用主义：吓跑了匈奴，教训了乌桓，同时发展了自己在军方的实力。范明友归来后被封为平陵侯，而范明友还有一个身份——霍光的女婿，只不过不清楚他是在征乌桓之前还是之后娶的妻。如果是之前，霍光所谓的“兵不空出”，更多是在交代范明友把握立功机会。

另一起对外军事行动则发生在帝国的西边。

匈奴西迁，在对乌桓、鲜卑这些部落渐渐失去控制的同时，对西域诸部的影响却因为距离更近而得到加强。而此前十年间，霍光秉政的汉帝国，对西域奉行的政策是维持现状，不加强，也不放松。这进一步助长了西域诸部对汉帝国的离心离德，因为对在底线边缘试探的国家或个人来说，沉默就是纵容。

楼兰是汉玉门关西南方向的一个小政权，当汉帝国武力未能辐射西域时，楼兰人作为匈奴的爪牙，没少劫杀汉朝使者。后来汉武帝经略西域，楼兰被赵破奴七百人攻破，楼兰王被俘后向汉投降。

但是，匈奴人也不愿意放弃这个小弟，于是也派兵攻打楼兰。楼兰王无奈之下，只好多娶老婆，多生儿子，把儿子分别送去匈奴和汉做人质，在两大势力之间骑墙。

后来贰师将军李广利征大宛，匈奴想沿途拦截，又惧怕汉军势大，就让楼兰人去截后路。这一消息被玉门关驻守的汉军军正任文侦查得知，任文向汉武帝汇报，接到汉武帝指示后，任文带了一队人又把楼兰王抓了。

楼兰王被带到长安，接受审问，楼兰王说出了一番很心酸的话：“小政权在大政权之间，不做墙头草没有活路，我们愿意举族内迁到汉地，从此对汉死心塌地。”

汉武帝没有允许楼兰王的内迁请求，但也看在楼兰王诚实直言的分上，把楼兰王放了回去。

后来，汉武帝征和元年（公元前92年），楼兰王去世，楼兰人来汉请求放还质子回去继位。但楼兰质子在汉触犯了法律，被判处宫刑，汉帝国总不好放一个太监回去给人当王，就找个借口说皇帝很喜欢这个质子，让楼兰人另选他人。

楼兰新王继位，效仿先王又分别向匈奴和汉派出了质子。后来，楼兰新王变旧王，也死了。匈奴人得到消息，第一时间把质子送回楼兰做了楼兰王。

汉朝方面晚了一步，就以皇帝的名义下诏楼兰王去长安朝见，并许以重赏。但是楼兰王的小老婆，也是他的继母，劝楼兰王说："我们已经向汉送去两个质子，都没有回来，王还要去朝见，不怕回不来吗？"楼兰王转念一想，给汉写了一封国书，说刚继位，尚未安定，不方便朝见。

至此，楼兰并未与汉断绝来往；相反，后来的一段时间内，他们供应汉使食物饮水，颇为勤谨。但一来楼兰很小，二来汉使很多，长期下来，楼兰人不堪重负，加上有些汉使欺凌弱小，而匈奴又时常拉拢楼兰人，楼兰王决定跟汉决裂，又开始劫杀汉使者。

汉昭帝元凤四年（公元前77年），霍光摆平了内部之后，决定加强对西域的控制。他向昭帝上书，派遣平乐监傅介子前往刺杀楼兰王。——实用主义者的主意，总是这么不讲道义。

傅介子的使团带着大量金银财宝出了玉门关，扬言要赏赐沿途各部。迤逦而行，到了楼兰，骗楼兰王说要赏赐他。楼兰王很开心，设宴招待了傅介子。欢宴良久，楼兰王熏熏欲醉，傅介子请楼兰王私下说话。楼兰王以为即将得到赏赐，就跟傅介子到了僻静处。傅介子看楼兰王落单，突然命令两名汉朝武士从背后击杀了楼兰王。

傅介子再次出现在宴席上，手中提着楼兰王血淋淋的人头，大喝道："楼兰王杀我汉使，天子命我诛杀他，更立他的弟弟、在汉的尉屠耆为王。汉大军即将来到，敢动者斩！"楼兰的贵人武士面面相觑，胆大的，四散逃跑，胆小的，匍匐在地，不敢作声。

傅介子回汉复命后，被封为义阳侯。而楼兰王的弟弟、在汉做质子的尉屠耆则被汉护送回去做了楼兰王，同时，楼兰被改名为鄯善，所以，尉屠耆实际是鄯善王。

为了震慑楼兰人，汉给了尉屠耆最高的礼遇，赏赐宫女做了他的夫人，丞相将军率领百官送行到长安西城门外，赏赐车辆辎重良多。

但尉屠耆仍然有所担忧，他回去后，向天子上书说："我在外日久，根基浅薄，前王有子，我担心被杀害。我们部中有依循城，水草丰美，愿陛下能派遣一将军在依循屯田积谷，助我护部。"

汉昭帝答应了鄯善王尉屠耆的请求，派出了一名司马、四十名战士，屯田依循以镇抚鄯善。从此，鄯善抛弃了骑墙路线，彻底倒向了汉帝国一方。

而教训乌桓、颠覆楼兰，也意味着汉帝国经过十年休养生息，再度满血满魔，准备继续对外开拓了。颠覆楼兰只是汉帝国重新控制西域的第一步，还有很多精彩的故事要讲述。只是，未来的事，汉昭帝刘弗陵看不到了。

贰　二十七天皇帝

汉昭帝元平元年（公元前74年），汉昭帝刘弗陵病逝，在位十三年，享年二十一岁。

刘弗陵没有儿子，于是霍光需要从老刘家的宗室子弟里找一个人来当皇帝。也不是随便找谁来都行，根据血缘亲疏得先从汉武帝刘彻这个老疙瘩上找。

燕王刘旦谋反自杀，他有儿子还活着，但只能以平民的身份苟延残喘，从刘旦谋反自杀的那一刻起，他这一脉就被永久剥夺了政治权利。

广陵王刘胥是汉武帝唯一还活着的儿子。但刘胥是个四肢发达、头脑简单的人，孔武有力，但也游乐无度。当初就因为这个原因被汉武帝否掉了继承权，现在霍光也不会冒险拥立他——举动无常于国不利，也不方便霍光控制。

事实上，刘胥在朝中有大量的支持者，因为在法理上他是汉武帝的亲儿子，有最优先的继承顺位。这让霍光很头疼，霍光不赞同这么干，但也无法与所有人为敌。

这时候，一个郎官瞅准了霍光的心理，或者干脆就是霍光安排的，上书说："周太王废长子太伯而立季历；周文王废长子伯邑考而立武王。由此可见，只要是合适的人选，废长立幼也可以。广陵王不是合适的人选。"

霍光像抓到了救命稻草，立即拿给丞相杨敞看，同时当仁不让地在两种对立意见中做出选择：按郎官的意见办。强势的决策者就是这样，他能用一个弱小的支持者撬动大量的反对者。这个郎官因此被擢升为九江太守。

否掉了刘胥，就只好从汉武帝的孙子辈里选。人选也不多：刘旦这一脉不可能；刘胥不行，也没道理选他的儿子；汉武帝还有个儿子叫刘闳，封齐王，早死，无子；卫太子刘据那一脉几乎死绝了。

最后，这个大乐透奖项砸在了汉武帝与李夫人的孙子，昌邑哀王刘髆的儿子刘贺身上。

朝廷以汉昭帝上官皇后的名义征召昌邑王刘贺入朝为昭帝治办丧事。这是含蓄的说法，实际上就是刘贺被选中，即将以刘弗陵过继儿子的身份登基为皇帝。

霍光派遣少府乐成行大鸿胪事，率领宗正刘德，光禄大夫丙吉及中郎将利汉带着诏书前往昌邑国迎接刘贺。

刘贺父亲死得早，大概还是刘髆的独苗苗，因此家教很成问题，骄纵狂悖，性子急，好游猎，曾经半天飙车二百里到方与县玩。同时，刘贺的太傅和国相也不是很靠谱，并未在刘贺长大的过程中很好地起到规谏督导的作用，反而与刘贺臭味相投，一样的急功近利、鼠目寸光。只有一个大儒郎中令龚遂能直言相劝，但作用有限。

刘贺接到诏书后，当天夜里就迫不及待地拆了封，到第二天中午就带着大队人马向长安出发了。一个下午，跑了三百五十里，到晚饭时候，就冲到了定陶，路上随处可见侍从们累死的马。

龚遂看着实在不像话，就劝刘贺打发五十名郎官回了昌邑，精简了进京队伍。但在行为上，刘贺仍然不知谨慎小心为何物，仿佛自己已经当上了天子，全然不知，即便当上了天子，也可能被换掉，何况他还没正式继位呢！

到了济阳，刘贺还让人买长鸣鸡和积竹杖，时刻不忘玩乐。到了弘农，刘贺又让一个名唤善的家奴给他买了个美女，用有帷帐的车载着。这一件事，机事不密，还是被朝廷使者发现了，使者责问昌邑国相安乐这是怎么回事。

安乐找到了龚遂，让龚遂去劝谏刘贺。刘贺也知道这件事情很过火，矢口否认。龚遂说：“既然没有，那就是善自作主张，我建议把善交给军吏处置，好让大王撇清干系。”龚遂随即命人把善绑了交给卫士长处理。

昌邑王一行继续前进，一日来到霸上。朝廷派遣大鸿胪前来迎接，又安排了专职司机为刘贺驾车。但刘贺却命令昌邑属官寿成驾车，让郎中令龚遂陪伴自己乘车，把霍光安排的迎接队伍晾在一边。

任谁都看了，刘贺也是一直在犯错误。有一些是道德错误，是让人觉得他不靠谱的错误，有一些却是政治错误，是致命的。

第一，他在接到朝廷的诏书后，没有任何风险论证。参考汉文帝被拥立，他先和舅舅、亲妈、国相、太傅进行了细致入微的分析。

第二，他显得太急不可耐。是你的，终究是你的。心急吃不了热豆腐，反而容易烫到嘴。

第三，他丝毫不了解他的对手。不然，他不会置朝廷的迎接队伍于不顾。不管是霍光，还是杨敞、张安世等人，拥立他，都是要回报的。他在霸上的安排，无意间向霍光们传达了信号——不用指望我会尊重你们的利益。

总之，在刘贺与霍光的对阵中，刘贺太弱，霍光太强，这种情况下，低调听话是第一要务，偶尔柔中带刚也无妨，但绝对不能立时就要摊牌。当然了，刘贺不是要摊牌，他只是无知。

乐成驾车，龚遂骖乘，刘贺从霸上继续向长安前进。刘贺远远看见了广明门、东都门。龚遂对他说："殿下，按照礼法要求，奔丧望见国都就要哭。这里是长安东边的外城门，该哭了。"刘贺说："我嗓子痛，哭不得。"

到了内城东城门。龚遂又对刘贺说："殿下，这次无论如何该哭了。"刘贺回答说："内城门和外城门没什么区别，我还是嗓子痛，哭不得。"

最后到了未央宫东侧的望楼前，龚遂又说："昌邑王帐在望楼外驰道北，我们现在离帐所，没有几步距离了。殿下应该下车，向着望楼西边伏地痛哭尽哀。"

这一次，昌邑王刘贺痛快答应了，也照做了——满朝文武百官都看着呢，这点表面工作还是要做。

六月初一，昌邑王刘贺接受皇帝玉玺印绶，继承皇帝之位，尊奉孝昭帝上官皇后为皇太后。六月初七，在刘贺和霍光的主持下，孝昭皇帝被安葬在平陵。

丧事已毕，刘贺就开始了针对霍光的夺权。昌邑王的属官都被征召至长安，越级拜官，其中昌邑国相安乐被任命为长乐卫尉。

对比汉文帝刘恒入主未央宫当晚，就拜宋昌为卫将军，领南北军，张武为郎中令，行殿中，刘贺为了自身安全，任命一个长乐卫尉，并不过分。

真正的问题是，刘贺没有对霍光这些拥立功臣有个交代。给昌邑王属官升职，百官没意见，但百官什么时候论功行赏？

霍光、杨敞、张安世、杜延年们都冷冷看着。只有太仆丞河东人张敞，就是那个画眉的张敞，是个热心肠的职场老人，上书跟昌邑王这个生瓜蛋子点明了关键。

张敞说："孝昭皇帝早崩，没有继承人，大臣们忧心如焚，选贤圣继承宗庙社稷，选定了陛下，车驾去迎接陛下时，唯恐走得慢。今陛下刚继位，年富力强（暗指刘贺年轻不谙世事），天下无不拭目以待，倾耳以听，看陛下如何行教化、督风俗。至今，辅国大臣没有得到褒赏，昌邑的从龙小臣却先得到拔擢，这是很大的过错啊！"

刘贺没有在意，他似乎并未意识到张敞的上书很可能是来自霍光的一个严厉警告。刘贺对张敞谏书的无视已经足够激怒霍光。何况，有迹象表明，昌邑帮也在谋划除掉霍光。

霍光很郁闷。霍光是帝国最有权势的人。帝国最有权势的人很郁闷，那后果就很严重。

霍光先跟原大将军府故吏、现大司农田延年进行了一番谈话。霍光问："怎么看新皇帝？"

田延年作为霍光的死党心腹，立刻就捕捉到霍光的意图，他向霍光提出："将军您是国家柱石，如果觉得此人不可，何不向太后禀明，更选贤能而立？"

田延年所说，正是霍光所想，霍光也不遮掩，说道："我正打算这么干，只是不知道古代可有这样的先例？"

博学的田延年不假思索地回禀道："商朝的宰相伊尹，曾经废掉商王太甲，保全了宗庙社稷，后世都称赞他是忠臣。现在将军如果能这么做，便是汉朝的伊尹！"

于是，霍光下定了决心，而刘贺的命运也就此注定，他的大汉天子生涯进入倒计时。

从一举剿灭上官氏长公主集团的经历看，霍光是个搞阴谋的顶级高手，秘密、突然、一击毙命。而刘贺比之上官氏长公主集团，要弱得多，在朝的非昌邑系诸臣，没有一个会坚定地站在他这一边。

霍光先引田延年以给事中的身份参赞内朝，随后与张安世商议具体废立计划。

张安世是张汤的儿子。张汤死后，汉武帝怜惜之死，又提拔了张安世为郎。张安世擅长书法，又博闻强记。因为擅长书法，而在尚书台任职，他精于职事，还工作努力不休假。有一次汉武帝巡幸河东，丢了三箧书，问别人都没有人知道，最后由张安世凭借记忆把原书又写了出来。汉武帝因此调任张安世为尚书令，拜光禄大夫。

张安世从父亲之死上边，学到了一件事：小心谨慎，低调行事。这一点，张安世与霍光脾气相投。两人又同在内朝，当霍光受遗诏辅政的时候，就颇为提携张安世。等到上官父子、鄂邑长公主覆灭后，霍光就奏请汉昭帝任命张安世为右将军，同时兼任光禄勋，作为自己的副手。

那么，霍光与张安世作为帝国总舵主与副舵主，已经搭档四五年了，做了许多事情，相处得很愉快——张安世很聪明，但不自作聪明，尤其不在霍光面前表现得更加聪明，这一点对两人的合作不无益处。

霍光与张安世具体商议了什么，不得而知，但商议之后，他们敲定了行动方案，开始秘密地按部就班地行动，却是可以肯定的。但一个读书人跳了出来，把霍光结结实实吓了一跳。

昌邑王刘贺当上皇帝后，江山易改本性难移，依旧喜欢出游。这天，刘贺又摆起天子六驾，带上侍卫郎官、昌邑近臣，兴冲冲地出去巡游嬉戏。

光禄大夫夏侯胜却不知抽什么风，拦住了天子座驾，向刘贺进谏：“阴天持续了很久，但不下雨，预示着臣下有人图谋犯上作乱。陛下还要到哪里去？”

刘贺一听，仿佛早晨出门见了乌鸦一样晦气，当即大怒，斥责夏侯胜是妖言惑众，随后让侍卫郎官把夏侯胜绑了交付给相关部门处理。

相关部门接手后，问清缘由，觉得事关重大，立即向霍光禀告。霍光听了报告，心下一惊，但却不动声色地做出批示：无罪释放。

释放了夏侯胜后，霍光立即去找张安世，问他怎么把他们的计划泄露了。张安世这边遭到质问，也是一脸蒙："我没有啊！"

那奇了怪了？夏侯胜这老儿那番进谏是怎么回事？霍光和张安世决定找夏侯胜来当面问问。

夏侯胜来了。夏侯胜如实回答："《洪范传》里讲：'皇之不极，厥罚常阴，时则有下人伐上者'，我不敢明说，就说'臣下有谋'。"

霍光、张安世一听这么回事，更加惊异，也不由得对夏侯胜另眼相加，连带着对博学经术之士多了几分尊重。

霍光、张安世也因此放下了悬着的心。事情没有泄露，一切按原计划执行。霍光、张安世谋划已定，推演了无数次，胜券在握，可以摊牌了。

霍光先派田延年去通知丞相杨敞，杨敞这时候还蒙在鼓里。实际上最上层的决策，在这之前，可能只有霍光、张安世、田延年知道。网已张开，三人之外，其他都是执行者，不需要知道全局。

杨敞一听霍光的计划，吓得瞠目结舌，不知道该说什么，也不敢说什么，只是汗流浃背，嗯嗯啊啊而已。

田延年没有得到想要的，借故起身上厕所，留下杨敞一个人考虑。

杨敞还在惊魂未定中，他躲在东厢房听墙根的夫人却大声冲杨敞喊："这是国家大事，大将军计议已定，让九卿来通知君侯，君侯赶紧答应，与大将军齐心协力，否则君侯的命就保不住了。"

话声未落，田延年回来了。杨敞夫人也从东厢房赶来，各自坐定，三人说话，最终，丞相杨敞向田延年表明了立场：坚决服从大将军的指示！

杨敞夫人，真巾帼不让须眉，能谋善断足以让胆小怕事的杨敞汗颜。值得一提的是，这位杨夫人，可能正是《史记》作者太史公司马迁的女儿，如果是的话，能做出这番决断，也不奇怪了。

杨敞可能是第四个知道全盘计划的人。因为他代表外朝，代表执行层，有一定的实力。

公元前74年六月二十八，在这个刘贺将用整个余生来回味的日子，大戏正式开机。

晨起，刘贺去长乐宫朝见上官太后。这本是惯例，但这一天，这成了调虎离山。

在刘贺前往长乐宫的当口，霍光在未央宫召集丞相、御史、将军、列侯、在京的二千石官员、大夫、博士等开会。

霍光清了清嗓子，众人肃静下来，霍光道："昌邑王行为混乱狂悖，恐怕要危害江山社稷，各位怎么看？"

群臣的表现和杨敞一个样子，尽皆大惊失色——在这之前，他们也没有得到一丝风声。他们心里或者反对，或者不以为然，但都摄于霍光的权势，不敢吭声，面面相觑者有之，窃窃私语者有之，吞吞吐吐者有之。

这时候，按霍光的设想，是丞相杨敞带头表态的时候。但杨敞习惯性地缩头了，他保持了沉默，没有表明自己的立场。

当然，霍光也不会把希望全寄托在杨敞身上，这位素来就是个怕事儿的。正因为杨敞小心谨慎，内朝领导外朝才没有阻碍，但代价是，关键时刻，杨敞不顶什么事儿。

田延年站了出来。只见田延年离席迈步上前，突兀地出现在众人面前，右手按稳佩剑剑柄，朗声说道："先帝托孤于将军，让将军照料天下，是因为将军忠诚贤能，必定能安定刘氏。现在臣下动荡不安，社稷将倾。又大汉皇帝谥号常常冠以孝，也寄寓了江山长久，宗庙能够永享祭祀。如果一旦汉家倾覆，宗庙无人祭祀，将军即便是死，又有何面目见先帝于地下。"

这是对霍光说的，也是对群臣说的，重心在于对群臣表明：今天必须要换皇帝，而在座的每一位都要表态。

道理田延年已经说完了，他向霍光回禀："今日之议，谁也不能退缩逃避，群臣响应迟缓的，臣请用剑斩之！"

这才是霍光最后的底牌，田延年背后，是霍光儿子、女婿及其他亲信们掌控的京城禁军。田延年的举动，是在警告在座的众臣——大将军可以暴力推翻皇帝，但大将军也愿意跟各位好好商量。

形势已经很明朗了。群臣跟刘贺并没有多少交情；相反，因为昌邑系进入朝廷，一些人的利益还受到了损害。现在的情形是，霍光可以像碾死一只蚂蚁一样把刘贺拉下马。谁赢，很清楚。谁赢，他们跟谁，这是最基础的站队觉悟。

群臣当即跪下，向霍光叩头，齐声说道："天下万姓的命运，都在大将军手里，唯大将军令是从。"

刘贺还在长乐宫朝见，已经成了孤家寡人。或者已经朝见结束，在回来的路上，昌邑的乡下人追随着他。霍光这边却已经和众大臣浩浩荡荡从宫中小道直接开进了长乐宫，向上官太后说明昌邑王刘贺不能当皇帝的各种缘由。

随后，上官太后摆驾未央宫承明殿，下诏门禁不要放昌邑群臣进入。这个时候，刘贺还没有回来。

具体我们已经无从得知，霍光是怎么安排的。事实就是，霍光完美地利用了刘贺去朝见上官太后来回路上的时间，搞定了群臣，还抢在刘贺回到未央宫之前把太后接到了未央宫承明殿，严阵以待。

刘贺大概以为皇宫是他的家。霍光用行动告诉他，皇宫里的一切他霍光说了算。

刘贺终于回来了，他要乘着御辇进入未央宫温室殿，守门的中黄门宦官没有阻挡他。但随着刘贺进殿，背后的门被迅速关闭，昌邑群臣被拦在了外边。

刘贺觉得不对，本能地问了一句："要干什么？"霍光跪下回答道："皇太后有诏，昌邑群臣不得入内。"

刘贺更加觉得不对，稳了稳神，说道："等等，慢慢来，这也太吓人了！"

霍光没有再接刘贺的话头，而是传令把昌邑群臣全部赶出金马门外。在金马门外，车骑将军张安世率领羽林军在那里等着他们。昌邑群臣二百多人全部被逮捕，送往廷尉诏狱，等候审问。

至于刘贺，霍光安排曾经侍奉昭帝的侍中宦官照看他，并交代左右守卫："好好照看，不要发生猝死自杀这种事，让我背上杀主的恶名。"

不过，霍光多虑了。他的行动太过保密，又太过突然，刘贺直到这时，还搞不清楚状况，他不知道自身难保，还跟负责守卫的人聊："朕的昌邑旧臣有什么过错？大将军怎么把他们都抓了？"

没有人回答他。但刘贺的困惑很快就解开了。承明殿有人过来，以太后的名义，传诏刘贺。刘贺这才感到一丝恐惧，喃喃地说："我有什么过错吗？为什么这时候传诏我？"

仍然没有人回答他。刘贺被带到了承明殿，只见上官太后，身披珍珠短袄，盛装坐在武帐中，侍御数百人都带着兵器，期门武士都陛戟森严地排列殿下，群臣按官位依次就位，而刘贺自己则伏地听诏。

接下来就是霍光与群臣的联合公诉，由尚书令宣读："丞相臣敞等……"

杨敞这次被推到了第一位，长长的名单还有大将军霍光、车骑将军张安世、度辽将军范明友、前将军韩增、后将军赵充国、御史大夫蔡谊、宜春侯前丞相王䜣之子王谭、当涂侯魏圣、随桃侯赵昌乐、杜侯屠耆堂、太仆杜延年、太常蒲侯苏昌、大司农田延年、宗正刘德、少府史乐成、廷尉李光、执金吾李延寿、大鸿胪韦贤、左冯翊田广明、右扶风周德、典属国苏武、京辅都尉赵广汉、夏侯胜、赵充国之子赵印……

比名单更长的是昌邑王刘贺的罪状：进长安奔丧路上掳掠民女、被立为皇太子后偷偷买鸡蛋吃、让昌邑从官及阿猫阿狗二百多人入宫、赏赐无度、游戏无度、巡游无度、召用皇太后游宫用的小马车、与昭帝的后宫淫乱……

上官皇太后听不下去了，大喊："停！怎么能悖乱如此？"

刘贺面如土色，本来在座席上跪伏，现在惶恐地离席来到大殿中央跪伏……

霍光示意，尚书令继续往下宣读刘贺的罪状。最后，一共列举了刘贺一千一百二十七件有违礼制、法律的事。

而刘贺一共就当了二十七天皇帝，在这二十七天里，刘贺真可谓连呼吸都是错的。

杨敞最后总结说，群臣进谏刘贺多次，但刘贺都不听，现在群臣只好联名请求以不孝的罪名废黜他。至于高祖刘邦那里，杨敞也给出了办法，用一具太牢去祭祀高祖庙，向刘邦汇报这件事。

上官皇太后的终极批示，言简意赅："可。"就这样，昌邑王刘贺当了二十七天皇帝，在六月二十八这天，被霍光以迅雷不及掩耳之势废黜。

刘贺这才确定了自己的命运，他还想挣扎一下，硬着头皮说道："我听说天子有七个能谏诤的大臣，虽然无道也不至于失去天下。"

刘贺的言外之意：我固然这么混蛋，你们却都三缄其口在背后搞小动作，又有一个好东西？实际上也否认了杨敞所说的"群臣曾多次劝谏"。

但这种辩解苍白无力，不是说刘贺讲的不是事实，而是他这一页在六月二十八这一天已经翻篇。

霍光没有直接回答他，而是不客气地搒了回去："皇太后已经下诏废了你，你还有什么资格称天子！"一边说，一边上前解了刘贺的玺绶，转交皇太后。随后按照程序，霍光领头扶昌邑王下殿，群臣相送。

刘贺没有做过多的挣扎，霍光也给了他应有的体面。霍光亲自护送刘贺回到昌邑王府邸，并向刘贺道歉："殿下自绝于天下，我宁肯负了殿下，不敢有负社稷，从此以后，不能再效力左右，愿殿下好自为之。"尔后，霍光涕泣而去。

关于刘贺最后的安置，群臣本来请求按照古制，把他流放房陵，但皇太后下特诏准许刘贺回到昌邑，废除王爵，赐邑二千户为汤沐邑，并归还故昌邑王的财产。刘贺另有四个姐妹，也分别赐邑千户。

但刘贺的昌邑官属就没有这么便宜了。张安世逮捕的二百多人，除了中尉王吉、郎中令龚遂曾经屡次直谏，师父王式以诗三百篇悉心教授被赦免之外，其余人全部被诛杀。

京城二十七天，对昌邑王刘贺和昌邑群臣来说，就像一场黄粱美梦，区别是刘贺醒了，其他人几乎全都死在了梦里。

叁　皇曾孙归来

霍光送走了刘贺，打的是安刘的大旗，所以，他得再扶持一个刘姓宗室上台当皇帝。取汉而代之，他没有这个心思，更没有这个实力。

这时候，不知道他会不会后悔四年前他曾经杀了一个人。这个人叫眭弘，是符节令。眭弘观察到两件事。一件是泰山上一块普普通通的大石头自己立起来了。另一件是上林苑一棵枯死许久的柳树奇迹般地又活了过来，更神奇的是，当长条低垂时，有虫子在柳叶上啃出几个歪歪扭扭的字来，仔细辨认，似乎是："公孙病已立。"

眭弘根据《春秋》及先师董仲舒的《春秋繁露》推断，当有从匹夫为天子者，这个匹夫可能是废弃公室之后。因此，他向昭帝上书，说："汉帝应该寻天下贤人让位，自己退而自封百里，如殷、周之后，以顺天应命。"

眭弘作为儒生，有自己的信仰，以致君尧舜、天下大治为理想，也无可厚非。但在秉政的霍光眼里，这简直是搞笑。单单搞笑也就算了，这还是试图颠覆大汉的统治。

汉昭帝刘弗陵的意见也一样，霍光最后做出的判决是：眭弘及替眭弘上书的内官长赐妖言惑众，大逆不道，处以死刑。

霍光大概没有意识到，禅让正成为儒生之间悄悄流传的一种思潮，是儒生们提出的解决社会问题的一种政治变革方案，他其实可以利用这一点，为自己代汉造势。

但禅让思潮在这时，仅仅处于萌芽状态，霍光没有开天眼。而所谓的“公孙病已立”则被神奇地选中。

昌邑王刘贺被废，当霍光与张安世物色新皇帝人选时，光禄大夫给事中丙吉向霍光推荐了一个人，名唤刘病已，此刻在民间，年已十八九，知礼通经术。

丙吉先是在车骑将军手下当一个军市令，后来调任大将军府当长史，很受霍光器重，最后因霍光的推荐，才得以以光禄大夫给事中的身份跻身内朝。

所以，丙吉的举荐霍光很重视。更紧要的，这个刘病已不是别人，正是卫太子刘据的唯一血脉，是汉武帝的嫡亲曾孙。

公元前91年，在江充的推波助澜下，巫蛊之祸愈演愈烈，最终卫太子被逼自卫，汉武帝父子交兵。最后，卫太子兵败自杀，母亲卫皇后、舅舅卫青家的几个表兄弟都受到株连，自杀的自杀，灭族的灭族。

卫太子自己，也有一大家子人。卫太子娶史良娣，生史皇孙等三男一女，史皇孙最年长。史皇孙又娶王夫人，巫蛊之祸发时，王夫人刚生下一个儿子，人称皇曾孙。

巫蛊之祸中，卫太子、史良娣、史皇孙、王夫人及卫太子其他两儿一女，都死于非命。皇曾孙当时才几个月大，尚在襁褓之中，也被抓捕，关在廷尉诏狱里，饮食衣物都无法保证，生死难料。但皇曾孙福大命大，遇上了一个大善人，此人不是别人，正是丙吉。

丙吉是鲁国人，从小学习律令，长大后先在鲁国当狱史，因勤劳吏事，一步步升到廷尉右监，但却因为犯法丢了官，被罢归，在州里当个从事。后来巫蛊之祸起，株连无数，帝国在职的法律人员忙不过来，就把丙吉这些人召回来，一同办案。

一方面，丙吉是同情卫太子的；另一方面，面对一个清白无辜的婴儿，丙吉也有本能的恻隐之心。所以，丙吉特别留意保护皇曾孙，不但找了两个善良可靠的女囚犯喂养皇曾孙，还按时提供饮食衣物。而这属于特殊照顾，钱自然得丙吉来出。

由于巫蛊案的后续审讯持续了三四年，皇曾孙也在监狱里长到了四五岁。到汉武帝后元二年，汉武帝生病，有望气者对汉武帝说，这是因为长安监狱中有天子气。汉武帝一时间鬼迷心窍，竟然派遣使者通知长安各部门，把牵连到巫蛊之祸中的人不分罪行轻重全都杀了。

内谒者令郭穰一行被分派到了皇曾孙所在的监狱，但被丙吉做主挡了驾，死活不开监狱门。丙吉的理由是："监狱里都是无辜之人，不能滥杀，更何况皇曾孙也在其中。"

郭穰在监狱外干等了一夜，无可奈何，天明之后打道回府，向汉武帝禀告，并弹劾丙吉阻挠公干。但这时候，汉武帝糊涂劲儿过了，只淡淡地说了句："是老天要他这样的。"随后大赦天下。

丙吉这一次正面硬杠，不仅救了皇曾孙，还救了同在监狱的许多人。而大赦之后，皇曾孙也自由了，丙吉就把皇曾孙送到了祖母史良娣家里。

史良娣的生母，也就是皇曾孙的曾外祖母还活着，号称贞君。贞君还有个儿子，叫史恭，是皇曾孙的舅老爷。贞君又亲自抚养了皇曾孙几年，史恭也没少帮忙。

后来，昭帝时，有诏书派掖庭官到史家看望皇曾孙，并恢复了皇曾孙的宗室子弟地位，将其录入皇家族谱——皇曾孙大概就是这时候有了名字：刘病已。

而好巧不巧，掖庭令张贺曾经在卫太子手下效力，很感念卫太子的恩情，又可怜刘病已的遭遇，就很照顾他，不但自己出钱给他读书，还为他娶了掖庭染工许广汉的女儿。

这样，皇曾孙就作为一个普通人依附于许广汉家和史良娣家，仗剑游侠，斗鸡走狗，日子过得顶不错。

这样下去，刘病已的人生，有一成的概率成为一个闾里恶少，有一成的概率老婆孩子热炕头，平凡过一生，有八成的概率找份正经工作混日子，能走多远看个人奋斗。

概率都是笔者瞎猜的，但其中，包含对张贺扶贫教育质量的高度肯定。刘病已曾经跟着东海郡名儒澓中翁学习《诗经》，也读《论语》《孝经》，而且都学得不错，史载"高材好学"。

这就让刘病已的"仗剑游侠、斗鸡走狗"变成了"读万卷书、走万里路"。几年间，他走遍了三辅各县，对风俗习惯、闾里巧诈、官吏得失烂熟于心。总而言之，对这个帝国，有心人刘病已了解得比昌邑王刘贺多太多。

但至少在公元前74年六月二十八日之前，帝国怎么样，不关刘病已什么事，许多帮助他的人，包括他自己，对他人生的期望，最多是一个帝国的高级打工人，做帝国主人，没有人敢想。

掖庭令张贺，还有一个身份，他是张汤的儿子，所以也是车骑将军张安世的亲兄弟。他本来打算把自己的孙女儿嫁给刘病已——他帮刘病已，固然有报恩的想法，更多的是一种价值投资。但他跟张安世提起自己的想法时，被张安世严厉地否决了。

当时，孝昭皇帝刘弗陵还健在，张安世认为，在这时，皇曾孙刘病已太招摇，是一件很危险的事儿。

张贺打消了当刘病已丈人的主意，转而把刘病已塞给了掖庭染工许广汉，他跟许广汉说："皇曾孙，是近亲，以后能封关内侯。"关内侯，是张贺最大胆的想法了。

但现在，昌邑王刘贺被废除了，在霍光的排除法里，已经没有比刘病已更适合的继承人。

汉武帝六子，有后代的：昌邑王刘髆——儿子刘贺当了二十七天皇帝被废；广陵王刘胥——立刘贺时就绕过了，只要是霍光当家，就会永远被绕过；燕王刘旦——这位谋反作死。

卫太子一脉的独苗苗，在这样的情势下，也成了汉武帝的独苗苗。而从霍光的角度考虑，刘病已孤孙、庶民的双重身份，又让他觉得很安全，起码刘病已背后没有二百多位王国属官要安置。

曾经的大将军府属官，此时的太仆杜延年也向霍光举荐皇曾孙刘病已，赞不绝口——实际上是因为杜延年的儿子杜佗和喜欢游历的刘病已相识相知，是好朋友。

于是，在决策层，霍光、张安世、丙吉、杜延年通过碰头会，敲定了新皇帝人选，皇曾孙刘病已。

进入七月，霍光召开会议，向以丞相杨敞为首的群臣宣布了一件小事儿——新皇帝人选已经确定了，就是皇曾孙刘病已。

随后霍光与杨敞等人再度联名上书：孝武皇帝曾孙病已，年已十八，学《诗经》《论语》《孝经》，躬行节俭，慈仁爱人，可以做孝昭皇帝的继承者，奉承祖宗之庙，统领天下万姓！臣等冒着死罪向太后秉明！

这只是个例行程序，上官皇太后是霍光的外孙女，自上官桀覆灭后，霍家也是她唯一的依仗。上官皇太后答复："可。"

于是，霍光派遣宗正刘德前往长安南城尚冠里刘病已的家里，督促刘病已沐浴、更衣——衣服是朝廷新赐的。随后，太仆杜延年亲自驾着打猎用的轻便小车，把刘病已迎接到宗正府，吃了一顿素餐。

沐浴更衣、禁酒素餐这些表达虔诚、谦逊的必要程序走完之后，公元前74年七月二十五日，刘病已被迎入未央宫，拜见皇太后，封阳武侯。随后，群臣奏请奉上皇帝玺绶，刘病已正式即皇帝位。

接下来就是前往高庙，祭祀大汉开国高祖皇帝刘邦及列祖列宗，说一些"托列祖列宗护佑、上天降福，江山社稷安好"之类的话。

值得一提的是，上官太后升级了。按辈分，昌邑王刘贺要叫孝昭皇帝小叔。而皇曾孙刘病已、如今的大汉皇帝则要叫孝昭皇帝小叔公。所以，上官太后顺理成章，被尊奉为太皇太后。

至此，孝昭皇帝去世三个月后，几经骚乱，大汉的新皇帝总算有了着落。新人新气象，然而，大汉帝国进入了新时代了吗？

第十七章

君臣斗法

壹　斗而不破

伊尹流放太甲，周公摄政成王，以臣制君，那到底是很久以前的事情，可能只是个传说。在秦汉之际，就有人怀疑伊尹迎回太甲、周公还政成王，极可能是他们在政治斗争中由胜而败的结果。

那么，霍光废黜昌邑王刘贺这事儿，是证据确凿的开天辟地以来第一回。这固然为霍光带来巨大的政治收益，但也在无形中消耗着他的政治声望。

废昌邑王刘贺，朝廷的支持者是极其有限的。杨敞们的态度可见一斑，还有沉默的大多数，更多是迫于霍光的声威而被裹挟其中。

这么看，在昌邑王被废后，到迎立刘病已，其间足足二十七天，可能相当多的时间都被霍光用来消除废掉昌邑王刘贺的不利影响。

霍光改变不了群臣心中的真实想法，但可以握紧权力，将帝国牢牢地抓在手中。因此，霍光风评变坏了，他对帝国的表面控制力更强了。

新皇帝刘病已，哦，我们以后要叫他刘询了，即位以后，刘病已给自己改了名——汉朝当时的风俗，好男儿名字通常是单字，只有一些奇奇怪怪的人才用多字，比如马何罗，比如金日磾。

刘病已小时候在廷尉诏狱得过几次严重的病，差点挂了，是丙吉送医问药，督促胡组、赵征卿悉心照顾才幸免于难。据此推测，病已这个名，没准就是大难不死随便起的，图个吉祥，几近乳名。但现在，刘病已是大汉天子了，还用乳名，跌份儿，于是，大汉天子，从今以后叫刘询。

刘询即位不久，准确说，是在七月底，刘询即位的两三天之内，侍御史严延年上书弹劾举奏："大将军霍光擅行废立，无人臣之礼，属于胡作非为！"

在一片歌舞升平里，严延年这封奏疏简直像出现在婚宴上的恐怖分子，他不但否定霍光，连带着刘询也否定了。不过，严延年这封奏疏是不会先到皇帝刘询手中的，他要先递给霍光领导的尚书台。

霍光大概也没有把奏疏压下，而是如实上奏给了刘询。刘询呢，世事洞明，当然不会拿着这件事做文章。但刘询也没有做出查办严延年的指令。一方面，严延年的打法，谁接招，谁就沾一身腥；另一方面，有人敢对霍光说不，刘询其实喜闻乐见。

至于霍光，他也不能坚持立即处理严延年，道理是一样的，谁拍板处理严延年，谁就惹一身骚。

严延年是受谁指使呢？大概并没有人。见不平而鸣，严延年可能是为了自己心中的正义与公理。但严延年的平地一声吼，也吼出了沉默的大多数的心声。自此事后，严延年的形象在许多人心目中高大了许多，而霍光的不动声色助长了这一点。

八月初五，小心驶得万年船的丞相杨敞去世了。废立之事，把老头子吓得不轻。九月，御史大夫蔡谊升任丞相，这属于正常的升迁，副丞相升丞相，符合惯例。

不过，蔡谊这时候八十多岁了，身材短小，无须无眉，貌似老太太，上朝都要两个人搀着。考虑到田千秋之后，王䜣当了不到一年丞相，就去世了，杨敞出身大将军府，是个老好人，蔡谊又是出身大将军府，就有人议论，说霍光选丞相，专选听话懂事的。

这可以视为严延年事件不了了之之后，霍光受到的又一次攻击。流言总是传得很快，不久就传到了霍光耳朵里。霍光焦头烂额，但没有办法，嘴长在人家身上。他只是在工作之余，对侍中及左右官属说："蔡谊当过昭帝的老师，人主师当为丞相，选蔡谊当丞相，就是这个原因。"

霍光的尴尬，皇帝刘询当然看在眼里。这让他看到了霍光不可撼动的表象之下，实际上也有暗藏的蚁穴——大司马、大将军、领尚书事、博陆侯霍光，也是人，并没有三头六臂。

皇帝刘询准备试探性地与霍光斗一斗。在严延年上书与坊间议论霍光拜相这两件事中，刘询扮演的角色，都只是个把幸灾乐祸藏在心里的看戏者，现在，刘询想亲自下场演一场。

恰好，三公九卿、朝廷群臣正在商议一件重要的事，这件事跟刘询密切相关。刘询即位，大汉帝国的皇帝有了，但谁来母仪天下？

我们知道，刘询在民间已经娶了掖庭染工许广汉的女儿。这个姑娘，名叫许平君，她与刘询结婚后一年，就为刘询生了个大胖小子，取名刘奭。而刘询继位后，许平君也进入皇宫，被封为许婕妤。

正常来说，许平君母仪天下，唯一的阻碍是出身寒微。但这不是问题，只要给许广汉封个侯，就解决了——汉文帝生母薄姬、汉景帝王皇后、卫子夫卫皇后的出身都不算好。

但是，朝廷群臣另有想法。霍光有个小女儿，唤作霍成君，说起来，算是上官太后的正牌小姨妈，但因为两个人年龄差不多，很处得来。用官方的话说，就是霍成君很受上官太后喜爱。

霍成君跟皇帝刘询的年岁也差不多，可能略小点。群臣基于阿谀霍光与上官太后的缘故，在台面上，都争先恐后地表态赞成皇帝纳霍光女儿为皇后。不过，群臣的支持只停留在口头上，停留在小圈子私聊中，并没有一个人上书奏明此事。

皇帝刘询得到了风声，也看到了群臣的不坚定。他仔细推演之后，打出了极富领导艺术的一招：他下诏，寻找在民间时遗失的一把剑。

一切如刘询的预料发展——诏令一下，群臣混迹官场多年，都是顶聪明的人，立时就领会了最高指示。于是，群臣纷纷上书，请求立许婕妤平君为皇后。沉默的大多数，在皇帝与霍光利益发生分歧之时，抛弃了霍光，站在了皇帝身边。这也是霍光废立的后遗症，想伺候两个皇帝的人不多。

公元前74年十一月十九日，许婕妤平君立为皇后。

接下来，按照惯例，皇后的生父许广汉要封侯。但是，霍光方面，也不能放任事情发展下去。霍光否决了封许广汉为侯的提议，理由是，许广汉是受过宫刑的人，不适宜做封国之君。

霍光的否决，是在提醒刘询，不要太过火。而作为回报，上官太后撤出了未央宫，结束了临朝听政的生涯。不过，长乐宫恢复了屯卫，让上官太后成了拥有武力的宫廷势力。

收到提醒后，皇帝刘询吸取了昌邑王刘贺的教训，在即位第二个年头，也就是本始元年春天，刘询下诏：讨论废立安宗庙的功劳。

刘询很大方。霍光增加了一万七千户封邑，加上原先的三千户，合计两万户。如果不算汉初功臣因为封国人口自然生长，导致后期实际封户超过名义封户，出现了曲逆这些三万户侯国，霍光是大汉帝国历史上第一个名义封邑达到两万户的大臣。

霍光之外，另有十人获得增加封邑的赏赐，分别是车骑将军富平侯张安世、杨敞之子安平侯杨忠、阳平侯丞相蔡谊、平陵侯度辽将军范明友、龙额侯前将军韩增、建平侯太仆杜延年、蒲侯苏昌、宜春侯王谭、当涂侯魏圣、杜侯屠耆堂、关内侯夏侯胜。

另外御史大夫田广明新封昌水侯，赵充国封营平侯，田延年封阳城侯，乐成为爰氏侯，王迁为平丘侯。还有周德、苏武、李光、刘德、韦贤、宋畸、丙吉、赵广汉等八人被封为关内侯。

皆大欢喜。皇帝刘询与首辅霍光，经过两回合的交锋之后，在许广汉封侯与否这件事上真实地触碰到了彼此。大封功臣，则让双方暂时把免战牌都挂了起来。

论功行赏之后，大将军霍光向皇帝刘询行跪拜礼，请求归政于皇帝。而刘询则谦让不受，在扶起霍光之后，还口述诏令：“从今往后，一切事务都先向大将军报告。”一派君贤臣忠的气象。

但国无二主，这一切都是暂时的。对汉宣帝刘询而言，丈人许广汉不得封侯，让他第一次领略了霍光的真正实力，看着遍布东西两宫的霍氏子弟，刘询决定换一种思路，走迂回路线。

汉宣帝本始元年六月，皇帝刘询下达了一道诏令：“故皇太子在湖县，没有谥号，每年只有岁末简单的祭祀，请相关部门议定谥号，设置园邑。”

刘询要为自己争取一些东西，但他也争取不到太多。相关部门讨论后答复刘询：“按照礼法，继承谁的基业，就是谁的儿子。因此，按照祖制，亲生父母，不得祭祀。陛下是孝昭皇帝之后，继承大汉江山，因此我们认为亲生父母应当谥号为悼，而皇太子谥号为戾。”

悼是中性词，有哀伤思念的意思。至于戾，按《谥法》的解释，则是不思悔改的意思。

巫蛊事件至今，即便汉武帝盖了思子宫，但迫于其巨大影响，汉武帝没有给卫太子翻案，汉武帝去世后，霍光作为汉武帝政策的守护者，也不会给卫太子翻案。

所以，即便卫太子的嫡亲孙子刘询已经当了皇帝，卫太子的过错也是翻不了的铁案，群臣们只能给出一个错误归错误、尽孝归尽孝的解决办法。

对于这一讨论结果，刘询接受了。这是刘询的灵活之处，达到目的的路不止一条，此路不通，他就换条路试试。这也是刘询的现实之处，祖父母、父母只不过是手段，要求为戾太子定谥号、改葬，不过是他向群臣表明，自己除了继承昭帝之外，还是汉武帝的嫡亲曾孙，这也是他的合法性来源，他已经达成了这个小目标。

而望向更远的未来，他最终的目的是像曾祖父汉武帝一样乾纲独断、君临天下。

七月，汉宣帝刘询又有了主意，他启用了一个有名的循吏。这个循吏名叫黄霸，时任河南太守丞。

刘询把黄霸提拔为廷尉正，也就是廷尉的属官，主要负责一些疑难案件的审核。既然是循吏，黄霸的治理相对就偏向于温和公正，一定程度上改变了自汉武帝以来持续的严刑峻法。

刘询在民间，深深感受到百姓在严刑峻法下被官吏侵逼的苦痛，现在，提拔黄霸，实际上是他佐以宽仁执政理念的体现。

不过，这是表面上的。深层次，刘询执政的内核仍旧是严刑峻法，法家是底色，儒家是伪装。而具体到任用黄霸这件事上，它又是对霍光专用严刑峻法路线的挑战。

霍光在燕盖之乱、昌邑王废立两大政治事件后，都进行了大肆诛杀，极少宽纵。皇帝刘询现在重用循吏黄霸，“随风潜入夜，润物细无声”地给朝野上下一些暗示：朕在未来有可能拨乱反正，你们可以留心大将军有没有做得过火的地方，方便在合适的时候治病救人。

以上，是刘询即位以来的一些显而易见的动作。面对霍光，他摸不清对手的底细，于是他连番试探。不过，这些试探都还停留在兵器推演阶段，并未诉诸实战。

但终于，年轻气盛的刘询要走出危险的一步了。

贰　剑拔弩张

汉宣帝刘询刚继位，普天同庆、歌功颂德之际，侍御史严延年就跳出来冲着整个朝野狂吠了一番——霍光就是整个朝野——却安然无恙。

严延年是一个张汤式的人物，心中有光，不择手段，无所畏惧。上书弹劾只是小试牛刀。

不久之后，严延年再度上书弹劾。弹劾对象和他同名，是霍光的铁杆心腹、大司农、新晋阳城侯田延年。罪名是田延年带着兵器冒犯天子巡行的后车。

田延年得知后，上书辩护说根本没有这样的事儿，是严延年诬陷。于是，正式立案，交由御史中丞去查办此事。田延年是霍光的人，御史中丞不知道是谁的人，但他的立场暴露了他的屁股，他反过来指责严延年为什么不给宫殿守卫部门写公文，让他们遵守律令阻止田延年带兵器入宫。

如此一来，严延年就被倒打一耙，安了个纵容守卫、间接纵容私闯宫禁、中伤大臣的罪名，按律当处以死罪。这无疑是小题大做了，但这也是霍光集团对反对派的残酷镇压，堂堂大将军，皇帝都能擅行废立，总不能让一条不知从哪儿冒出来的野狗咬死。

但诡异的是，严延年却再一次逃出了生天。没有法外开恩，没有皇帝特赦，只是严延年听闻消息后，三十六计走为上计，亡命天涯去了。

“普天之下，莫非王土；率土之滨，莫非王臣。”刘询是天下名义的王，霍光是天下实际的王，如果王一定要严延年的命，就算严延年化成土行孙、精卫鸟也逃不掉。

但严延年逃走了，很安全。是霍光集团饶了他吗？不，是有人保护他。谁呢？有理由怀疑，这个人就是皇帝刘询。多年之后，霍光集团覆灭，大赦天下，严延年冒了头，立即被丞相府和御史大夫府同时征召。根据时间推断，当时的丞相应当是魏相，当时的御史大夫应该是丙吉，这两位是汉宣帝刘询最终荡清霍氏最重要的帮手。

不过，因为严延年的脱逃，他的故事线暂时就消失了。但严延年逃亡后不久，田延年自杀了。怎么回事呢？容笔者细细说来。

当初汉昭帝刘弗陵驾崩得很突然，许多丧葬用品来不及准备。而茂陵县的富户焦家和贾家聚集了数千万木炭苇草等丧葬物资。严延年酷吏出身，做过地方太守，对这些奸商获利的门道门儿清，于是上奏，直接以囤积居奇、投机倒把的罪名把这些富商攒的家底直接没收了。

但是，大汉帝国的豪强也是不能轻易得罪的。焦家和贾家损失惨重，就联合其他豪强准备对田延年复仇。

田延年呢，自己屁股也不干净。同样是昭帝的丧事，田延年租用百姓牛车三万辆，从河里往昭帝平陵运送沙子，付租金每辆车一千钱。这很正常，但田延年却做了每辆车租金二千钱的假账，于是，三千万钱的公款被他贪污了。

焦家和贾家把这事儿挖出来，使了许多钱，把罪状证据直接捅到了天上。皇帝刘询接到奏疏，绕过霍光，不动声色地招来了丞相蔡谊，让丞相府去处理此事。

蔡谊这个小老太太一样的丞相，居然做出一副公事公办的态度，很快出具了处理报告：田延年利用公事之便，贪污三千万钱，当判大逆不道。

大逆不道，只要坐实了，是没有救的罪，连大赦都不赦。霍光出马了，他找到田延年，想要个准信：“到底有没有这码事儿？”

田延年一口咬定没有。田延年知道，霍光不会不管他。霍光问他，就是要救他，要为他开脱。他如果承认，霍光就没有办法为他开脱。想清楚了这一点，我们可以判断，田延年确实贪污了三千万。

田延年的心思，霍光也懂，他也知道，他不得不弃车保帅了。他对田延年说：“既然没有，那就要一查到底。”

御史大夫田广明、太仆杜延年都考虑到了田延年在霍光集团的特殊地位，有心为田延年开脱。尤其是田广明，他对杜延年说了一番可以自圆其说的话：“《春秋》之义，以功补过。废昌邑王之时，如果没有田延年振臂一呼，就不能成事。此功足以抵三千万钱。”

杜延年向霍光传达了田广明的话，但霍光已经无能为力。田延年拒不承认，只能交由朝廷公器来审理。

不过田延年没有给廷尉署这个机会。他提前沐浴更衣，准备好了欧刀，在家里等了几天，听到廷尉署吏员前来拘捕的开道鼓声后，拔刀刺向了自己的胸膛。一代酷吏，霍光废立的首席打手，就这样，风流云散。

对汉宣帝刘询而言，这是重大胜利。他乘勇而进，于本始二年，决定为汉武帝议定庙号，继打过卫太子大旗之后，他又打起了汉武帝这面更大的大旗。

本始二年五月，汉宣帝刘询下诏：“孝武皇帝，文治武功，功德茂盛，而没有定庙号，朕很是哀伤，请诸公卿与列侯、二千石、博士议。”

经过大会讨论，群臣一致认为汉宣帝的想法很好。但已经升任长信少府的大儒夏侯胜不以为然，夏侯胜说：“武帝虽然开疆拓土有功，但耗费巨大，人民流离，土地抛荒，士庶死伤，人口减半，到现在国力也没有完全恢复，对人民没有恩泽，不应当立庙乐。”

夏侯胜承认了汉武帝开疆拓土的功绩，但饱读经书的他，是一个彻头彻尾的民本主义者，相比宏略远图，他更看重小民幸福，这是非常难能可贵的。

他并不一定对，因为相比个体的利益，整个种群的生存空间也极其重要。汉武帝摈斥四夷、开疆拓土固然代价沉痛，但为了族群存续壮烈牺牲，也好过两脚羊一般死在侵略者的屠刀下。

当然了，人口减半的代价依然过于沉痛了，这些人并非都是为国而战壮烈牺牲的，有些人在流离失所中饿死，有些人死于繁重的劳役，有些人触犯了无孔不入的严刑峻法，有些人则是无辜株连。

而在汉武帝的一生中，他有喜好排场、铺张浪费、好神仙方术、巡游无度的毛病，这些都甚无谓，在晚年，他又因为昏聩导致数十万人死于巫蛊之祸。这些都是他丰功伟绩上难以洗脱的瑕疵锈斑。

夏侯胜也许略言过其实，但他说了真话，这是需要勇气的，尤其是在霍光实际上延续了汉武帝治国理念的背景下。同样，在这样的背景下，讲真话是要付出代价的。

丞相蔡谊和御史大夫田广明当即上书弹劾夏侯胜非议诏书，毁谤先帝，失人臣之道。夏侯胜被逮捕了。已经由廷尉正升任丞相长史的黄霸，在审讯定罪时，由于宽纵夏侯胜，也被逮捕下狱。

解决了提出问题的人，问题也就解决了。相关部门奏请尊孝武皇帝庙为世宗庙，奏《盛德》《文始五行》之舞。同时，在汉武帝生前巡行所到的郡县封国都立世宗庙，如高祖刘邦、太宗刘恒的规格。

不过，汉宣帝及霍光没有对夏侯胜与黄霸穷追猛打。黄霸被关在监狱里，还跟夏侯胜学习了《尚书》，成为夏侯胜的得意门生。

从汉宣帝的角度，举起汉武帝的大旗，可以为自己的即位合法性背书，但卫太子一家在巫蛊之祸中惨遭灭顶之灾，汉宣帝未必就没有对曾爷爷汉武帝的怨气。那么，对夏侯胜、黄霸的高高举起、轻轻打下，实际上也部分否定了汉武帝伟大的正面形象。

轻拢慢捻，曲线迂回，旁敲侧击，欲擒故纵。斗鸡走狗、仗剑游侠的刘询，在闾里穷巷学到的民间智慧，似乎足以应付宫廷政治，至少目前看来是这样。

但霍氏集团的反击来了，雷霆万钧，让皇帝刘询错愕、惊诧、愤怒又无可奈何。

公元前71年，汉宣帝本始三年春正月，刘询故剑情深的许皇后平君死了。人都是要死的，皇后也不例外。许平君之死，是大事情，要万民同哀，但并不是劲爆、重磅的暴走大事件。

不过，许平君死前吃了药，吃药后又说："我头痛胸闷，药里不会有毒吧。"不久之后，许皇后在一片狂躁烦闷之中驾崩。

有人毒杀了许皇后平君！谁干的呢？霍光的夫人霍显。

当时，许平君又怀孕了，而霍显对自己女儿霍成君没有当上皇后一直耿耿于怀，她也并没有放弃努力。刚好，有一个叫淳于衍的女医生，参与了对许平君的诊治。淳于衍的丈夫是掖庭护卫，想要升职，就让淳于衍去找霍显为自己说情。

霍显见到了淳于衍，两眼一转——医生、病人，大有文章可做。霍显对淳于衍说："女人生孩子，十死一生，你可趁机投毒。"

许平君毕竟是皇后，医疗规格很高，诊断都要会诊，用药也需参与的医生都认可，煎好了还要先尝了再给许皇后喝，操作起来还是很难的。但只怕有心人。淳于衍提前捣好了附子，趁人不注意，混入了太医合成的大药丸中，给许平君吃了，于是就有了前文的惨剧。

因为许平君死前的一句话，在座的御医都被抓了起来。霍显这边做贼心虚，害怕淳于衍熬不过把自己供出来，连忙找来霍光，如实交代。

霍光大吃一惊：不好，路走绝了！

但霍光是个顶级政治家，立刻想到对自己最有利的，应当是大义灭亲，把霍显诉诸司法。然而，转念一想，霍光又不舍得了——霍显为霍光生了一群娃，少年夫妻老来伴——罢罢罢！一条道走到黑算了！

淳于衍们的卷宗送到了霍光这里，霍光看了看，批示：不予追究。事情暂时被压了下来。

关于此事，详细的情形，汉宣帝刘询此刻并不知道，但他的结发皇后死得蹊跷，他必然有所察觉的。聪敏如他，也从许皇后平君之死中，读到了来自霍光集团的死亡警告：如果他再继续折腾，霍光不在乎再来一次废立！

刘询有理由惊诧、错愕、愤怒，但现在，他需要乖巧、忍耐。只有这样，他才能活下去。

叁　偃旗息鼓

许平君死之后，汉宣帝退缩了。他不能不退缩。他就寝，殿外的守卫是霍家的人；他朝会，未央宫的执戟郎是霍家的人；他出行，奉车都尉、执金吾是霍家的人；长乐宫、未央宫两宫卫尉也是霍家的人。

之前，他并非不知道。但他想，事在人为，他每天努力，总能建立起自己的势力，挖倒霍光家的墙。许平君之死，让他认清了现实，霍光活着，他就得潜龙在渊。

刘询退缩了，也就天下太平了。

霍光的小女儿被送进了宫里，成为汉宣帝刘询的新皇后。霍光提出，刘询点头，天子与摄政王成了翁婿，天下事重新成为家事，许平君被刻意遗忘了。

接下来的几年里，夏侯胜与黄霸被释放，又当了官，夏侯胜做了谏大夫，黄霸去扬州做了刺史。广川王刘去因滥杀师父及姬妾被废徙房陵，自杀了。楚王刘延寿派人鼓动广陵王刘胥造反，事情败露，刘延寿自杀。

汉武帝推恩令之后，汉帝国诸侯已经掀不起什么风浪了。隔三岔五就有王爷被废自杀的，不是稀罕事儿。不过，绕过九曲十八弯之后，在霍光刘询讲和之际，有一件大事，跟刘延寿有点关系。

楚元王刘交是高祖刘邦的小兄弟。刘交死后，儿子刘郢客继位，刘郢客死，儿子刘戊继位。刘戊参与了七国之乱，被汉景帝镇压，但随后，汉景帝又封刘戊的弟弟刘礼为王。刘礼生刘道，刘道生刘注，刘注生刘纯，刘纯生刘延寿，楚国就这么一直传到汉宣帝时期。

刘戊死后，有个孙女，取名刘解忧，续辈分，跟刘注是同辈，刘延寿得叫他姑奶奶。这位姑奶奶，这时候还活着，而且活得很传奇。公元前71年这场五路伐匈奴大战，就是由这位姑奶奶引起的。

事情得从好几十年前说起。

汉武帝继位后，立刻意识到，与西域强部联合，孤立匈奴，对匈奴形成东西夹击之势，将有助于加速解决匈奴问题。最早，汉武帝预想的是联合跟匈奴有死仇的月氏。

月氏本来是活动在敦煌、祁连山一带的强大部落，控弦十余万。在匈奴老上单于时，月氏被匈奴击败，部落首领和贵族的头被匈奴砍下来当酒杯，月氏残部一口气逃到葱岭以西，击败了大夏，在大夏重新建立政权。

为了区别祁连月氏与大夏月氏，史书称躲到祁连山里的月氏为小月氏，逃到大夏的月氏为大月氏。

张骞第一次出使西域，就是为了寻找大月氏。最终，他历经十余年，总算找到了大月氏。但时隔数十年，大月氏在大夏丰衣足食、安居乐业，在地缘上，北边也有康居、大宛、乌孙隔绝匈奴的威胁。因此，大月氏女王及贵族纷纷表示：今朝有酒今朝醉，复哪门子仇！

与大月氏合作不成，汉武帝只好重新寻找西线盟友，于是，有了张骞第二次出使西域。这一次，张骞找到了乌孙。

当时的乌孙，已经发展壮大起来，虽然还奉匈奴为盟主，但是与其他小部不同，他们已经很久没有朝会匈奴茏城了。

虽然乌孙与匈奴若即若离，但相比遥远东方的汉帝国，乌孙还是会选择匈奴。所以，乌孙没太把张骞当回事，自然也就拒绝了张骞代表汉帝国通婚、结盟的请求。不过，乌孙王昆莫派遣了使者送张骞归汉，他们到了汉朝，见识了汉朝的强大之后，乌孙对汉朝的态度有所改善。

而匈奴这头，习惯于暴力下的顺从，因而极其敏感，立即派使者指责乌孙为什么与汉朝通使，并威胁要攻击乌孙。

匈奴干涉乌孙内政、不把小弟实际利益当回事的霸权主义行径，遭到了乌孙的强烈反弹。乌孙王昆莫当即派使者入汉，贡献马匹、请求通婚。汉朝方面，朝议后接受了乌孙王的请求。

最终，汉武帝异母兄弟江都王刘非的女儿刘细君，嫁给了乌孙王昆莫。乌孙送了一千匹马作为聘礼，汉朝廷则赐予车马等宫廷器物及大量礼品作为陪嫁。同时，为细君公主配备官吏、宦官、宫女、仆从数百人。

这时候，匈奴发现武力威胁解决不了问题，就学汉朝，也嫁了女儿到乌孙。

乌孙昆莫很狡猾，就以细君公主为右夫人，以匈奴女子为左夫人。汉文明，通常以右为尊，但以匈奴为首的部落，则普遍以左为尊。显然，乌孙昆莫还是更重视与匈奴的联盟关系。

另外，乌孙跟匈奴的风俗更接近，以往的交流也更多，以此推之，匈奴女子大概很快就能适应在乌孙的生活。而细君公主则不然，因为语言不通，她自己盖了宫室居住，一年跟昆莫聚会几次，把汉朝带来的财物赏赐给昆莫左右的贵人，这基本就是远嫁异域的她所能做的全部外交努力了。

公主思乡情切，还写了一首歌曲："吾家嫁我兮天一方，远托异国兮乌孙王。穹庐为室兮旃为墙，以肉为食兮酪为浆。居常土思兮心内伤，愿为黄鹄兮归故乡。"

歌曲的呼唤，传到了汉武帝耳朵里，一代雄主也不禁为之动容，但家国大计，汉武帝也只能隔年派使者厚加赏赐而已。

再后来，昆莫年老，就想让孙子岑陬娶细君公主。细君公主当然无法接受：按大汉礼法，哪有嫁了爷爷，再嫁孙子的？于是公主向汉武帝汇报，请求归汉，但汉武帝回复："我大汉要联合乌孙消灭匈奴，你要入乡随俗。"

细君公主没有办法，只好嫁给了岑陬，还生个了女儿，唤作少夫。不过，不久之后，细君公主到底因为水土不服又郁郁不乐，病死了。

细君公主是汉朝历史上，第一个有名有姓跟乌孙通婚的女子，她初步推开了汉与乌孙建立相对平等关系的大门。时至今日，我们已经无从了解细君公主更多的细节，但她就像是一只象征和平的白鸽，为友好交往而来。

刘细君去世后，汉武帝又把楚王刘戊的孙女刘解忧嫁给了乌孙王岑陬——老王昆莫已死。岑陬不但娶了刘解忧，还娶了个匈奴女人——匈奴并未放弃用和亲捆绑乌孙的努力。这个匈奴女人，生有一个儿子，名唤泥靡。

而汉朝方面，刘细君只有一个女儿，刘解忧还没来得及给岑陬生孩子，那么，正常来说，岑陬与匈奴女人生的儿子泥靡会继位。但岑陬临死时，泥靡还很小，就把王位传给了叔父的儿子翁归靡。于是，按照乌孙习俗，翁归靡又娶了汉公主刘解忧。

一方面，有细君公主在前，汉与乌孙之间的交流频繁，到了解忧公主时，那种远赴异域的孤独大概要少些。

另一方面，解忧公主身体素质大抵是汉武帝、武则天级别的。解忧公主活了多少岁，不清楚，但她在汉武帝末年出嫁，经汉昭帝、汉宣帝，直到汉元帝继位才去世，估摸活了得有七十年。

解忧公主和武则天一样，生育能力极强，她一口气为翁归靡生了三个儿子，两个女儿。其中长子元贵靡，后来成为乌孙合法继承人。

次子万年，长期在汉朝，不知怎么的，就特别受莎车王喜爱。莎车王病死，无子，莎车贵族为了与乌孙保持良好的外交关系，就请求汉朝把万年派到莎车，当了莎车王。

三子大乐，是乌孙的左大将。长女弟史，嫁给了龟兹王降宾，降宾还因此请求与公主一同入朝朝见。小女素光，嫁给了乌孙贵族若呼翎侯。

汉帝国在西域，仅凭借解忧公主及其嫡亲的五个儿女，就打造了一个庞大的外交关系网。最重要的是，这样的乌孙及乌孙的盟友，必然会跟汉帝国越走越近，对匈奴越来越疏离。而汉帝国方面，显然也深刻理解解忧公主对西域外交关系的重要性。

在这样的背景下，当汉昭帝元平元年，也就是刘弗陵在位的最后一年，解忧公主因匈奴侵逼乌孙上书请求救援时，汉帝国立时就上下一致地做出了出兵匈奴的决议。但因为恰逢汉昭帝去世，此战就缓了缓。

接下来，又是昌邑王废立，又是汉宣帝即位、君臣斗法，直到汉宣帝本始二年秋，才正式开始动员出兵，五路伐匈奴。

五路大军如下：御史大夫田广明为祁连将军，统领骑兵四万余人，出西河；度辽将军范明友，统领骑兵三万余人，出张掖；前将军韩增统领骑兵三万余人，出云中；后将军赵充国为蒲类将军，统率三万余骑，出酒泉；云中太守田顺为虎牙将军，统率三万余骑，出五原。

实际上是全线出击，并无攻击重点。面对此时的匈奴，汉帝国底气十足，五路重兵，根本不惧孤军深入——汉宣帝与霍光下达的作战命令，唯一明确的是：出塞两千里。设想中，这是一场无限自由的追击战。

本始三年，正月十八，五路大军从长安出发。匈奴并没有如预料的不堪一击，而是干脆放弃抵抗，逃之夭夭——匈奴早早得到了消息，扶老携幼，能跑多远跑多远。

三十六计走为上，没有霍去病这种轻装玩命追击的打法，是无可奈何的。所以，五路大军，基本上没有什么斩获。

度辽将军范明友出塞一千二百余里，斩首、俘虏七百余人。前将军韩增，也出塞一千二百余里，斩首、俘虏一百余人。蒲类将军赵充国最玩命，出塞一千八百余里，斩首、俘虏三百余人，还有一条大鱼——单于使者蒲阴王被他抓获了。

祁连将军田广明出塞到受降城，先犯了生活作风错误——受降都尉刚死不久，还停灵在堂，田广明却把人家老婆找来强暴了。后来，大军出塞一千六百里，走到了鸡秩山，遇到了出使匈奴返回的使者冉弘等，冉弘告诉他，山西就有匈奴主力。但是，田广明放弃了这次立功的机会，他逼迫冉弘对众将官说没遇见敌人，然后就打道回府了。田广明一军的全部战果是斩首、俘虏十九人！

虎牙将军田顺一军，出塞挺进到丹余吾水上，斩首、俘虏一千九百余人，战果最大，但他仅仅出塞八百余里。

夏五月，仗打完了，众将陆续回到长安。汉宣帝刘询气坏了，比汉武帝马邑之谋失败还要气：十余万大军，吃喝拉撒，消耗无数，统共斩首、俘虏不到五千人！

必须有人为战争没有达到预期目的负责。五将军都没有达到出塞两千里的目标，但田顺最懒，所以，田顺背一个锅。另外，田顺的斩首、俘虏人数疑似虚报。田广明先犯强奸罪，又遇敌逗留不战，也得背锅。

二田都被关进了监狱，他们也很识相，不久就自杀了，保留了体面。

那么，声势浩大的讨伐匈奴之战，就这么兴师动众，一无所获吗？倒也没有。因为有心栽花花不开，无心插柳柳成荫。

一方面，汉军正月出兵，春天将来，正是匈奴牲畜繁殖的季节。匈奴人大溃逃过程中，导致牛羊马驼因堕胎而死的不计其数。另外，老弱病残孕在溃退中也死伤惨重。

另一方面，在汉军主力五路伐匈奴的同时，汉宣帝还派出了一名使者，带领着一个使团前往乌孙督促乌孙从匈奴西线对匈奴发起攻击。

这名使者，不是别人，正是苏武使团幸存的成员，时下任光禄大夫的常惠。

常惠到了乌孙，与乌孙昆弥交涉后，乌孙昆弥进行了大规模的动员，亲自率领五万骑兵，从匈奴右谷蠡王的领地攻入匈奴，俘虏了匈奴单于叔叔、嫂子、名王骑将以下共三万九千多人，俘获马、牛、羊、骆驼、骡子近七十万。大获全胜！

不过，常惠在战后随昆弥返回乌孙的途中，被乌孙人偷走了印绶符节。偌大的功劳，一下子变成了杀头的罪。幸而因为五路主力表现太过糟糕，汉宣帝没有计较常惠丢失印绶符节的罪，反而鼓励他不辱使命，封他为长罗侯。

随后，汉宣帝再次派遣常惠出使乌孙，为的是赏赐征讨匈奴有功的乌孙贵族。常惠则趁机请求顺道攻击龟兹，原因是龟兹先前曾经杀了汉轮台校尉赖丹，不过汉宣帝并未同意。

霍光却觉得这是个教训龟兹的绝好机会，另外，赖丹死于昭帝时期，辅政的也是霍光，霍光有理由念念不忘。

霍光没有尝试正面说服汉宣帝刘询，而是跟常惠私下聊了聊，告诉他，可以便宜从事。

常惠有了霍光背书，当然不会放过扬名异域的机会，他要和张骞、傅介子一样名留青史。

出使乌孙完成使命回来的途中，常惠带着五百人的使团，征发了龟兹西诸部两万大军，又征发了龟兹东诸部两万大军，加上乌孙赞助的七千人，合计近五万人，准备从三面围攻龟兹。

同时，王者不出无名之师，常惠在大军合围前，先派使者向龟兹王说明盟军进攻的意图，要他交代清楚当初杀汉校尉赖丹的事情。

龟兹王很识时务，立即派使者答复常惠："那都是先王与贵人姑翼干的事儿，我是无辜的。"

常惠看龟兹王态度不错，也就点到为止，提出："既然如此，那就把姑翼逮捕了送来。"

龟兹王乖乖地把姑翼抓了送来，常惠军前斩了姑翼、祭了赖丹，随后罢兵归汉！

至此，五路伐匈奴的主战场、支线战场及战事余震都结束了。

解忧公主的故事还没有完，后来乌孙陷入了分裂，分为亲匈奴派与亲汉派，她的儿子元贵靡，做了大昆弥，代表亲汉派。

后来，元贵靡死了，儿子星靡继位，解忧公主请求归汉，汉宣帝刘询批准了。时隔五十多年，解忧公主又回到了长安，回到了故国。而她一个叫作冯嫽的侍女，又留在乌孙为星靡撑了几年腰。

细君公主、解忧公主、冯嫽冯夫人，都是很了不起的巾帼传奇！大汉好男儿多，大汉好女儿又何曾少！

好了，回到这场跨度两年的战争，我们很容易发现：霍光在其中起着关键作用——五路功劳最大的范明友是他的女婿；乌孙支线，常惠不一定是他的人，但常惠在他与汉宣帝之间，很容易就站在了他这一边。

这就是，霍光秉政时，汉宣帝刘询必须面对的现状——帝国最能打的将军是霍光的人；帝国最强的外交官跟霍光走得很近……

类似的，因为霍光过于强大，朝野上下跟霍光走得很近的人很多，比如杜延年，比如车骑将军张安世……

所以，自许皇后平君去世后，刘询高挂免战牌，这是对的。

汉宣帝刘询没有隐忍太久，霍光在汉武帝中期登上政治舞台，历经汉昭帝、昌邑王刘贺，到汉宣帝朝，辅政近二十年，日理万机，终于熬不住了。

肆 霍氏灭门

霍光是在地节二年春就病重的。当时汉宣帝刘询亲自前往霍府问疾，在霍光床前涕泣流泪，依依不舍。

刘询走后，霍光立即上书谢恩，同时提出了唯一的请求："愿意分国邑三千户给兄长霍去病的孙子奉车都尉霍山，希望封霍山为列侯，以供奉骠骑将军霍去病的祭祀。"

如果说，霍府问疾只是例行公事的客套，床前涕泣不过是狐狸眼泪的话，汉宣帝接到霍光的上书时，忽然有点同情这个老人——他是曾祖父汉武帝之后大汉帝国政治的稳定器，他叱咤风云，谈笑间废立皇帝，他应付一切人，解决一切帝国问题，让帝国恢复生机，让大汉中兴。但临了，他也不得不像一个普通的老人一样，为子孙计，如果没记错的话，这是霍光第一次为霍家的事儿求自己。

但一瞬间的同情，很快被政治斗争的冷酷无情淹没。汉宣帝刘询招来了丞相、御史，讨论霍光的请求，随后给出了令霍光满意的答复——当日，汉宣帝刘询就下诏拜霍光儿子霍禹为右将军。

霍光垂死病中，但刘询丝毫不敢大意。霍光想抓住什么，刘询就给他什么。

高明如霍光，未必不知道他控制不了身后事，但入了名利场，只有生命不息，斗争不止。另外，刘询实际上回避了他的直接请求，这是否有什么深意呢？

霍光已经来不及去弄明白了。地节二年，三月初八，霍光去世了。

他的丧礼极尽哀荣：

皇帝刘询与上官皇太后一起到霍府吊唁，太中大夫任宣与五位侍御史持节督办丧事，中二千石官员在墓地设置幕府办事。

皇帝刘询赏赐用于办丧事的物品包括金钱、缯絮及绣被百领，衣服五十箱。另赐金缕玉衣、内棺、外椁、黄肠题凑各一副，陪葬的枞木外椁十五副。

东园制作的温明秘器，都按照皇帝的规格。

霍光的遗体被装在辒辌车上，用黄缎覆盖，饰以大纛，运往陵墓，沿途由材官骑士、轻车骑士、北军五校列队，从长安一直到茂陵。

霍光的墓穴挖掘征发了河东、河南、河内三郡的士卒参与。起陵墓祠堂，设置看护陵墓的园邑三百家，安排长史、丞掾依据旧法侍奉陵园。

然后，很残酷地，汉宣帝刘询开始着手铲除霍氏的势力。

霍氏依然很强大，所以，刘询采取的措施是给一蜜枣，打两巴掌，循环往复，逐渐削弱，防止霍氏狗急跳墙。

蜜枣立刻就来。霍光被安葬以后，汉宣帝刘询很快就下令封霍山为乐平侯，以奉车都尉的身份兼管尚书台事务。在霍光死后，他满足了霍光当初请求分封霍山的愿望。随后不久，汉宣帝又下诏盛赞了霍光辅政的丰功伟绩，同时承诺霍氏子孙世世代代继承他的爵位封邑，永不改变。

但两记响亮的耳光也随之而来。

霍光刚安葬，御史大夫魏相就上书请愿要以车骑将军张安世为大将军，但不兼领光禄勋事，而以张安世的儿子张延寿为光禄勋。

魏相跟霍光有过节。

事情是这么回事。早年魏相任河南太守，禁止奸邪，摧抑豪强，很有威望。车丞相田千秋的儿子在洛阳当武库令，平时跟魏相倒也相安无事，但田千秋刚一死，武库令担心没人罩着他，会死在魏相手里，立即弃官回了长安。

魏相得知后，立即意识到大事不妙。果然，武库令到了长安，霍光问责的书信就到了。霍光在书里责备魏相，不识大体，丞相刚一去世，就逼走他的儿子。后来，又有人告发魏相滥杀无辜，霍光连同武库令事件一起把魏相送进了廷尉诏狱。

梁子就这么结下了。魏相罪不至死，霍光也并没有要置他于死地。于是，过了几年，天下大赦，魏相又被放了出来。他先做茂陵令，又做扬州刺史，入朝做了几天谏大夫，又外放为河南太守。等到宣帝刘询即位，宣帝为了培植自己的力量，就把魏相从地方召回中央，先做了大司农，御史大夫田广明自杀后，又让魏相接替了御史大夫。

按理说，霍光虽然惩罚了魏相，但基本上也是在自己秉政时又让魏相官复原职，有梁子，但这梁子不算大。但当汉宣帝介入，魏相就不得不把霍氏当作死敌，他现在是汉宣帝刘询选定的第一打手，而且事情办好了，他就会是宣帝亲政的首席功臣，对自己的政治前途不无好处。

就是在这样的背景下，他上了针对霍氏的第一封奏疏。张安世长期作为霍光的副手，德高望重，霍氏子弟不能不服他，现在让张安世父子先联合把内阁首席位置占了，就杜绝了霍氏子弟觊觎辅政首席的念头。

另外，这也有拉拢张安世的意思，避免张安世与霍氏搅到一起。在对付霍氏时，汉宣帝刘询至少要保证张安世是中立的。

不过，张安世素来谨慎谦逊，又有高度的政治敏锐性，坚决不接受大将军之位——他不想做另一个霍光。最后，在宣帝的坚持下，张世安以大司马、车骑将军的身份兼领尚书事，成为内阁首辅。

搞定了张安世，魏相又向汉宣帝上了第二封奏疏，并且通过宣帝老丈人许广汉直达天庭，内容大体是削弱霍氏、遏制臣下专权云云。这封奏疏可以视为汉宣帝正式吹响了铲除霍氏的号角。

此后不久，张安世的车骑将军屯兵被罢。汉武帝中后期至今，大将军、车骑将军、前将军、左右将军都可以开府屯兵，归将军幕府统领。这本质上属于削夺了张安世的私兵，是损害张安世利益的。但张安世此时已经成为宣帝的人，刘询不会亏待自己人，张安世又得到了一个新官职卫将军，负责统领两宫卫尉、城门兵和北军。换言之，这一番变动，间接但实质性地夺取了最高军事指挥权。

与之形成鲜明对比的，是汉宣帝又糊弄了霍家一把。右将军霍禹也被赐予大司马称号，但代价是右将军屯兵也被撤销。汉宣帝用一个虚衔换了右将军府的真刀真枪。而霍禹还不能不同意，车骑将军的屯兵都撤了。

所以，看明白了吧！宣帝刘询和张安世演了出双簧，卖给了霍禹一副拐。紧接着，魏相又出了一条毒计，完成了诛灭霍氏的顶层设计。

霍光长期秉政，成为帝国实际上的最高领导者，于是逐渐形成了群臣上书都要一式两份的惯例。一份是正本，给天子，一份是副本，由领尚书事的人先开封，如果奏疏所说的事儿是好事，就把正本递给天子，如果是坏话，就屏去不奏。这样做的坏处很明显。奏疏一式两份是辅政时代的特殊产物，如果形成定制，难保没有狼子野心的权臣欺上瞒下，架空皇帝。

魏相的计谋，要解决的就是这个问题。魏相再次通过国丈许广汉向汉宣帝上书，建议废除上书副本，从此以后群臣吏民上书只需一份正本直达天子。

至此，汉宣帝刘询可以说基本上已经将主要权力集于皇帝一身，自然也就意味着霍家的末日即将来临。

公元前67年，汉宣帝地节三年夏四月二十二日，汉宣帝刘询与许皇后平君的儿子刘奭被立为皇太子。而刘询的恩人丙吉则被任命为太傅，山东大儒太中大夫疏广则被任命为少傅。同时，没有了霍光的阻挠，国丈许广汉以太子外祖父的身份被封为平恩侯。

霍家仍然有霍山、霍禹在朝掌权，另有范明友、任胜等人在禁军中担任重要职务，但汉宣帝此时已经不太在乎他们的感受了，他已经改变了霍光刚去世时对霍家“给一蜜枣、打两巴掌”的策略，开始了密集地当众扇耳光。

不过，册立太子、封赏许国丈后，汉宣帝还是稍微停了停，给霍家又吃了一颗蜜枣——霍光兄长霍去病的另一个孙子中郎将霍云被封为冠阳侯。

霍氏总归是要被连根拔起的，但缓一缓，用时间换空间，可以最大限度地减小火并的规模。而片刻的宁静，并不意味着疾风骤雨的停止；相反，随之而来的是雷霆霹雳。汉宣帝开始剪除霍家的枝叶了。

霍光女婿、度辽将军、未央卫尉、平陵侯范明友被拜为光禄勋，名义上进入内阁，实际上未央宫禁军指挥权被剥夺了。

霍光二女婿、诸吏中郎将、羽林监任胜被任命为安定太守，调离了长安。

几个月后，霍光的外甥女婿给事中光禄大夫被任命为蜀郡太守，霍光孙女婿中郎将王汉被任命为武威太守，也被调离了长安。

霍光大女婿、长乐卫尉邓广汉被任命为少府，从副卿到正卿，级别上是提升了，实际上，长乐宫禁军指挥权被剥夺了。

霍显、霍禹、霍山、霍云们都很焦虑，大概私下里也没少图谋搞点事情，但没有了霍光，霍家一盘散沙。同时霍家的传统盟友，又一个个与他们若即若离，比如太仆杜延年，至于张安世则干脆迅速与霍家划清了界限，而金日磾的侄子金安上则恨不得跟许广汉好成一个人。

如果他们能在霍禹右将军屯兵被罢时，立即组织起来对汉宣帝奋戈一击，大概率也赢不了，但搞出巫蛊之乱的阵仗来也不是不可能。但汉宣帝恰到好处的分寸控制，让霍家心存侥幸，当范明友、邓广汉一个个被解除了军权时，霍家已经是砧板上的肉，毫无反抗之力了。

不久之后，连范明友度辽将军的印绶也被收回，只留下光禄勋的称号，尴尬地杵在汉宣帝的一众内阁心腹中，仿佛被剥光了衣服。霍光另一个女婿，以散骑、骑都尉、光禄大夫的身份领屯兵的赵平，也被没收了骑都尉印绶。

完了，全完了。两宫卫尉、北军五校中，霍家的势力被清除得干干净净，就像过年大扫除，而空缺出来的位置，很快被国丈许广汉家族、汉宣帝母舅史家的子弟们补位。

该收网了。

霍显毒杀许皇后的事情被挖了出来。据说，霍家诸子也是刚刚知道。他们立刻意识到这件事已经注定霍家的结局。于是，霍禹、霍云、霍山们谋划让上官太后请宣帝外祖母博平君喝酒，以此为由，召集丞相魏相、平恩侯许广汉等人，使范明友、邓广汉以太后诏命杀魏相、许广汉等，随后废宣帝刘询，拥立霍禹为天子。

漏洞百出的计划！或许根本不是霍禹们的计划！

但这都无关紧要了！汉宣帝刘询步步为营这么久，万事俱备，只欠一个发难的理由，难道会因为霍氏一改前非、安分守己就放过他们？霍家那么多不符合规矩的举动，给他们找一个谋反的理由并不难。

霍家也说不上冤枉，政治斗争，胜王败寇，霍光当初在上官桀、长公主面前怎么赢过，霍家今天就会在汉宣帝刘询面前怎么输。

霍显、霍禹、霍山、霍云、范明友、邓广汉、赵平，自杀的自杀，捕杀的捕杀。覆巢之下无完卵，霍家的不知名的子弟、亲友，株连其中，皆被杀。案情继续扩大化，最终株连数千家。

我们不知道霍家是否还有个霍氏孤儿，只知道，从此以后，再未听说过霍去病、霍光的直系后裔出现在汉朝的历史舞台上。霍氏，被汉宣帝刘询彻底抹去了。

直到汉成帝时，又想起为霍光置守冢百家，吏卒年节祭祀，后来到成帝元始二年，又封霍光堂叔的曾孙霍阳为博陆侯，邑千户。

汉宣帝好狠！他有理由这么狠，如果霍显毒杀许皇后是真的话。但实际上，这件事情证据不足，因此，未必就不是诬陷。再退一步，即便霍显确实干了，以霍光于汉帝国不可磨灭的功劳，总不至于满门诛灭吧！

司马光说汉宣帝刻薄寡恩，可以说一点没说错。说来，大汉天子，刘邦、刘启、刘彻、刘询，刻薄寡恩也是一脉相承的。

不过，笔者想为刘询辩解几句，虽然他不需要。

当汉宣帝刘询即位时，按照惯例，要去高祖庙祭祀。第一次，由霍光和刘询乘同一辆车，陪同前去，刘询芒刺在背。后来，由张安世陪同，刘询就很自在。刘询在民间，就已经知道霍光权盛，当霍光行废立，扶刘询上位，刘询对霍光敬重之余，必然时刻担心自己重蹈从叔刘贺的覆辙。

那么这其中，如果我们找一个最能代表汉宣帝刘询对霍光认知的词，那一定是：恐惧。

面对恐惧，各位最想做的事情是什么呢？怕必然生恨，恨必然期盼让你惧怕的东西消失地无影无踪。

霍氏随着渭河的水、三辅的风烟消云散，汉宣帝可以睡个安稳觉了。

而在霍光十几年苦心经营的基础之上，大汉帝国已经恢复了勃勃生机，百姓殷富，国力强盛，汉武帝开拓的疆土也基本得到巩固，只等汉宣帝刘询来走完最后一步，大汉帝国将迈向极盛。

第十八章 宣帝中兴

壹　吏治清平

刘询在三辅闾巷之间长大，走街串巷，很小就体会到了民间疾苦，见识到了官吏侵逼百姓的种种手段，因而对劳动人民有不同于汉武帝那样的共情，也深刻认识到优秀的地方官吏对帝国治理的重要性。

霍光去世后，刘询亲政，励精图治、精选官吏，像魏相、丙吉、黄霸等都得到重用。

刘询还设计了一套官吏述职制度，自丞相以下都要定期向他汇报工作，他也会针对性地提出问题，以测试官吏的能力。

至于刺史、郡守、国相等地方官员，在任命前，汉宣帝都要亲自召见，了解他们的履历，询问他们准备怎么治理地方，随后听其言观其行，一旦发现言行不一的，一定要搞清楚缘由。

基于此，刘询对帝国中枢与地方二千石官员的了解超过了此前所有的执政者，深入了解后再任命也有利于官员各司其职、尽职尽责。

即便如此，优秀的地方官员依然很难得。而按惯例，优秀的地方官干出政绩就要提拔到中央任职，这样就导致一方百姓好不容易因为一个称职的地方官而过上了好日子，却因为官员升迁而掉入了不可知之中。

为了解决这个问题，汉宣帝刘询想出了个主意，压住地方官员，延缓升迁，但这样又打击官员的积极性，而刘询的应对措施是提高待遇——只要在地方干得有成绩，汉宣帝就亲自写诏书褒奖，同时增加俸禄，赏赐黄金，更有甚者，提升爵位，以至于有地方官因为政绩突出被封关内侯的。

汉宣帝也并非彻底堵死优秀官员的升迁，一旦朝廷三公九卿之位及三辅长官有空缺的，就优先提拔那些受到表彰的地方郡守。这样呢，既鼓励了优秀的地方官员，也让他们造福一方的时间更长一些。

由于汉宣帝在吏治上格外用心，宣帝朝涌现了一大批像赵广汉、尹翁归、严延年、张敞、王成、黄霸、朱邑、龚遂、郑弘、召信臣这样的官吏。这些人，酷吏也有，循吏也有，都是治理地方有突出功绩的能吏，下文略述二三。

胶东相王成，是汉宣帝第一个褒奖的对象，他任胶东相期间，安置流民八万多人。宣帝在地节三年下诏赐王成爵关内侯，秩比中二千石，和九卿同级。不过，王成这时候岁数已经很大了，汉宣帝还没来得及重用他，他就死了。

黄霸是淮阳人，他的故事我们已经略知一二，这里再补充一些。黄霸熟悉律令、聪察内敏，廉洁又温良谦让，他是一个有才能又和善的人，治理地方外宽内明，重教化、轻刑罚。因为岁治天下第一，征入为京兆尹，后来犯了点小错，又去颍川做太守，在颍川太守期间被赐爵关内侯，黄金百金，秩比中二千石。后来，再次入京，先任太子太傅，后任御史大夫，再接替丙吉任丞相，封建成侯。不过，做丞相，他的能力差了点，难以称名相。

龚遂也是老熟人，曾经做过昌邑王的师父，因为昌邑王被废而牵连，髡为城旦。宣帝即位后，因为渤海郡一带闹灾荒，盗贼群起，宣帝召见龚遂，问以治理之计，遂任命龚遂为渤海太守。龚遂到郡，只颁布了一条告示：持钩锄耕具的都视为良民，持兵器的为盗贼。于是盗贼尽皆放下兵器拿起锄头种地去了。后续，开仓救济，鼓励农耕，不久教化大行，百姓安居乐业。

其他的，召信臣在南阳开水田三万顷，朱邑廉平不苛、敬老抚幼，对一方百姓都有实实在在的益处。

大量循吏的存在，是汉宣帝时期一道亮丽的风景，也是他不同于汉武帝、霍光执政的地方。

但我们知道，有汉一朝，豪强兼并一直是阻挠社会发展、欺压剥削小自耕农的重要势力，对付这些势力，一味地宽容劝诫是不行的，必须有国家暴力机器去逼迫豪强让利。那么，像严延年、赵广汉、张敞、韩延寿、尹翁归等著名酷吏，和汉武帝时期的张汤、杜周一样，是汉宣帝刺向豪强的一把把尖刀。

不过，这几位的结局普遍不是很好。

赵广汉担任颍川太守期间，诛杀郡内原、褚两家首恶，又使计策分化相互联姻的本地豪族，把颍川豪强冲得七零八落，奸人匿迹。在他之后任颍川太守的黄霸，实际上是摘了桃子。

据说赵广汉治理颍川的凶残名声还传到了匈奴人耳朵里。五路伐匈奴之战，赵广汉以太守将兵，编入赵充国军中，大概也是这个原因。所以，赵广汉这种人，体恤小民，却根本不把豪强放在眼里。五路伐匈奴之后，他又就任京兆尹。他本来是霍光提拔的，霍光死后，为了撇清干系，汉宣帝还没下手，他就找借口直接带人冲上霍禹家里大肆搜查，把霍家大门都砍了个洞。

后来，赵广汉因为门客私自买酒跟丞相魏相起了龃龉，越闹越大，他就让人去找魏相的把柄。后来魏相家有个奴婢自杀，他就怀疑是魏相夫人杀的，又带人冲到丞相家里，召魏相夫人跪在当庭接受审问，并拘捕了魏相家十几个奴婢。

那魏相是何等人，宣帝的第一心腹。而且魏相家的奴婢实属自杀，于是，丞相司直萧望之以“摧辱大臣、劫持奉公”的罪名弹劾赵广汉。赵广汉被下廷尉狱，又审出来残杀无辜等几项罪名，落了个腰斩。

严延年的下场和赵广汉差不多。当初作为一个小小御史，敢平地一声吼说霍光擅行废立大逆不道，敢跟田延年死磕。后来，严延年当了河南太守，主政一方，疾恶如仇一点没变，手里还有了生杀予夺的权力，自然除恶务尽，在河南他得了个“屠伯”的诨号，他的手上，没少沾染无辜的血。最后因为过于严酷，没有得到提拔，时常说些不着调的话，最后被治以怨望诽谤政治的罪弃市。

张敞跟严延年的关系不错。张敞的事迹，最著名的便是为夫人当窗画眉，还有一件，是因属下轻视他，他便在五天之内深文周纳置属下于死地。

后一件事详情是这样的。

张敞做京兆尹做了九年，辖区大治，但因为跟司马迁的外孙杨恽关系不错，牵连进杨恽大逆不道案，公卿上书要罢免他，但被宣帝暂时压下不批准。

张敞还像往常一样行使京兆尹职责，安排负责捉拿盗贼的属下絮舜去拘捕犯案的人。絮舜已经听到了张敞被弹劾的风声，就不肯为张敞办事。有人劝他，他还说："我为他办的事多了去了，现在最多再当五天京兆尹，还能办什么案？"

这话传到了张敞耳朵里，张敞当即命人逮捕了絮舜，并连夜取证审讯，在冬天过去之前定了絮舜死刑，刚好赶上冬决，死缓的余地都没留。一切妥当，张敞派人传话絮舜："五日京兆能不能办案？"随后处死了他。

絮舜能得到朝廷中枢的消息，也不是寻常人家，何况张敞明白告诉人家，他是找碴杀的絮舜。于是，絮舜家人向行冤狱使者告发张敞滥杀无辜。

加上与杨恽勾通的罪，张敞按说是在劫难逃了，但架不住后台硬。汉宣帝非常欣赏他，因此法外开恩免张敞为庶人。后来，冀州盗贼作乱，汉宣帝刘询又把张敞请了出来，任命为冀州刺史，而张敞到了冀州刺史部，一直追查到广川王府，最终镇压了匪患。

药到病除，这是汉宣帝不忍诛杀张敞的原因。不过，因为张敞行为轻佻、快意恩仇，虽然相比严延年落个善终，但到底没有跻身公卿之列，还因为在太原得罪了太原本地官吏，导致他的二儿子被刺杀。

以上，凡数人，或温和，或严酷，代表了宣帝时代相对清平的吏治，黎民百姓的利益得到保证，而豪强大族继续受到压制。问题永远是存在的，但大汉帝国各阶层之间的利益暂时取得了平衡，因缘巧合，也迎来了极盛时代。

贰 西域都护

在秦及以前，中原与西域的非正式交流或许有——比如周穆王驾八骏西游私会西王母，虽是帝王传说，却有可能反映了中原王朝与西域的交往。

直到汉武帝派遣张骞第一次出使西域，中央帝国才对西域诸部有了一个系统的了解，但并未建立牢固的关系，甚至没有相互性的交流。

于是，张骞第二次出使西域，带着庞大的使团，包括三百各种功用的人，每人备两匹马，数万头牛羊，数千万金币、钱帛。分遣持节的副使与乌孙、大宛、康居、月氏、大夏等西域政权进行了深入的交流。

汉帝国是亚洲大陆上前所未有的强大帝国，张骞撒钱换来了西域与汉的通使往来，西域也第一次近距离领略了汉帝国的广袤、强大。其中，乌孙率先与汉通婚，缔造了汉乌关系的良好开端。

张骞是独一无二的，他开创了西域与汉帝国广泛深入交流的局面。自张骞以后，汉帝国络绎不绝的使者相望于道，有许多都自称博望侯使团，所凭借的就是博望侯张骞行使西域时所积累的声望。张骞可以称为中国外交家的鼻祖。

但同样是张骞之后，为了节省财力，也因为官吏不愿意去西域受苦冒险，汉武帝大量招募民间人士，让他们出使西域。这群人的素质自然无法与张骞使团相比，倒有些近代西方冒险家的殖民恶习，坑蒙拐骗偷，给西域人民留下了颇为恶劣的印象。

加上当时的西域，政治军事上，依然在匈奴的阴影之下，惧怕匈奴远胜过惧怕汉帝国，于是，时常有沿路劫杀汉使的情况，有明确记录的，就有楼兰、姑师，多次攻劫汉使王恢的使团等。同时，匈奴也时常派骑兵沿路抄截汉使。

汉使者就向汉武帝诉苦，又说西域诸部城小兵少，容易攻打，汉武帝遂动了用兵西域的念头。

公元前108年，汉武帝任命赵破奴为主将，以王恢为副将，发属国骑兵及郡兵数万攻打姑师、楼兰。

赵破奴曾经做过骠骑将军霍去病的司马，颇得霍去病用兵之妙。王恢时常在西域行走，熟悉地理水文。两位堪称黄金搭档。赵破奴与王恢率领七百轻骑，直扑楼兰，以迅雷不及掩耳之势俘虏了楼兰王，归来路上又击破姑师。这是汉帝国第一次立威西域。

汉武帝看这一仗打得这么轻松，就飘了。后来汉使往大宛求汗血宝马，被郁成王所杀，汉武帝任命李广利为贰师将军发兵大宛，组织动员有限，又横跨整个新疆盆地，李广利大军饿死无数，沿途又受到西域各部袭扰，最后无奈退了回来。

汉武帝因此震怒，敕令封闭玉门关，禁止李广利入关。不过，汉武帝毕竟是一代雄主，很快就冷静下来，他意识到一征大宛过于轻敌。在充分动员之后，汉武帝又让李广利二征大宛。

二征大宛，仍然颇为艰辛，但主要是长途跋涉的原因。沿途各部一改前态，无不跪迎王师，最终李广利迫降大宛，立了新的大宛王，得到了汗血马，诛杀了首恶郁成王。

两次征伐大宛的代价是沉痛的，将士十不存一，但回报也是丰厚的。李广利大军回师途中，沿途大小政权纷纷派遣王室子弟随军入汉为质，本质上可以视为他们已经奉汉为宗主国。当然了，他们也未必就彻底与匈奴断绝关系，以乌孙为例，他们大多是两边骑墙。

但这就够了，对汉帝国来说，在汉与匈奴之间，西域能保持中立，就已经达成了目的。相比匈奴，汉与西域诸部的邦交关系更加平等友好，假以时日，西域诸部终将彻底倒向汉朝。

后来，汉与匈奴的争斗继续，汉与匈奴在西域关于势力范围的争夺自然也不会消停。而由于汉武帝后期对匈奴战争的连续失败——李陵降匈奴、李广利降匈奴——西域诸部迫于匈奴的武力，也因为匈奴离西域更近，与汉的关系逐渐疏离。

及至汉武帝驾崩后，霍光秉政，长期致力于搞定国内矛盾、休养生息、恢复经济，无暇顾及西域诸部，更鼓励了西域诸部中的亲匈奴势力，以至于再度发生了楼兰遮杀汉使和龟兹击杀轮台校尉赖丹的事情。

这两件事，分别通过傅介子刺杀楼兰王与常惠统领诸部兵征讨龟兹诛杀贵人姑翼而搞定，这已经是昭帝后期、宣帝初期了，汉帝国经过十余年的休养生息，国家富强、人民安乐，重新迸发了国家力量。

这一时期，一件大事是汉帝国五路伐匈奴，主力战果虽很有限，但常惠统领乌孙兵大破匈奴，对匈奴造成了沉重的打击。

此战后，匈奴人很怨恨乌孙。当年冬天，匈奴单于就亲率万余骑攻入乌孙，倒也俘虏了一些老弱。但归途中，恰逢大雪，一日之间，积雪丈余深，单于主力冻困在途中，回到匈奴本部的只有十分之一，而本部的老弱妇幼、牛羊马驼也大量冻死。

公元前71年，可以说是匈奴彻底走向衰落的标志年。

当匈奴衰落时，他们那些曾经的敌人，西北的丁零，东边的乌桓与鲜卑，西南的乌孙，不会错过机会。他们从四面八方扑上来，像狮鹫、像饕餮兽。大量匈奴人被杀死，无数牛羊被掠夺，匈奴像遍体鳞伤的巨兽，血流不止，惊恐、愤怒又无可奈何。

这种情况下，匈奴对西域诸部的控制也土崩瓦解。此消彼长，汉帝国对西域的控制自然加强，终极控制意义上的行政管辖也呼之欲出。

郑吉，是会稽郡人，也就是今天的苏南、浙江一带人士，早期投身行伍，成为一名普通的汉帝国士兵。后来，因为多次参与对西域的军事行动，成为郎官。到汉宣帝时，郑吉以侍郎的身份屯田渠犁，积蓄粮食。

当时，在今天吐鲁番西北的车师，是少数的被衰落的匈奴牢牢控制的政权之一。为了进一步控制西域，郑吉发诸部兵攻破车师。

郑吉升职卫司马，护西域西南道。随后郑吉归渠犁，留三百人屯田车师。但匈奴不甘心失败，组织大军前来争夺车师。

不过，说是来争夺，更像是来乞求。匈奴人围了车师城，郑吉率兵来救，数日后匈奴人解围，但是放了狠话：“车师城单于志在必得。”随后，又派了几拨千人队来攻城。

郑吉上书求救，但公卿大臣商议后，因为车师路远，发兵耗费太大，反对发兵，汉宣帝因此下诏罢车师屯田兵，派遣常惠带着张掖、酒泉骑兵北出车师威慑匈奴，匈奴解围后，郑吉率兵尽归渠犁。随后，汉又立车师原来的太子军宿为王，令军宿带领车师遗民都迁徙到渠犁，而把车师故地让给了匈奴。

汉宣帝神爵二年（公元前60年），匈奴分裂内乱，日逐王先贤掸打算率部向汉投降，就先派人向最近的卫司马郑吉打招呼。郑吉立刻意识到这是向北扩展势力范围的好时机，他当机立断，征发了渠犁屯兵及龟兹诸部共五万余人北上迎降日逐王，得降人一万二千人、小王将十二人。

自日逐王降后，郑吉得以并护西域南道与北道，号称都护。不久之后，汉宣帝下诏褒奖郑吉的功劳，敕封郑吉为安远侯，食邑千户。

后来，郑吉又在渠犁北部三百余里修建乌垒城，作为西域都护治所，是为西域都护府，在这里郑吉讨伐不顺从者，并安抚、约束诸部，正式将西域纳入汉帝国版图。

从张骞到李广利、傅介子、常惠，历经数十年，筚路蓝缕，终于完成了这一丰功伟业。壮哉！

叁　赵充国平羌乱

西羌，是姜姓的别属，可以说是一个很老的民族了，而且跟上古中国的部落联盟文明极有渊源。据说，帝尧时期的“三苗”就是西羌的本源，舜“迁三苗于三危”中的“三危”就是河关以西的羌地。而甲骨文中频繁出现“羌”字，也证明羌人与中原地区在很早就交往频繁。

羌地大概范围是今天的青海省东部、甘肃省西南部。在汉代，羌地南边与巴蜀相邻，西北与鄯善、车师诸部相连，东北则经过河西走廊与匈奴杂居。

羌人习俗与匈奴接近，以游牧为生，逐水草而居，但比匈奴更加落后。氏族不固定，以父亲的名母亲的姓为种号，颇有些母系氏族的影子。而父亲死后娶后妈，兄长死后，娶寡嫂，则与匈奴几无二致。

组织能力上也跟匈奴没法比，他们没有君长之说，各种号不相从属，小种依附大种，相互劫掠争斗，除了杀人抵命外，没有其他禁令。由于其地多山、气候酷寒，所有羌人都非常擅长在山地间战斗，又吃苦耐寒，性情上勇猛无畏，以战死为荣，以病死为耻。

相比匈奴，似乎羌人还更生猛些，只是羌人不擅长平地作战，故而对汉帝国边境的侵扰相比匈奴也弱得多。但长期以来，羌人与匈奴走得很近，得以在河西走廊及新疆盆地南部边缘活跃，对汉帝国通使西域是个重大威胁。

譬如张骞，第一次出使西域，去的时候，从匈奴走北道被抓，回来寻思走南道绕着匈奴走，但走到了羌人的地盘还是被匈奴抓了，其中很难说羌人没有与匈奴狼狈为奸。

所以，汉武帝时，用霍去病两次西进夺取河西走廊，固然有打通西域、断匈奴右臂的打算，也有切断羌人与匈奴联系的意图，随后汉逐步进取蚕食，渡过黄河、湟水，筑令居塞，侵逼羌人聚居地。

羌人与匈奴自然不会善罢甘休，羌人大种先零羌和封养羌、牢姐羌解除仇杀缔结联盟，并与匈奴联合，曾经组织起十余万人的队伍，共攻令居塞、安故县，进围枹罕县，最后由将军李息与郎中令徐自为统兵十万击退。

随后，汉设置了护羌校尉，率领屯田兵长期屯守汉羌边界，持节统领愿意归属汉朝的羌人。不愿意归降的羌人则逃往湟中，在青海湖、盐池一带活动。而湟水西岸羌人故地，则由汉人移民稍稍占据之。

汉武帝之后，汉帝国进入了十余年的战略防御，极少兴师动众，一部分羌人又回来了，原本归附汉朝的羌人也繁衍壮大，不知不觉间金城郡一带，又尽皆羌人了。

针对这一问题，汉宣帝派出了光禄大夫义渠安国巡视诸羌。羌人以先零羌豪为首提出请求，要汉帝国允许他们渡过湟水，到非耕种土地上放牧。

不知道义渠安国具体是怎么答复的，大抵至少没有坚决拒绝。义渠安国回来向汉宣帝汇报，立即受到后将军赵充国的弹劾，也就在这当口，羌人以义渠安国与他们的约定为由，擅自渡过湟水。

汉宣帝元康四年（公元前62年），先零羌再度与诸羌种豪二百余人解除仇恨、交换人质、缔结联盟，准备对汉地大肆入侵以及抵抗汉帝国可能的反击。

羌人表面上是难民流人，实际上是武装渗透，这当然不是沿边郡县可以抵挡的。汉宣帝召集会议，商量该怎么办。赵充国参与了会议，他根据羌人以往的历史，做出了判断："羌人与匈奴依旧觊觎河西水草丰美之地，这一定是有预谋的行动，羌人一定会寻求与匈奴的联合。"

果不其然，一个多月后，新的消息传来："羌侯狼何派使者前往匈奴借兵，意图攻击鄯善、敦煌以遮绝汉道。"

赵充国更新了自己的判断："羌侯狼何是小月氏种，绝对不可能独自做出这样的决策，我推测匈奴使者已经在羌中，诸羌应当已经结成攻守同盟，等秋马肥，羌乱必起，应当派遣使者加强兵备，同时分化瓦解诸羌，破坏他们的同盟。"最后，丞相府与内阁商议后，奏请汉宣帝，再次派义渠安国为使者巡边守备。

义渠安国到了金城，二话不说，召先零诸豪三十余人，尽皆斩杀，随后纵兵大击先零羌，斩首一千多人。

赵充国的策略，是恩威并施、分化瓦解，但义渠安国这个直来直去的胡人差事办得实在太差，该坚持的原则不能坚持，不该打的仗，又乱打一气。

于是，羌人被激怒了，他们本来也许并不牢固的同盟，一下子因为有了敌忾之心而牢固了。乃至于本来归顺汉朝的羌人及归义羌侯杨玉等都失去了对汉的信任，也与先零诸羌合流，胁迫弱小的羌人部落，都背叛了汉帝国，转而攻打城邑聚落、杀害朝廷命官、劫掠汉人百姓。

义渠安国并非不知道羌人会猛烈反弹，但没料到这么快。他以骑都尉的身份集结了三千人的骑兵，用来防备羌人的进攻，但才走到浩亹县，就被羌人击败，死伤惨重、辎重尽失。义渠安国带着残兵败将狼狈逃回令居塞后，向汉宣帝报告了他的失败。这时候，已经是公元前61年，汉宣帝神爵元年春天了。

汉宣帝只好再度问计赵充国。汉宣帝体恤赵充国年老，让御史大夫丙吉代表自己亲临后将军府，问谁可以带兵出战收拾这个烂摊子。赵充国笑了笑，答道："我觉得没有人比我更合适。"

汉宣帝不放心，再次遣使者临问："老将军能否大概说说羌人的实力，需要发兵多少？"

赵充国入宫拜见宣帝，当面陈述："百闻不如一见。军情难以远程推测，臣希望到达金城后，再向陛下禀奏具体方略。不过，羌虏小贼，逆天背叛，不久之后必定灭亡，请陛下安心。"

汉宣帝一听，老将军想得周全，尤其能体会领导的忧心所在，不禁莞尔："好，就派老将军出征！"

至此，汉朝历史上最精彩、最详尽、最包罗万象的一节军事教学课开讲了。

教学环节一：渡河实践。

赵充国将军上任，马不停蹄赶到金城，集结起万余骑兵后，具备了攻击羌人的必要条件，但进入羌地面临一个重要问题，就是渡过黄河。

春秋时期，宋襄公与楚军泓水之战，不肯半渡而击，成了“务虚名而处实祸”的典型。但从中也可以看到，当敌人渡水作战时，有可以大做文章的地方。而《孙子兵法》在《行军篇》进行了高度概括——“客绝水而来，勿迎之于水内，令半济而击之”。

赵充国熟读《孙子兵法》，在后来给朝廷的三次奏书中有鲜明体现，那么此时，大军即将渡河，他对羌人可能的半渡而击有一种本能的担心。

那怎么办呢？大军总是要渡河的。对赵充国而言，有韩信在井陉之战的现成战例可以学，他的办法也大体相似。

简单来说，就是两步走：第一，先派先头部队过河，安营扎寨，拒险而守，开拓河滩阵地；第二，大部队过河。

韩信当时，是先派一万先头部队渡河，而自己与张耳率领的主力并未渡河，算准了赵军不见主将不撒鹰，不会攻击他的先头部队。

赵充国此时，没有这种便宜，羌人没有学《孙子兵法》，祖上也没那么多会打仗的，所以打起仗来也不讲武德，他们不会呆看着赵充国的先头部队渡河而无动于衷。

所以，赵充国选择了偷渡。他派了三校人马，在夜深人静时，衔枚渡河，渡河之后立即布阵防御，待天明，先头部队已经站稳脚跟。随后，赵充国亲率大部队大张旗鼓又井然有序地顺利渡河。

教学环节二：先为不可胜。

《孙子兵法》讲“先为不可胜，而后求胜”，说的是，先保证自己的军队立于不败之地，然后再寻求机会击败敌人。

天亮后，羌人发现已经无力阻止汉军过河，遂派出百余骑兵在汉军阵前左右奔驰疾走。赵充国立即识破了羌人的意图：“这是羌人的诱饵。”当然了，也许只是他多想了，羌人的军事思想没有这么先进。

但赵充国的谨慎是对的。羌人的哨骑必定骑善马，加上熟悉地形，绝不容易抓获。同时，汉军连夜渡河，士马疲倦，若纵兵追击，不可控因素太多。徒费精力，没有回报的事儿，赵充国不做。接下来，赵充国一边命令主力休整，一边派出斥候前往四望峡中查探。

斥候很快完成了敌情侦查，回来汇报四望峡中没有敌人埋伏。于是，又是夜晚，赵充国带领大军悄无声息地穿过了四望峡，挺进至落都。

到这里，赵充国终于松了一口气，招来诸校司马，像韩信一样，不无得意地对众人说："羌人还是不懂用兵啊，如果能在四望峡安排几千人防守，我们岂能进来！"

至此，我们可以总结下赵充国用兵的特点，其实颇类与飞将军李广作战风格截然相反的程不识：重视斥候侦察；行军中随时可以进入战斗状态；安营时壁垒森严；谨慎持重。不过，赵充国大抵没有程不识严厉。

抵达落都之后，稍事休整，赵充国继续率军前进，数万人的军队像一辆穿越时空的装甲坦克一样凛然不可侵犯，迤逦而行，不日来到西部都尉府。

在西部都尉府，羌人数次派兵来挑战，赵充国却坚持闭营不出，每日好酒饱饭供应士卒，养士卒锐气。

有一次，汉军抓了个羌人舌头，据舌头说，羌人首领多次相互指责："早就说不要造反，现在天子派来赵将军，八九十岁了，极善用兵。现在我们想决一死战，这老法师也不给机会了。"

教学环节三：上兵伐谋。

当赵充国在西部都尉府坚壁养兵之时，赵充国的儿子右槽中郎将赵印率领期门佽飞、羽林孤儿、胡越骑兵作为偏军抵达了令居塞。

羌人多路出击，毁坏了大量的道路桥梁，让汉军的后勤运输陷入困境。赵印没有他父亲赵充国的决断能力与担当，因而选择了最省事的请示汇报，他向汉宣帝上书说明了情况，汉宣帝下诏命令赵印率领八校尉、骁骑都尉、金城太守合力搜捕山间羌人，疏通道路桥梁。与此同时，赵充国已经在西部都尉府玩起了他早在战事初萌时就设想的分化瓦解策略。

羌人最大的弱点是组织松散，内部整合极差。起初，在羌人先零部落准备谋反时，罕羌、开羌的首领靡当儿就派弟弟雕库来都尉府告发先零。

几天后，先零果然发难，而雕库还未回去。由于雕库种人有相当一部分依附于先零部落，西部都尉就做主把雕库扣留在了西部都尉府作为人质。赵充国到了都尉府，问明情况后，决定释放雕库，并让雕库回去后宣扬大汉的民族政策：

“大军只诛杀有罪的人，请羌人自行辨别，不要自取灭亡！

“天子有令，犯法者如果能够捕斩其他罪犯，可以免罪！

“斩大豪有罪者一人，赐钱四十万，中豪十五万，下豪二万，成年男子三千，妇女老幼一人一千，另所捕获的妻子财物都归斩获者所有！”

太毒了！三条政策，把主持造反的人与普通的羌人分割开来！普通羌人也许一时不敢对罪魁祸首下手，但在他们的眼里，每一个先零羌豪在这之后都变成了闪闪发光的金子、腰细臀圆的女人。

羌人如果还没有成为一盘散沙，也终将成为一盘散沙。羌人的败局基本已经注定了，赵充国只需要在合适的时候，针对首恶先零致命一击，就将尘归尘，土归土。

只是，延迟满足能力欠缺的汉宣帝已经等不了了。汉宣帝接到赵印的汇报后，觉得必须以雷霆万钧之势平定羌乱，他已经征发了三辅、太常的犯人，三河、颍川、沛郡、淮阳、汝南郡的材官，金城、陇西、天水、安定、北地、上郡的汉羌骑士，加上武威、张掖、酒泉各郡太守旗下屯兵，合计六万多人。

酒泉太守辛武贤据此上书：“大军集结，导致沿北边各郡空虚，久拖不战，恐遭遇匈奴、乌桓乘虚而入。有人说，秋冬进兵，这是御敌于国门之外的打法，现在羌乱已经遍布边郡，加上汉军战马不耐寒苦，所以应当在七月进兵，从张掖、酒泉两路出兵攻打羌人在鲜水上游的罕、开部落。随后，趁羌人主力离乱奔逃之际，俘虏他们的牲畜、妻女，养精蓄锐后，再冬季进兵，一鼓荡平。”

汉宣帝接到辛武贤的奏书后，把奏书转递给前线的赵充国，请赵充国与前线校尉商议。

教学环节四：庙算多者胜。

赵充国接到辛武贤的奏书后，与长史董通年及众校尉计议后，做出了反驳，主要理由如下：

第一，两路出兵，轻引万骑，孤军深入，来回千里，按一匹马驮三十天粮计算，需要二石四斗米，八石麦子（一石十斗，大约一百二十斤，各位可以自行算下），加上行李兵器，必然需要后勤补给，战马也没办法肆意奔跑；羌人一旦诱敌深入，截断运输道路，汉军必然有全军覆没的危险。

第二，武威县、张掖日勒县都是北部要塞，山谷畅通无阻、水草丰美。一旦大军出动，边郡空虚，匈奴可能乘虚而入，占据张掖、酒泉，切断汉与西域的联系，进而与羌人连兵。

第三，羌人叛乱，主要是先零部落教唆鼓动，其他部落多受先零胁迫。故建议，宽恕罕、开等种豪的罪过，只惩戒首恶先零，进而震慑其他部落，然后让他们改过自新，并选派熟悉羌俗的官吏镇抚他们，如此方是平乱安边的万全之策。

赵充国的回书送达朝廷后，汉宣帝召见群臣商议，公卿大臣都认为先零兵势浩大，又有罕、开部落的帮助，如果不先攻破罕、开部落，则很难动摇先零。

于是，汉宣帝拜侍中乐成侯许延寿为强弩将军、酒泉太守辛武贤为破羌将军，又赐给辛武贤玺书以嘉许他的计策。而赵充国则得到了申斥诏书。

汉宣帝在信里先例行问候一下将士在外的行军劳苦，随即是措辞严厉的问责：

“将军说，待到冬天进兵，彼时羌人割了麦子，转移了妻女，集结精锐入侵，我方如何防备？

“如果百姓参与守卫边境，又如何劳作耕种？

“现在，张掖以东一石粟米要卖一百多钱，一束干草要卖几十钱，到处运送粮草，已经颇添百姓烦扰。将军将万余锐士，不趁秋季水草丰美之时，与敌争利，到了冬天，敌人潜藏，我军不耐苦寒，怎么还会有利？

“战事旷日持久，将军不以国家的耗费为念，却想凭借坚壁疲敌，这将军也太好当了吧？”

随后，汉宣帝下达了作战指示：

朕已诏令破羌将军辛武贤率兵六千一百人，敦煌太守快将兵二千人，长水校尉富吕、酒泉侯冯奉世率领婼羌、月氏兵四千人，总计不下一万二千人。他们将带上三十天的粮草，于七月二十二日进攻罕羌，进入鲜水北岸的拐弯处，离酒泉八百里，离将军一千二百里。

将军则带兵从便道向西同时推进，即使不能会师，也能从东方、北方两线对敌人施加压力，进而分散敌人的斗志，离散他们的党羽，即使不能全歼敌人，至少也能瓦解他们。我已诏令中郎将赵印率领胡越骑兵、佽飞射士、步兵二校，增加将军的兵力。

接下来又引用了天象，搞了点封建迷信，除了能说明儒家意识形态已经深度渗透之外，缺乏有用的信息。

总之，汉宣帝此时已经下定决心，全面出击，速战速决。

但是赵充国并不打算接受诏命，他再次上书陈述自己的作战方略。

当然了，赵充国活了七八十岁了，什么样的领导都伺候过：救过李广利的命，汉武帝亲眼看过他遍体的创伤；昭帝时以大将军护军都尉的身份平定过氐人叛乱，又攻击匈奴，俘获西祁；五路征伐匈奴他也参加了；汉宣帝诛灭霍氏前有意动霍光长期的副手张安世，被他劝住了……

这样的赵充国世事洞明，深谙跟领导沟通的艺术，他先拍了汉宣帝一番彩虹屁："前不久，陛下赐给骑都尉（义渠）安国的诏书，臣已经拜读。陛下让他派羌人向罕羌宣告大军即将到来，汉军将不诛杀罕羌人，以瓦解羌人的同盟。陛下恩泽深厚，非臣下所能及。臣对陛下的无量大德、庙算运筹心悦诚服，也是因为此，臣释放了开羌部落的首领雕库回去宣传天子的大德，罕、开各部落如今也都已经接到了陛下英明的诏令。"

不过，光彩虹屁是没有用的，汉宣帝一代英主，并不是好糊弄的。但赵充国并没有糊弄汉宣帝刘询，他只是把事实陈述了一遍，加了一番修饰。随后，赵充国在诏书中又说到了怀柔政策的实际效果，这才是关键，才是汉宣帝想要听到的。

赵充国说："如今先零羌杨玉的四千骑兵及煎羌部落的四千骑兵，依托山林木石，时刻准备伺机进攻，但罕、开等部落却没有任何行动。这种情况下，放弃攻打先零，转而进攻罕、开部落，释有罪而诛无辜，与陛下的本意相违。"

如此就初步否定辛武贤进兵的计划，但赵充国还要告诉汉宣帝自己的计划，并证明自己的计划更好。赵充国又说：

“臣听兵法说‘攻不足者守有余’，又听说‘善战者致人，不致于人’，如今假设罕羌要入侵敦煌、酒泉，就应该整饬兵马，训练士卒，以逸待劳。现在因为担心两郡兵少，放弃调动敌人的战术，去执行让我们疲于奔命的战术，臣愚钝，以为这不妥当。

“羌乱本质是先零羌要叛乱，因而与罕、开羌解仇结盟，现在汉军大至，先零不会不担心罕、开羌背叛他们。所以，愚臣以为先零羌的算计必然是让罕、开部落先遭攻击，而先零再救援罕、开部落，从而施恩于罕、开部落，以巩固盟约。

“而一旦先零、罕、开诸羌齐心协力，就可以调动两万多精兵，进而去胁迫其他小种，如此一来，没有数倍兵力、两三年的时间，是不可能平定羌乱的。

“臣下蒙受天子厚恩，位至九卿，爵封列侯，父子同朝，臣又已经七十有六，为陛下鞠躬尽瘁死而后已，在所不惜，只是考虑到臣久在军旅，对用兵的利害最为熟悉，按照臣的计策，先击先零则罕、开可不战而定，若罕、开再不屈服，则再到正月去攻打，有理有利。而现在开战，臣看不到有什么益处，请陛下明断。”

这一次，掰开揉碎说透了，赵充国的策略也得到了汉宣帝及多数大臣的支持。六月二十八，奏书奏报朝廷，七月初五，汉宣帝正式下达诏书，批准赵充国的作战方案。随后，赵充国统兵进入先零羌部落。先零羌军队集结有日，求战不得，早已有倦归之心，这时候见到汉军大部队，纷纷丢弃辎重车辆，要渡过湟水逃回老家。

由于当地沟渠纵横，山路狭窄，先零羌的退却速度很慢，本是乘胜追击扩大战果的好时候，但赵充国却下令缓缓追击。

赵充国的盘算是这样的：第一，穷寇莫追；第二，保证行军安全；第三，防止汉军杀红了眼，破坏民族团结、扰乱分化瓦解的大方针。

所以，此战杀敌人数并不多，有几百羌人淹死在湟水中，另有几百人被斩首或者投降，不过，汉军另俘虏牛羊十余万头，辎重车辆四千辆，汉军几乎零伤亡。

后来，汉军继续挺进，路过罕羌的地盘，赵充国下令禁止军队焚烧村落，也不许在羌人田里割草放牧。罕羌部落原来的担心一下子被打消了，纷纷欢呼：“汉军果然不打我们。”

罕羌的首领靡忘派人来请求赵充国，希望能返回故地，赵充国不敢擅作主张，就把这上报给朝廷。随后，罕羌首领靡忘亲自前来归顺，赵充国亲切接见了他，赐予饮食，又放他回去，向族人宣谕汉军的民族政策。

赵充国手下的护军军官及其他军官纷纷反对赵充国这么干，他们认为靡忘是反贼，不应该放他回去。赵充国力排众议，批评他们都是为自己打算，害怕担责任，而与此同时，朝廷的诏书也来了，允许靡忘赎罪。

有了靡忘做榜样，不久之后，罕羌就都向汉朝投降了。而湟水边上一战，也成为赵充国平定西羌叛乱中的唯一记载较为详尽的战事。

羌乱并没有彻底平定，但一切都在按照赵充国的推演进行，出了一个小插曲——赵充国病了，年龄大了，有些风湿下痢。

赵充国得病的消息一传出，朝廷一下子又紧张起来，汉宣帝刘询再度下诏赐书赵充国："制诏后将军：听闻将军苦于腿脚疼痛，风寒下痢，将军年迈加疾病，一旦有不可言说的变故，朕很忧虑。现下朕命令破羌将军率军与您回合，作为您的副手，趁天时大利，官兵锐气正盛，在十二月攻打先零羌。将军如果病情严重，可以留在驻地不动，只让破羌、强弩将军出兵即可。”

差不多也是在这个时候，赵充国已经写好了新的奏书，只是还没来得及送。赵充国奏书的核心思想是：罢骑兵，只留步兵屯田。赵充国做出这一判断的依据是，羌人已经有一万多人投降，而且陆陆续续还有人来降。

但是赵充国的儿子中郎将赵印看到汉宣帝命令进兵的诏书的时候，担心父亲抗命肇祸，就对赵充国说："倘若进兵导致破军杀将的危局，父亲固守即可，何必抗命争辩呢，一旦您的意见不合皇帝的心意，朝廷派绣衣使者来问责，您自身难保，又怎么保卫国家边境安全呢？”

赵印从利害关系出发，精致利己，明哲保身，在权力场这样的人不在少数，但他的父亲赵充国不在其列。赵充国公忠体国，当即指责赵印："你这小子怎么能说这么不忠于国家的话。”

随后赵充国又跟赵印聊了些体己话，他说：

“当初皇帝派人巡视羌人，我推荐了辛武贤，丞相御史却推荐义渠安国，结果激化了矛盾。

“后来，金城、湟中等地的谷米每石八钱，物价平稳，百姓安居，我告诉耿寿昌中丞只要买来二百万石米，羌人就不敢轻举妄动。耿中丞上奏买一百万石，后来只得到四十万石，义渠安国两次出使，耗费近一半。

“两次筹划都没有得到执行，才最终导致了羌人的叛乱，失之毫厘谬以千里。如今战事旷日持久，如果四夷再有叛乱，虽有智者不能善后，哪里只是羌人值得担忧，所以，我要坚持自己的看法，向皇帝进谏。”

这里，关于赵充国买米的建议解释一下，这实际上是汉朝的一种常平仓制度，粮价便宜时买进，粮价贵时卖出，起到平抑粮价的作用。而赵充国建议在金城、湟中买米，大抵是因为粮食丰收、谷价便宜，而大量收储，可以增加边境的储备，同时削弱羌人的储备，羌人粮少、边军储多，羌人自然不敢轻举妄动。

随后，赵充国再次向汉宣帝上奏，他在奏书中说道：

“臣听说用兵是为了赏善罚恶、除暴安良的，这样才能得胜于外，福生于内，因此不能不谨慎从事。

“臣所率领的兵马，一个月要耗费粮食十九万九千六百三十斛，盐一千六百九十三斛，干草秸秆二十五万零二百八十六石。战争旷日持久，徭役持久旷日。一旦其他夷狄相随发难，朝廷再想制胜就很困难。况且羌人容易用计策来攻破，但难以用兵力去粉碎，所以臣下认为出击不利。

“臣估计从临羌东至浩亹，羌人的旧田、公田、百姓还没有开垦的土地，累计可以达到两千顷以上，而中间的驿站道路大多数毁坏破败。臣不久前部署士兵进山，砍伐大小林木六万多棵，都安放在水边。

“臣下希望撤回骑兵，留下减刑的犯人和应募的士兵，以及淮阳、汝南的步兵和官兵的私人随从，一共一万零二百八十一人，一个月用谷二万七千三百六十三斛，盐三百零八斛，分别驻扎在要害之地。一旦春暖冰消就可顺流而下运送木材，修缮驿站，疏通沟渠，整治湟峡以西道路上的桥梁七十座，使其可以通到鲜水附近。

“随后，每人可以分田二十亩耕种。到四月牧草长出时，再征发郡县骑兵以及所属部落的胡人骑兵中强健的各一千人，配上十分之二的备用马匹，放牧吃草，游弋巡逻，使羌人不敢侵犯。屯田的收获可以用来充实金城郡，增加积蓄，能节省很大一笔开支。现在大司农所运来的谷，足以维持一万人一年的食用。谨呈屯田地图及所需器具用品台账，希望陛下裁夺准许。”

不久之后，汉宣帝刘询回书，只问了一个问题：“皇帝问候后将军，按将军的计划，何时能消灭敌人，奏凯而还？请再详细上奏屯田的便利之处。”

赵充国再度上书：

“臣听说帝王之兵，以全取胜，故而重视谋划而对开启战争很慎重。能百战百胜并非最好的，先立于不败之地而后求胜才是上策。

“蛮夷的习俗虽然不同于我大汉礼仪之邦，但在趋利避害、爱护亲友、乐生惧死伤，是一样的。现在敌人失去肥沃的土地、茂盛的水草，背井离乡，流离失所，亲属离散，苦不堪言，因而许多羌人急于结束战争，恢复稳定的生活。

“在这种背景下，圣明如陛下，如果能罢兵班师，只留万人屯田，这是顺天时、应地理、彻底瓦解敌人的好机会，即使敌人没有立刻前来降伏，战事也必定在一年之内解决。

“此前一战后，先零遁逃离散，羌人联盟瓦解，前后投降的共有一万零七百多人，接受我军劝谕离去的有七十批次。

“以上是目前羌人分裂瓦解的详细情况，臣关于罢兵屯田另有十二条好处呈奏陛下：

一、步兵九校，万人屯田，恩威并行；

二、屯田羌地，驱羌人于苦寒，削弱羌人；

三、军民同耕，不误农时；

四、撤罢骑兵，节省开支；

五、来春阅兵，耀武羌地，可为后世榜样；

六、闲时伐木，修缮驿站，加固金城；

七、出击侥幸，固守万全；

八、无追逐远征、遍历险阻之苦；

九、对内不损国家威武，对外不给四夷可乘之机；

十、不会惊动河南大开、小开部落，免生他变；

十一、修缮湟峡道路桥梁，置地鲜水，控制西域，遥控千里，易如反掌；

十二、减少耗费，故可免除徭役，以备不虞。

“罢兵屯田可得十二项好处，而出兵作战就会失去十二种好处。臣充国资质鲁钝，又年老体衰，不懂长远之策，请陛下与公卿详细商议，采纳为盼。”

汉宣帝接到诏书后，迅速回复：

“皇帝问候后将军，将军所言罢兵屯田的十二项好处，朕尽已知晓。将军说，羌虏虽然没有伏诛，但战事结束就在一年之内，请问将军是指今年冬天，还是别的什么时候？将军是否考虑骑兵精锐撤罢之后，敌人会集结兵力前来反扑，将军将怎样布防？

“另外羌人大开、小开部落此前曾说：‘我们报告了先零部落所在，汉军不前去攻打，却长期滞留，会不会像本始五年那样不加区别地攻打我们呢？’如今汉军屯田不出，他们会不会再度与先零媾和，请将军仔细考虑后回答我。”

显而易见，朝廷以汉宣帝为首，包括丞相魏相、御史大夫丙吉在内，对赵充国越来越有耐心，越来越觉得赵充国谋划周全。

赵充国的最新答复很快来了，关于罢兵屯田一事，他第三次上书说：

“臣听说用兵以谋划为本，庙算多的能够战胜庙算少的。先零羌的精锐部队如今仅剩七八千人，失地离乡，分崩离析，忍饥挨冻，罕、开、莫须诸羌又落井下石趁机劫掠他们的老弱妇幼、牲畜财产，因为陛下的诏令——相捕杀者，得重赏——以先零羌人头作投名状前来投降的其他羌人络绎不绝。

“臣据此推算，数月之内、最多到明年春天，即可彻底解决羌患。我大汉北境，从敦煌到辽东，绵延一万一千五百里，守卫沿边要塞和负责烽火瞭望的士兵不过几千人，而敌人多次大规模入侵都失败了，是为‘守有余而攻不足’。

“而今，在金城一带，留万余将士屯田，这里地势平坦，周围又有高山远望之便，臣命各部队互为依仗，修筑壕沟壁垒，瞭望木楼，营垒相连，烽火相望，粮储充足，兵器皆备，以逸待劳，可保必胜。

“臣认为，屯田内省军费，外御敌寇，骑兵虽撤，万人屯田，依然坚不可摧，而敌人逃到苦寒之地，士马疲困，必然不敢抛妻弃子前来侵略，三五月内，敌人必定不战而破。

“至于小股入侵的敌人，本来也防不胜防。臣听说，如果没有必胜的把握，就不要轻易出兵，我们现在出兵，但凡能彻底消除小股敌人入侵也值得一战，但是不可能的，那么为此而放弃必胜之道，采取冒险路线，只能徒增内部损耗。

“另外，一旦大军出击，归来就不能留兵屯守，而湟中地区又不能不守，如此就要再兴徭役。而匈奴、乌桓又不得不防，现在长期用兵羌地，过度耗费，于国不利。

“前军校尉得以秉承陛下威德，携钱财币帛，行走各部落，宣示天恩，羌人渐渐都会遵从教化，因而即使大、小开部落有类似‘会不会像本始五年那样的担心’，也不会轻举妄动，犯不着因此出兵。

“臣知道，奉诏出塞，率军远征，暴师荒野，弃械满山，即使没有功劳，至少也能逃避专兵于外的嫌疑，明哲保身，但这只对保全大臣有利，于国家、朝廷并无好处。请陛下明察。”

当关于罢兵屯田的第三封奏疏上报给朝廷后，赵充国几乎说服了所有人，以丞相魏相为首，承认了自己不懂得军事上的利害关系，转而坚定赞成赵充国的策略。

于是，万余名骑兵被召回，只留下赵充国带领北军五校及郡国一万多步兵屯田。不过，为了保险起见，汉宣帝命令中郎将赵卬、破羌将军辛武贤、强弩将军许延寿进行了一次对羌人的突袭，许延寿部降服四千多人，辛武贤部杀敌二千人，赵卬俘虏斩杀二千多人，又有五千多人向赵充国投降。

然后到了第二年五月，赵充国上了平定羌乱最后一封奏书，书中说道：“羌人一共大概有五万人的军队，被杀的七千六百人，投降的有三万一千二百人，淹死在黄河、湟水中及冻饿而死的有五六千人，据此估计，羌人逃脱流亡的不超过四千人，羌人首领靡忘向我保证一定会全部擒获他们。战事已定，臣请求罢屯田兵。”

汉宣帝批准了赵充国的请求，于是，赵充国整顿军队，奏凯而还。

至此，汉宣帝朝的大规模羌乱尘埃落定。不过，事情还留了个小小的尾巴。

赵充国回到长安，他的朋友浩星赐来迎接他，见面就跟他说："大家都认为是强弩将军、破虏将军出击，多所斩获，才平定羌乱，但有识之士都知道虏势困穷，即便不出兵，也会平定。将军见天子，要归功于二将军，这样就皆大欢喜。"

浩星赐的劝说，代表了官场的世俗智慧，大家同朝为臣，相互帮衬。赵充国的劳苦功高、庙算无穷，汉宣帝与丞相、御史大夫等群臣都见识到了，该他的封赏一点不会少，如果赵充国谦让，则辛武贤、许延寿也能捞点好处，有利于官场和谐嘛！

但赵充国当即拒绝了浩星赐的建议，正义凛然地说道："我年纪也大了，爵位也到了极点，难道还要因为避嫌一时的功劳而欺君吗？何况，兵者，国之大事，应当为后世法，老臣如果不能在有生之年把用兵的利害关系跟陛下说明白，一旦突然死去，又有谁能跟陛下说实话！"

随后，赵充国面见皇帝，说出了自己的真实想法，坚持认为出兵多此一举，徒增耗费。辛武贤因此被撤去了将军号，仍然当他的酒泉太守。

赵充国呢，基本上是平调，从后将军兼少府，成了后将军兼卫尉，在军权上获得了更多的信任。稍晚一些时候，匈奴单于意图大发兵十万大举入侵，赵充国统领四万兵马御敌，实际上成了帝国的前总指挥。

另外一件事是，当年秋天，如赵充国所料，羌人若零、离留、且种、儿库合力斩杀了先零首领犹非、杨玉，同其他羌人首领弟泽、阳雕、良儿、靡忘等一起率领煎巩、黄羝部落的四千多人投降了汉朝。

赵充国因为正直敢言，让赵家跟辛家结了仇，后来两家子弟多有恩怨，细枝末节不细述。

以上，就是赵充国平羌乱的故事。写本书以来，笔者从未如此详细写过一场战争，而且还是一场普通边患级别的局部战争。

战争本身一共包含义渠安国开头惹事、赵充国湟水追击战、辛武贤等突击战三个战斗场面，情节寥寥，除了赵充国"穷寇莫追"之外，也没有什么高深的计谋，说实在话，这是一场缺少电影元素的战争。

但这场战争却深深地吸引了笔者，没有其他的原因，只因为赵充国的庙算，让我们深入地了解了古代战争在决策层面是怎么运行的。

赵充国平羌乱，告诉我们，战争不只是打打杀杀，还要在深刻了解风土人情、后勤补给、全局形势、地理地形、敌我力量对比等方面的基础上，进行一系列精密计算。胜利，只是庙算的兑现。

另外，曹操在《孙子兵法》的注解里讲“善战者无赫赫之功”，这一点，我们从赵充国身上很容易看到，无赫赫之功的主要原因是，打仗不是他的目的，解决问题才是，打仗只是实现平乱目标的手段之一。

善战，而又不轻易言战，只有爱国爱民，又对“非我族类”有普世的慈悲心，才能打出这样的战争。

大汉帝国，四百余年，如赵充国者，能有几人欤？可以说寥寥无几。也正因为此，此后的二百多年里，羌人在一众精致利己的政客治下，一直乱，直到帝国的血液几乎流尽。

不过，那是后话了。赵充国恩威并用平羌乱的红利，大汉帝国还能吃上一段时间，羌人没有给大汉帝国的极盛时代捣乱。

肆　呼韩邪降汉

上一回提到匈奴，是五路伐匈奴，常惠出使乌孙，统领乌孙军队大破匈奴。上上回咱提到匈奴，是狐鹿姑单于病死，颛渠阏氏伙同卫律矫诏立幼子壶衍鞮单于，匈奴内乱。

社会的演变往往如此，由治而乱，乱通常会持续得比人们预料的长。匈奴内乱，导致衰落，衰落又导致被乌孙痛击而惨败，然后进一步衰落，而这只是开始。

被乌孙暴揍后，四邻都看到了匈奴的衰弱，乌桓、鲜卑、丁零像群狼一样扑上来各自从匈奴身上撕了一块肉，匈奴的失血进一步加剧。

曾经猛虎一样的匈奴，成了落水狗。这种情势下，不说维护原来与从属政权的关系了，匈奴连内部各部落之间的犯罪分子都惩戒不了了，也就是说，匈奴的社会秩序也崩溃了。以至于汉宣帝中期，汉军派出三支千人骑兵队，就能深入匈奴，大摇大摆地抓回来数千俘虏。

打你，你都不敢反抗，大汉帝国忽然觉得很没意思。

年幼的壶衍鞮单于在位十七年，长大了，然后死了，由弟弟继位，是为虚闾权渠单于。

虚闾权渠单于继位后，以右大将的女儿为大阏氏，而废黜了已故单于宠幸的颛渠阏氏——与壶衍鞮单于之母非同一人，或为同族亲属——颛渠阏氏的父亲左大且渠因此心生怨恨。

当时，由于匈奴多年不敢犯边，汉帝国边境降低了守备等级，给沿边百姓减轻负担。虚闾权渠单于把这视为和平的信号，有心与汉重启和亲，但受到了满腹愁怨的左大且渠的阻挠。

左大且渠对单于说："此前汉人出使，军队紧随其后护送。我们现在也可以派使者在前，军队耀武其后。"随后，左大且渠向单于请求让自己和呼卢訾王各自带领一万骑兵南下，沿边打猎，伺机入侵。

单于想，你这不是胡闹吗？但单于实际上约束不了左大且渠，而这当然被汉朝方面视为挑衅。汉朝廷派遣大将军监军治众等四人，各率五千骑兵，出塞御敌。左大且渠哪里有勇气真的打仗，拔腿就跑了，汉军出塞数百里，只抓了几十个游骑兵。

而这么一折腾，和亲是不可能的了，而匈奴的崩坏仍在继续。这年秋天，匈奴又遭灾了，大饥荒中，百姓、牲畜死亡过半。而此前在匈奴东方臣属于匈奴的西嗕部落，大概也由于饥荒进行了游牧迁徙，在迁徙过程中路过匈奴瓯脱部落，双方打了一仗，杀伤甚众，随后一路向南，向汉朝投降。

再后来，郑吉护西域诸部攻下了匈奴的铁杆小弟车师，然后双方在车师拉锯。匈奴举全部之力，与汉初收入版图的一域长官角力，愣是没占到便宜。

然后，后院起火，丁零人年复一年地在匈奴后方入侵搞事，战果不大，但够恶心人。匈奴忍无可忍，决定反击，派了一支万人队，结果一无所获，丁零人打的是游击战：敌进我退，敌退我追。

到汉宣帝神爵二年（公元前60年），虚闾权渠单于好不容易勉强整合了匈奴各部，聚集起一支十万人的大军，沿汉匈边界打猎，准备伺机入侵。

结果，消息又一次泄露了。这已经成为常态，随着匈奴的衰落，一批批的匈奴人向汉朝投降，每个投降的匈奴人都能带来些消息，有时候恰逢其会，就是这种匈奴人预备大举入侵的重磅消息。

这次泄密的是匈奴人题除渠堂。汉朝方面接到消息后，封题除渠堂为言兵鹿奚卢侯，随后派遣刚刚平定羌乱回来的后将军赵充国将兵四万余骑在沿边九郡屯守布防。

虚闾权渠单于带着十万人，在万余里的汉匈边境北侧，装模作样地打了一个多月的猎，抓了几只兔子、若干狐狸，还有些豺狼，但这点玩意儿，都不够十个人举行一次篝火晚会的。

匈奴人没有找到入侵的机会，而虚闾权渠单于却已经气吐血了，是真的吐血。于是，匈奴罢兵，随后遣使入汉，请求和亲，汉朝这边还在煞有介事地开会研究，虚闾权渠单于就已经死了。

虚闾权渠单于死后，他此前罢黜的颛渠阏氏伙同弟弟都隆奇拥立了自己的地下情人右贤王屠耆堂，是为握衍朐鞮单于。

握衍朐鞮单于得位不正，为了巩固自己的统治，只好诉诸暴力。虚闾权渠单于时掌权的贵族刑未央等都被杀害，同时，虚闾权渠单于的近亲子弟也都被免职。如此一来，匈奴的分裂进一步加剧。

虚闾权渠单于的儿子稽侯狦本是合法继承人，现在成了利益最大受损者，一怒之下，逃归了岳父乌禅幕。乌禅幕本来是乌孙、康居间小部君长，为了躲避乌孙、康居的欺凌，投靠了匈奴，匈奴狐鹿姑单于把自己的侄女嫁给了他，让他在匈奴西边居住。

而乌禅幕的小舅子，是日逐王先贤掸。先贤掸的父亲左贤王曾经让单于位与狐鹿姑单于，狐鹿姑单于因此答应死后再让先贤掸继位，最后因为卫律与颛渠阏氏搞阴谋没有兑现。但匈奴不少人据此认为先贤掸才是单于的合法继承人。

而先贤掸不知什么缘故，又跟握衍朐鞮单于非常不对付，一怒之下，率领部众数万人找到了郑吉，向汉朝投降，成了大汉的归德侯。而先贤掸残部，则由先贤掸的从兄薄胥堂统领，受到单于认可，成为新的日逐王。

握衍朐鞮单于的残暴统治远未结束；相反，国人越离心离德，他越残暴，他越残暴，国人就越离心离德，成了恶性循环，死循环。

先贤掸降汉后，握衍朐鞮单于先后又杀了先贤掸的两个弟弟。乌禅幕劝谏他，他置之不理，于是，乌禅幕也心寒了。

后来，匈奴左奥鞬王死了，握衍朐鞮单于依旧是任人唯亲、铲除异己那一套，左奥鞬王的儿子被剥夺了继承权，单于的小儿子成了新的左奥鞬王。不过，单于小儿子大概是太小，没有前往左奥鞬王部落任职，而是留在单于庭。

左奥鞬王部落的贵族们一看，敢情新王是个遥控器，哈哈一笑，纷纷拥立了老左奥鞬王的儿子为左奥鞬王，同时举族向东迁徙，以求脱离单于庭的控制。握衍朐鞮单于不甘心失败，派遣右丞相带领万余骑兵前往追赶，结果反被左奥鞬王部落击败，损失了几千人。

好了，到这里，匈奴在疯王握衍朐鞮单于的治理下，终于迎来了压死骆驼的最后一根稻草，匈奴五单于混战的大分裂时代来临了。

因为单于太子与左贤王每日诋毁匈奴东边部落的贵族，贵族们怨声载道。恰巧乌桓入侵匈奴，大破匈奴东境姑夕王部落，抢走了匈奴不少人民、畜产，这让单于很生气。单于很生气，导致的后果很严重，只不过后果是自己承担的。

姑夕王担心单于打击他，遂派人越过单于庭与乌禅幕结了盟，相当于匈奴左部和右部合流，其实力已经足以与单于庭的握衍朐鞮单于分庭抗礼。

但姑夕王及姑夕王部落贵族的大串联并非仅仅为了自保，他们要颠覆握衍朐鞮单于的统治——姑夕王与部落贵族和乌禅幕一起，拥立了老单于的儿子稽侯狦，是为本章节的男一号，呼韩邪单于。

一山不容二虎，呼韩邪单于与握衍朐鞮单于必有一战。这一战很快到来，呼韩邪单于率先发难，姑夕王为首征发了左地部落共四五万人，向西进发，与握衍朐鞮单于在姑且水北相遇。

大战一触即发？实际上却没打起来。双方还没摆好阵势，握衍朐鞮单于手下的军队就四散奔逃了，不过还是没有商纣王惨，单于庭的军队只是抛弃了握衍朐鞮单于，并没有对他反戈一击。

但握衍朐鞮单于完蛋了。他做垂死挣扎，派人去找弟弟右贤王：“大家都打我，你能不能看在一个妈生的面儿上，帮帮我？”右贤王干净利落地回答他：“你个狂妄暴君，有多远死多远！”握衍朐鞮单于穷途末路，自杀了，这点倒和商纣王有一拼。

握衍朐鞮单于死后，他的小舅子左大且渠都隆奇只身逃到了右贤王部落，而单于庭的人民则都归附了呼韩邪单于。

那么，呼韩邪单于民心所向，是不是就能拨乱反正、力挽狂澜，重新整合匈奴呢？答案是，不能。

呼韩邪单于并非雄才大略的一个人，他没有意识到右贤王是他可以争取的。在单于庭待了几个月后，他让各部落罢兵自归，又任命他流落自民间的哥哥呼屠吾斯为左谷蠡王。

他解除了武装，但并未解决都隆奇与右贤王的问题。而他针对右贤王，想到的办法是，派使者到右贤王地盘上劝说右贤王部落的贵族刺杀右贤王。

这显然没有什么秘密性可言，呼韩邪单于的阴谋很快被右贤王知道了。右贤王一怒之下，与都隆奇合谋，一同拥立日逐王薄胥堂为屠耆单于。

而后，右贤王与都隆奇保着屠耆单于，发兵数万人进攻单于庭。单于庭兵力薄弱，呼韩邪单于一战而溃。屠耆单于入主单于庭，分别立两个儿子为左、右谷蠡王。

屠耆单于能坐稳单于庭吗？也不能。匈奴此时，就像东汉末年，又像西晋末年，和民国初年的军阀混战也没什么两样。任谁上台，都要面对错综复杂的关系，诉求各异的各个利益集团，剪不断理还乱，这需要的手腕，非超世之才不能为。

屠耆单于面临的情况是：对外，他要防备呼韩邪单于卷土重来；对内，他对都隆奇、右贤王也缺少信任。为了对付呼韩邪单于，屠耆单于命故日逐王先贤掸的兄长右奥鞬王及乌籍都尉各率领二万骑兵屯守东境。

而屠耆单于对右贤王的不信任，让右贤王的敌人有机可乘。西方呼揭王与唯犁当户合谋，对屠耆单于讲，右贤王要自立为乌籍单于。屠耆单于因此杀了右贤王父子，后来知道中了谗言，又把唯犁当户杀了。

然后呢，第三个单于冒了出来。呼揭王看唯犁当户被杀，担心自己也小命不保，于是，率部叛逃，自立为呼揭单于。拥重兵的右奥鞬王和乌籍都尉一看，嚯，单于这么好当，便跃跃欲试。右奥鞬王自立为车犁单于，乌籍都尉自立为乌籍单于。

以上分别出现了，呼韩邪单于，屠耆单于，呼揭单于，车犁单于，乌籍单于，凡五单于。

不过，屠耆单于相对来说，实力还是最为雄厚。他与都隆奇分兵攻击车犁单于与乌籍单于，两个杂牌单于都被打败，转而与呼揭单于合流。

呼揭单于、乌籍单于都去掉单于号，专心辅佐车犁单于。屠耆单于让左大将、都尉统兵四万镇守东方，防备呼韩邪单于，自己亲率四万大军击败了车犁单于，车犁单于退走西北，屠耆单于则引兵西南驻扎。

这么一来，屠耆单于部的分裂与叛乱算是都被镇压了，但也极大消耗了屠耆单于的实力。

呼韩邪单于趁着屠耆单于西征，派遣弟弟右谷蠡王等西进袭击屠耆单于在东部的屯兵，杀掠一万多人。屠耆单于闻讯，集结了六万大军，千里奔袭，准备与呼韩邪单于决战，在嗕姑地附近，与呼韩邪单于的四万大军猝然相遇，被以逸待劳的呼韩邪单于军击败，屠耆单于自杀。

所以，其实，五单于混战经历的时间很短，大概在一两年间，匈奴并没有陷入稳定的分裂。

根本的原因是，此时的匈奴已经弱得令人难以置信，根本支撑不起多个割据政权。何况，匈奴南边，还有一个宿敌虎视眈眈——庞大强盛的汉帝国，一定不会放过介入匈奴的分裂、进而肢解匈奴的机会，天予不取，反受其咎。

屠耆单于与呼韩邪单于大决战之后，都隆奇带着屠耆单于的小儿子右谷蠡王姑瞀楼头南逃向汉帝国投降。原来西逃的车犁单于则回来投奔了呼韩邪单于。

呼韩邪单于打败了对手，但他的部下，左大将乌厉屈与父亲呼速累乌厉温敦，受够了匈奴人打来打去打成一锅粥的状态，父子一商议，带领部众数万人也南下向汉朝投降，乌厉屈被封为新城侯，乌厉温敦则被封为义阳侯。

伴随着混战死伤，加上大量匈奴人向汉朝投降，当呼韩邪单于击杀李陵之子拥立的乌籍都尉重新占据单于庭时，包含老少妇孺在内，只剩下数万部众。

然而，池浅王八多，仍然有人想当单于。

屠耆单于的弟弟休旬王带着六百名骑兵，击杀了左大且渠，吞并了左大且渠部落，自立为闰振单于。

不久之后，呼韩邪单于的兄长左贤王呼屠吾斯也自立为郅支骨都侯单于——由此观之，呼韩邪单于作为领袖的向心力实在差劲。

闰振单于、郅支单于、呼韩邪单于并立的局面持续了大概两年。两年后，闰振单于率众攻击郅支单于，被郅支单于一战击杀。

郅支单于这个人还是有点本事的，至少继承了祖先好战凶横的基因，他打败闰振单于后，一不做，二不休，掉头向弟弟呼韩邪单于进攻。战斗结果，呼韩邪单于被赶走，郅支单于占据单于庭。

呼韩邪单于堪称疯王握衍朐鞮单于之后的不倒翁，数次占据单于庭，又数次被赶走，但都保住了命。不过，这一次被自己一手捧上天的亲哥哥背刺后，他也心灰意冷了。

彷徨无计之时，呼韩邪单于的部下左伊秩訾王悄悄地为他制订了向汉称臣的计划。当呼韩邪单于向群臣抛出他与左伊秩訾王的谋划时，许多大臣反对，他们接受不了匈奴政权的瓦解，也接受不了向宿敌投降。

但很多时候，实力决定一切。当年的匈奴，可以把大汉开国皇帝刘邦围在平城受七日之厄，所以，他们有本事要求汉人送女人、送金帛讨好他们。如今的匈奴，分崩离析，经济崩溃，人口因为战乱急剧减少，其综合实力，甚至比不上汉朝一个老少边穷地区的郡，投降才是唯一出路。

左伊秩訾王代表呼韩邪单于与群臣的辩论并没有辩出个所以然来，但呼韩邪单于牢牢掌控了拍板权，他带领部众南迁，随后派遣儿子右贤王铢楼渠堂入侍。

不过，对于呼韩邪单于的举动，郅支单于也看在眼里，他明白呼韩邪单于向汉朝廷投降的目标就在于他，于是郅支单于也派遣儿子右大将驹于利受入侍。

但呼韩邪单于是真心投降，郅支单于只是基于一个合格政客的敏感、做出的正确的外交反应，而其中的差别导致了最终结果的截然不同。

汉宣帝甘露二年（公元前52年），呼韩邪单于率部进抵五原塞，请求于甘露三年正月入朝朝见天子。

这一年，距离白登之围一百四十八年，距离匈奴十四万骑入侵陕北、候骑至甘泉宫一百一十四年，距离马邑之谋八十一年，距离霍去病封狼居胥六十七年，距离汉武帝驾崩三十二年。

公元前51年，春，在长安城笔直宽敞的驰道上，当车骑都尉韩昌导引着以呼韩邪单于为首的数百匈奴君臣来朝见大汉天子宣帝刘询时，围观者包括各蛮夷君长在内有数万人，更有数十万长安百姓、大汉子民。

汉宣帝登上渭桥，诸蛮夷君长与长安百姓三呼万岁。

没有人戳穿匈奴人，汉帝国又给了呼韩邪单于极高规格的接待，但所有人都知道，这是一场宏大的受降仪式，伴随着呼韩邪单于进入专门为他准备的单于府邸，我们知道，汉与匈奴百年战争落下了帷幕。

大汉帝国成为最后的胜利者，秦始皇、蒙恬、汉高祖刘邦、樊哙、周勃、汉文帝刘恒、程不识、李广、汉武帝、卫青、霍去病、张骞、苏武……他们的英灵得以告慰，荣耀属于每一个中央帝国的人民，也属于他们。

至此，匈奴问题几乎彻底解决。之所以说几乎，是因为郅支单于狼子野心，他以为呼韩邪单于降汉，自己就成了匈奴正统，进占了单于庭，打算号令天下。

但此时呼韩邪单于背后，站着东亚大陆上唯一的宗主国大汉帝国，所以，郅支单于是不是正统，他说了不算。大汉帝国认为，呼韩邪单于才是代表匈奴的唯一合法政权。

郅支单于看了看呼韩邪单于这只小狐狸，不屑一顾，但看了看他背后的大老虎，嘟囔了一句："狐假虎威。"转头带着部众一路向西，一口气跑到离单于庭七千里的坚昆，他倒挺识相。

远隔万里，郅支单于究竟能不能代表匈奴，大汉帝国已经不在乎了。对失败者，一别两宽，大概是个不错的结局，但可惜的是，在万里之外，郅支单于还是触碰了大汉帝国的逆鳞，然后成为一个名将、一句最能代表中央帝国雄风的名言的注脚。

不过，那是十几年后的事情了，且按下不表。

而回到呼韩邪单于降汉这件事上，它标志着大汉帝国进入极盛——最大的疆域，对周边诸国最强的控制力，国富民强，百姓安居乐业。

当然了，一个庞大帝国，总有笤帚扫不到的地方。公元前50年前后，很难被当时大汉帝国的所有人认为是最好的时代，但无论是谁，都得承认，这是大汉帝国最强盛的时代。

只是，盛极而衰，是永恒规律，当我们说大汉帝国进入了最鼎盛的时期，也意味着大汉帝国的未来，每一天都在走向衰落。

第十九章

父与子

壹　亲爹甩锅

老子看不上儿子，大抵是一种常见现象，对汉朝天子来说，也可能是一种遗传病。

高祖刘邦看不上长子刘盈，认为刘盈仁弱而喜欢赵王刘如意，说："如意类我。"

文帝刘恒在这方面像个工具人，没听说特别偏爱谁，但先是做代王时生的三个抑或四个儿子不明不白死了，后来因景帝刘启不愿意像邓通一样给自己舔脓包，也有过"儿子不孝"的念头。

景帝刘启最刻薄寡恩，所有人都可以是他的工具人。长子刘荣就成了他打压梁王、占住继承人坑的工具，后来，当他心有所属时，就残忍地逼死了亲生儿子。

汉武帝二十九岁得太子刘据，喜出望外，也一直宠爱有加，但临了，自己太长寿，储君太难当。终于，因为各种明枪暗箭，父子交兵，长安大乱，太子一家只剩孤孙病已。

卫太子的孤孙刘病已最后在霍光、张安世、丙吉的支持下登上了皇位，是为汉宣帝，还改了个名刘询。

刘询在民间，娶了掖庭染工许广汉的女儿许平君为妻。继位后，刘询"故剑情深"，在霍氏急于把霍光小女儿霍成君嫁给他为皇后的情况下，执意封许平君为皇后，加上一系列明争暗斗，最终导致了许平君不明不白地死去。

不过，幸好，刘询和许平君生有一个儿子，取名刘奭。在汉宣帝即位的时候，刘奭二岁。因为刘询与许平君感情深厚，同时许平君暗昧的早逝大概也让刘询感觉很抱歉，故而刘奭被保护得很好。

霍光去世后，霍氏势力依然不可小觑，但已经没有人能阻止汉宣帝刘询做自己想做的事情。于是，刘奭被立为太子，年八岁。

再苦不能苦孩子，再穷不能穷教育。宣帝刘询在民间，风投家张贺就尤其注重对刘询的教育，刘询也因此受益，现在刘询做了皇帝，自然要给太子刘奭最好的教育。

丙吉做了太子太傅，疏广成为太子少傅，这是太子刘奭的第一批家庭教师。

丙吉我们熟悉，政法出身，熟悉律令，但这里还要做个补充。几个月后丙吉升任御史大夫，五年后，丞相魏相去世，丙吉接任丞相，成为一代名相。在一路打怪升级的过程中，丙吉自学了《诗经》《礼经》，而且都能够明白其中的基本原理。

疏广，字仲翁，东海郡兰陵县人，年少好学，精通《春秋》。精通到什么程度呢？疏广开班授课，四方学子络绎不绝，疏广实际上成了一方学术垄断者。后来，疏广被征为博士、太中大夫，再后来，就做了太子少傅。

丙吉和疏广这对皇家家庭教师组合，在几个月后就因为丙吉升职加薪拆开了。疏广也升职加薪，升任太傅，而他的侄子，时任太子家令的疏受，因为会聊天，在一次家宴上受到皇帝赏识，升任太子少傅。

于是，皇家家庭教师组合成了叔侄搭档，荣宠一时。这两位，堪称纯儒生，他们足足教授太子刘奭五年。在皇太子刘奭十二岁的时候，叔侄俩双双急流勇退，受赐金还乡，皇帝赐二十斤，太子加赐五十斤。

疏广、疏受之后，根据个人传记，大儒夏侯胜、夏侯胜的弟子黄霸、夏侯胜的另一个弟子萧望之都短暂担任过太子太傅。

以上，太子诸师傅，丙吉、疏广、疏受、夏侯胜、黄霸，至少有疏广、夏侯胜两位大儒级选手，至于疏受与黄霸，一个是疏广侄子，一个与夏侯胜患难之交，必然得两位大儒倾囊相授。相比之下，丙吉可能只是个借读生，但一个借读生官至丞相，这种人我们称之为天才。萧望之，后文我们还要细说，暂时只需要知道，萧望之的儒学造诣，据说“学冠京师”。

显而易见，在太子刘奭的成长过程中，宣帝刘询为他打造了一个纯净的儒学环境。唯一破坏纯度的，大概是学律令出身的丙吉，但在皇太子最重要的受业期，丙吉已经做了御史大夫——说个题外话，如果丙吉能多担任一段太子太傅，皇太子有可能更加世事洞明一些。

在这种情况下，皇太子刘奭柔仁好儒就丝毫不奇怪了。

而宣帝呢？我们此前说了，他的执政，本质上，与从景帝开始经汉武帝、霍光一脉相承的严刑峻法并无二样，儒生与儒学是用来忽悠老百姓、进行意识形态控制的，熟悉律令的实干家，才是他们实施国家治理的根本依仗。

武帝、霍光、宣帝，允许儒家在教化百姓上发挥作用，但对试图用儒学来干扰国家政策的，并不姑息。比如武帝对董仲舒，纳其言而黜其人；比如霍光对眭弘，杀无赦；比如宣帝逼杀借《诗经》《尚书》非议刑法的盖宽饶，太史公司马迁大嘴巴的外孙杨恽也牵连其中惨遭腰斩。而太子刘奭与汉宣帝刘询的冲突，就在盖宽饶、杨恽案后不久发生。

刘奭对宣帝重用熟悉律令者、用刑法约束臣下很不以为然，就利用在宣帝身边侍奉的机会，像父子拉家常一样，对宣帝说道：“陛下用刑法文吏太过，要多用儒生！”

宣帝刘询听了，当即勃然大怒，说出了他治国理政要义：“汉家自有制度，本以霸王道杂之，奈何纯任德教，用周政乎！且俗儒不达时宜，好是古非今，使人眩于名实，不知所守，何足委任？”

一手德化，一手律法，端的是好手段。汉宣帝说得没错，这一段话，也值得后来的所有执政者深思。

但对太子刘奭来说，却也很委屈。“王道”他都知道，尧舜禹汤、文武周孔，儒家经典翻来覆去讲的都是这样，但“霸道”是什么，汉宣帝并没有给他安排这方面的专门教师。在一个纯儒的环境中长大，他怎么去理解法家刑名？

所以，这是汉宣帝教育的问题，把刘奭保护得太好，但国家治理的真相，权力斗争的残酷，刘询都没有教给他。

然而，刘询似乎并没有意识到这个问题——也不奇怪，老子在儿子面前，是不可能检讨自己的——说完那番话后，他稍稍调整了下情绪，叹口气说道："乱我家者，太子也！"

完了，刘奭的政治生涯还没开始，就已经盖棺定论了，亲爹派锅，最为致命！

这番谈话，一度让宣帝刘询动了换太子的念头，但最终并没有付诸实施，一是他对许平君一往情深，对太子自然爱屋及乌；二是换太子到底是动摇国本的事情，太子不只是太子，太子身后，包括丙吉、黄霸、疏广、疏受、史高、萧望之，有很多支持者。

最终，刘奭顺利继位。

汉宣帝黄龙元年（公元前49年），宣帝病重，任命表叔、史良娣兄长史恭的长子史高为大司马、车骑将军，以萧望之为前将军、光禄勋，周堪为光禄大夫，三人辅政，兼领尚书事。

十二月初七，汉宣帝病逝于未央宫。十二月二十六，太子即皇帝位，例行拜谒高祖皇帝庙，尊奉昭帝上官皇后为太皇太后、宣帝王皇后为皇太后。

汉元帝时代来临了。

贰　萧望之之死

萧望之，字长倩，东海郡兰陵县人，和疏广是老乡，但比疏广出名早得多。他先在家乡学了齐人注解的《诗经》，后来又到太常门下学习，大抵和后来的太学生差不多。在太常，他先师从博士白奇，又向夏侯胜请教《论语》《礼服》，名动京师。

这样的萧望之，朝廷自然着意培养，择优任用。时任大将军长史的丙吉向霍光举荐了王仲孺、萧望之等人。

当时，霍光刚刚诛灭了上官桀父子、盖邑长公主等人，有防范贼党余孽刺杀的需求。另外，官威也大了，在接见低级官员、普通百姓时，都要对接见对象进行搜身，除去刀兵后再由两个手下提溜着来参见。

王仲孺忍辱负重从了，后来，两三年间做到光禄大夫、给事中。萧望之认为这样有辱斯文，扭头就走，霍光的手下要去拉他，被霍光制止，霍光特许他正常拜见。

但是萧望之非但没有感恩戴德，还一副狂儒姿态。他走到霍光面前，微微施了一礼之后，就开始教训霍光："将军位比周公，应该学周公一饭三吐哺，一沐三握发，怎么能搜身挟持拜见您的士人呢……"

霍光不置可否，但也没有难为他，只不过这么一来，萧望之想被"特招"是没戏了。萧望之只好乖乖地走考试路线，而他的学问是没得说，某次开科策问，他中了甲科，补为郎官，成为皇宫小苑东门一名光荣的代理门禁长。

但是因为霍光的存在，萧望之当了几年郎官，也没有得到提拔的机会，还因为弟弟犯法连坐，被免职还乡做了郡吏。直到魏相做了御史大夫，才利用察孝廉的机会，任命萧望之为大行治礼丞。

魏相是汉宣帝对付霍氏的头号打手，所以，各位可以尽情联想，魏相提拔萧望之的意图。哪位估计也猜到了，没错，这背后是汉宣帝刘询推动的——萧望之不理会霍光的事迹，名扬天下，刘询在民间时就听说了，即位之后，要扶植自己的势力，就不能不想到萧望之。

霍光死后，汉宣帝召见萧望之，并让萧望之把自己的政见写成奏书给他。萧望之洋洋洒洒写了大几千字，核心议题都指向约束大臣权力，加强皇帝集权。

萧望之不是揣摩上意、曲意逢迎的人，他所呈奏的就是他的政治理想，但不管怎么说，他呈奏的，正是汉宣帝想要的。某种程度上，他的奏书成为扳倒霍氏的指导思想，于是，他被汉宣帝拜为谒者。

谒者，在西汉的职责是为皇帝传递文书，定员七十人，谒者的长官是谒者仆射，归郎中令或光禄勋管辖，其实不能算个官。

但谒者这个职责又很特殊，最关键的，萧望之这个谒者特别受汉宣帝器重。那他自然又不同于其他谒者。当时，汉宣帝初即位，公卿大臣、吏民儒生纷纷上书，陈述治国理政的建议，而宣帝接到这些诏书后，经常召萧望之来询问利弊，而萧望之的建议也都被采纳。

这就厉害了，这一段时间，萧望之几乎成了内阁之内阁。那么，升官自然不在话下，谏大夫，丞相司直，二千石，萧望之的官衔光速提升。

也就是在这时候，汉宣帝在心底里已经确认萧望之会成为帝国辅臣。后来，萧望之先后做过平原太守、左冯翊、大鸿胪、两任御史大夫，最后成了辅政大臣。但是，在十余年的地方大员、朝廷公卿任上，萧望之暴露了一些致命的缺点。

汉宣帝派萧望之去当平原太守，符合汉宣帝谨慎选择郡守二千石的一贯思路，帝国宰辅需要有地方治理经验。

但萧望之眼高于顶，根本不想去外郡锻炼。萧望之读书多，长于雄辩，刚到平原没多久，他就向宣帝上书，核心思想大概有以下三层：第一，您派谏官去基层当官，是舍本逐末；第二，像我们明于经术的，就应该在您身边，参知政事，帮助您拾遗补阙；第三，只要朝廷肃然，外郡能不能治理好，没什么关系。

这就是萧大儒，对处理实际事务毫无兴趣。然而，解决实际问题的能力，往往无法仅靠读书获得。

汉宣帝也很无奈，这个人书读得这么好，不用也可惜，就把他调回朝中担任少府。

但宣帝还是不死心，从萧望之博学的角度，汉宣帝认为萧望之有宰相之才，会是帝国未来皇帝刘奭的好帮手。但宣帝用人，又非常注重官吏解决实际问题的能力，很难不担心萧望之空谈误国。

于是，宣帝就任命萧望之当左冯翊。西汉关中平原分为左冯翊、右扶风、京兆尹三部分，称为三辅，三辅长官的级别和地方太守一样。宣帝的用意很明显，外放你不愿意，这在京师，你就近去体验下生活总可以吧，可以说对萧望之很偏爱了。

然而，萧望之又要脾气了。从少府迁为左冯翊，级别上，从中二千石到外二千石，是降级了。萧望之不开心，就装病。

宣帝无奈。奇了怪了，宣帝怎么这么容易无奈？宣帝说："谁让人家萧望之读书多呢！"宣帝派金安上去跟萧望之说："这个职位调动，不是贬你官，主要是让你在基层锻炼锻炼，以后还要重用。"

萧望之这才走马上任。萧望之当了三年左冯翊，史载"京师称之"，也就是名声不错。具体做了什么事，不得而知。所以这个"京师称之"，恐怕也是虚美之词。

倒是在担任左冯翊期间，他没少掺和朝廷里的事。西羌叛乱，出兵要花钱耗粮，安定、陇西等西北八郡的压力很大，为了缓解压力，张敞提出让轻罪犯人用钱谷赎罪。

萧望之不同意："你这是与民争利，你这是不仁义。"至于打仗的钱粮从哪来，萧望之表示，这不关我的事。

莎车之乱，冯奉世刚好持节出使西域，当机立断，纠集西域盟友击斩莎车王，定祸乱于初萌。

回头要论功给冯奉世封侯，萧望之又不同意："你这是矫诏，虽然有功，但后人有样学样还得了？"至于以后出现类似的事情如何解决，萧望之表示，这不干我的事。

三年左冯翊任职期满，萧望之升任大鸿胪，再回中央，他自然更要"大展宏图"。

乌孙请求和亲，萧望之不同意，他认为乌孙那么远，万一乱起来，汉朝鞭长莫及。事实却是，解忧公主经营乌孙多年，乌孙称臣纳贡多年，西域都护对西域的控制也颇为牢固。

萧望之本质上排斥汉帝国对西域的控制，代表了儒家的主流领土观——只要治理好中央帝国的核心区就好，战略缓冲区是什么玩意儿？能种地吗？

又过了三年，御史大夫丙吉升任丞相，萧望之则升任御史大夫，成为副宰相。公元前57年，匈奴打来打去，五单于并立，朝臣都建议趁着匈奴内乱讨伐。

萧望之又不同意，他认为伐丧不义。如果他的意图是等匈奴自相残杀完毕，汉军去捡晕鸡儿，倒也不错。但他的理由是伐丧不义。

好吧，这个我也赞同，我们是礼仪之邦嘛，但伐无道，是大义。不然，高祖刘邦入关，人家胡亥刚死，你好意思吗？武王伐纣，人家纣王都把自己烧了，你还不赶紧退兵？萧望之们，本质上除了维护国内稳定，讨厌任何形式的对外用兵。

后来，汉宣帝听从耿寿昌的建议，设置常平仓。不用想，"萧撑撑"又要准时上线了，无外乎"与民争利"那一套。

然后，萧望之又看不上狱吏出身的丙吉。丙吉是个厚道人，不跟他一般见识，他却以为丙吉好欺负，就借灾异向宣帝弹劾丙吉。

这次宣帝实在忍无可忍了。不久，就有人弹劾萧望之，罪状包括不敬丞相、贪赃枉法。但宣帝也不过是高高拿起，轻轻放下。萧望之左迁太子太傅，教刘奭去了。

萧望之应该记住，他对丙吉的弹劾。如果他仔细研究过，他看不上的丙吉，没准能救他的命。另外值得注意的是，他弹劾丙吉，也有急于登上丞相之位的因素。

他大约已经忘了当初曾经对汉宣帝讲的“约束权臣、加强皇帝集权”的那些事儿。

萧望之的辅政时代，只有十三个月。严格来说，宣帝的辅政结构，外戚史高是首辅，萧望之是次辅，讲萧望之的辅政时代是不严谨的。而这也是问题所在，宣帝驾崩后不久，萧望之就与周堪结成了攻守同盟，向元帝刘奭建议引入散骑、谏大夫刘更生为给事中，加上侍中金敞，搞成了一个四人小团体，而史高被四人小团体架空了。

史高这个人，才能一般，大抵是和元帝外公许广汉一样的人物，有点小欲望，但不是权力狂。

丙吉对付许广汉的办法，就是外示尊崇，进而把许广汉绑上自己的战车，不妨碍治国理政的正道。直白点说，就是许广汉地位特殊，但容易哄，哄好了也有利于搞内部民主。但萧望之对史高，全然不是丙吉的路子。也不奇怪，萧望之那么傲娇的人，连丙吉都不放在眼里，怎么会看得上靠裙带关系的史高。

于是，史高很快就感受到了来自整个内阁的敌意，他是首辅，但他指挥不动任何一个内阁成员，也推动不了任何一个决议。

而孔子说：“唯小人与女子难养也。”史高是小人，不会去理解萧望之宏大的政治理想，他只想拿回自己作为首辅本该有的权力。于是，他转头找到了两个宦官：尚书令弘恭与尚书仆射石显。

弘恭和石显都是宣帝时期提拔任用的，两人明习法令故事，时常在宣帝身边参赞机要，渐渐地成为一股重要力量。

这大概是史上第一次清晰记述的外戚与宦官合流。如果我们对中国历史比较熟悉，就会知道这两股势力合流的强大破坏力。于是，萧望之与他的小集团完蛋了。

不过，事情并非史高、弘恭、石显挑起的，而是萧望之。萧望之这边只是架空了史高，自己并未成为真正的首辅，就开始剑指宣帝任用宦官，要求元帝罢黜弘恭、石显，像宣帝之前那样，让读书人担任尚书。

但萧望之忘了一点，存在即合理。外戚，在宣帝打击霍氏时厥功至伟。至于宦官，他们没有外援，只能依附于皇帝存在。宣帝重用他们，与汉武帝扶持内朝、打击外朝是一个道理，只不过宣帝是任用宦官，以制衡内朝班子。

基于同样的原因，元帝并不觉得史高、弘恭、石显有多大的危害；相反，他们依附于皇权，自然要捍卫皇权。相比萧望之与他的清流小团体，元帝更信任史高、弘恭、石显。

双方第一次交锋的结果，是刘更生被排挤出内阁。

双方的第二次交锋，由一个叫郑朋的会稽人引起。郑朋是个投机分子，他通过周堪投入萧望之门下，被萧望之引为心腹。但时日一久，郑朋的人品问题就暴露了，萧望之因此疏远了他。

郑朋是小人中的小人，被萧望之冷落后，立即毫无心理负担地投入了史高、石显的怀抱。至于先前在萧望之门下对史高、弘恭、石显的攻击，郑朋则全部扣在了萧望之、周堪头上，他对史、石说："都是萧望之、周堪指使的。"

史、高集团接纳了周朋，并通过一个时任侍中的许氏外戚许章拜见了汉元帝。拜见结束后，郑朋对外扬言："我见了皇帝，说了前将军五项小罪，一项大罪，中书令就在边上，知道我说的啥。"真是个唯恐天下不乱的拱火王。

萧望之听闻了郑朋的说辞，就去问弘恭、石显。弘恭、石显当然不会告诉他真相，同时战端已启，他们深刻懂得先下手为强。

弘恭、石显又找到了待诏华龙，与郑朋一道告发萧望之阴谋罢退许、史两家外戚，进而独揽大权。

汉元帝接到奏状后，安排弘恭去询问萧望之。萧望之回答说："外戚在位多骄奢淫逸，臣是要匡正国家，并没有邪谋。"

萧望之的辩解，弘恭显然不会如实奏报。他与石显随即正式上奏："萧望之、周堪、刘更生等朋比结党、相互推举，多次谮毁大臣、离间亲戚，图谋擅权专断，为臣不忠，诬上不道，请派遣谒者召他们至廷尉署审讯。"

这时，最搞笑的一幕出现了。元帝刘奭根本不知道"召致廷尉"就是关进监狱的意思，便批准了石显、弘恭的奏疏。周堪、刘更生随即被逮捕，萧望之则因位高权重，暂时没有动。

没几天，元帝要召见周堪、刘更生，才知道二位已经被关进廷尉诏狱，当即招来弘恭、石显问是怎么回事。两人当即叩头请罪，并拿出了早已准备好一份说辞：

“陛下刚即位，天下还没有听闻陛下的德化，现在问责师父、下九卿诏狱，应当趁机立威德。”

元帝刘奭想了想，做出了最终裁决：“赦萧望之罪，没收前将军、光禄勋印绶，周堪、刘更生均免为庶人。”

就这样，萧望之的政治生涯宣告结束，但弘恭、石显还想要他的命。无他，元帝刘奭并不想彻底打倒他的师父，他虽不是成熟的政治家，但基本的平衡他懂。

不久之后，元帝刘奭下诏，以萧望之教授自己八年为由，赐萧望之爵关内侯，食邑六百户，加官给事中，每月初一、十五朝见，座次在将军之后。

这种情况下，萧望之时刻都会被重新起用，有识之士甚至已经感觉到萧望之即将拜相。但一件不可思议的事情发生了，萧望之的儿子散骑中郎萧伋上书为先前萧望之被罢黜的事情喊冤辩解。

这件事，要么是弘恭、石显、史高策划的，所谓的鸣冤奏疏是伪造的，要么是萧望之太蠢。

前者，我们没有证据。后者，萧望之大概还不明白，他的错，大抵是破坏平衡、破坏和谐、破坏稳定，罪不至死，而刘奭最终罢免他，也是为了皇帝的面子。现在，萧伋的上书，如果是萧望之指使的，就是不给皇帝面子。

最终，这件事持续发酵，在弘恭、石显、史高口中，这成了萧望之心怀怨念、不知悔改的证据，在弘恭、石显的推动下，萧望之被正式批准逮捕。

而萧望之是很刚烈的人，位至副丞相，又曾任内阁次辅，断不愿下狱受辱。萧望之门下，有一个叫朱云的门生，是豪杰侠士，他推波助澜，劝萧望之以死明志。最终，萧望之饮鸩自杀。

最后，我们回看一下萧望之之死，究竟是谁的责任呢？

刘奭无疑有责任，他一口一个贤傅，却在整个事件中步步受弘恭、石显的诱骗蛊惑，到最后洒下几滴假惺惺的眼泪，就把自己塑造成一个受奸臣蒙蔽的白莲花。但事实是，他有无数次机会救下萧望之，让清流、外戚与宦官的平衡维持。

弘恭、石显、史高、许氏外戚作为凶手，自然也撇不清，顽固邪恶的利益集团及其代言人总是惹人厌恶的。

但责任也是萧望之自己的，这并非受害者有罪论。首先，这是权力倾轧；其次，是萧望之先动手的；最后，萧望之斗争水平实在太差。

斗争嘛，就是把自己的朋友搞得多多的，敌人搞得少少的，而萧望之三下五除二，把最有权势的史高变成了敌人；还没搞定史高，又跟太监交上了火；临了，也没能把皇帝绑在自己的战车上。他要匡扶社稷没错，但把皇帝的其他帮手都打倒了，这是要当霍光？

而萧望之之死的后果是严重的。弘恭不久之后病死，石显成了前汉历史上头号宦官，贾谊的曾孙贾捐之、太中大夫张猛、御史中丞陈咸、魏郡太守京房等一众清流饱学之士都毁在他手里，宣帝朝第二名将冯奉世也备受排挤，石显周围则形成了以尚书仆射牢梁、少府五鹿充宗为爪牙的奸党。从此，元帝朝的政治跟清明没有关系了。

萧望之所说的外戚骄奢淫逸现象也确实存在，而且长期存在。有正臣在朝，外戚会有一些忌惮，但当朝廷是宦官专权时，元帝朝的政治就开启了走下坡路模式。

不过，在以缝缝补补过日子为主旋律的元帝朝，有一个人，万里远征，干了一番大功业。

叁　陈汤西征

匈奴内乱、分裂、混战、崩盘之后，呼韩邪单于向汉朝称臣，汉与匈奴迎来长久和平，可以认为汉与匈奴问题初步解决，但郅支单于的存在，给这个问题留了个小尾巴。

呼韩邪单于部的战斗力本来是比不上郅支单于部的，但呼韩邪单于背靠庞大的汉帝国，双方的力量对比就发生了根本变化——呼韩邪单于是执政党党魁，郅支单于部是武装反对派，在法理上就陷入非正义，同时，呼韩邪单于得到了天下共主汉帝国的支持。

于是，郅支单于选择向西北逃窜，去和乌孙做了邻居，意图与乌孙小昆弥乌就屠结盟，作为自己整合匈奴重回单于庭的助力。

小昆弥乌就屠虽然不如大昆弥亲汉，但也懂得审时度势：你家弟弟呼韩邪单于都傍上汉朝了，你郅支骨都侯一个窃号单于就是一只丧家之犬，还想做复国的春秋大梦？乌就屠二话不说，把郅支单于使者的头给砍了，连夜送去西域都护所在，顺手卖汉朝个人情，同时派八千骑兵迎向郅支单于。

乌就屠倒不是想跟郅支单于打架，他仅仅是顺道打个劫，也好让郅支知难而退。

但出来混，面子很重要。郅支单于的脸就这么被乌就屠当屁股打了，如果不有所回应，那西域诸部怎么看，呼揭、丁零、坚昆这些部落怎么看？于是，郅支单于一声令下，整兵作战，五万对八千，大鱼吃小鱼，乌就屠的骑兵大队瞬间成了郅支单于大军的小点心。

不过郅支单于没有乘胜追击，他没有深入乌孙作战的勇气。乌孙小昆弥乌就屠部落至少还能组织起一支五万人的军队，真要死磕，郅支单于的老本有一定的概率全折在乌孙，他冒不起这个险。

柿子先挑软的捏，郅支单于接下来分别降服了呼揭，又北进吞并了坚昆和丁零。之后，郅支单于就在坚昆这安了家。

坚昆离早期单于庭直线距离，大概有三千华里，到西域都护的距离，大概两千五百华里，离霍去病封狼居胥的地方，也超过两千华里。而且汉朝大军要想到坚昆，无论从单于庭出发还是从西域都护出发，都得跨越阿尔泰山脉和萨彦岭，这在当时是绝无可能的事情。

因此，郅支单于也过了一段安生日子。等秋天膘肥体壮时，顺便去乌孙打个秋风，小日子过得还挺巴适。但到元帝时，形势发生了新变化。呼韩邪单于在汉帝国的保护下，实力渐渐强大，率部北归，重新占据了单于庭。

坚昆这地儿，汉帝国大军很难到达，但坚昆是匈奴传统势力范围，往前倒退五十年，本来就是匈奴的小弟，呼韩邪单于并不陌生。

郅支单于又陷入了沉思：呼韩邪单于会不会翻山越岭来打我？思前想后，郅支单于觉得这都是汉帝国使的坏，于是他派出使者，请求汉朝方面送还他在长安的侍子。

侍子，顾名思义，就是侍奉汉朝皇帝的儿子，由从属方或者羁縻方派出，一方面作为双方交好的保证，类似人质；另一方面又是在外办事机构，促进双方交流。

送还侍子是外交大事，按照惯例，应该由汉帝国派使者送归故国。但现在的问题是，郅支单于明显对汉怀有巨大敌意，使者的安全很难得到保证。所以，公卿大臣以丞相龚禹、御史大夫匡衡为首，纷纷建议，送到边境，让这个倒霉孩子自己回去拉倒。

而当时的卫司马谷吉认为，不能白养这小子十年，还得跟郅支单于掰扯掰扯信义恩德这些事。于是，谷吉自告奋勇请求出使，他跟汉元帝说：“我能活着回来最好，不能活着回来，也能给汉帝国一个暴力制裁郅支单于的理由。”

谷吉并非仅仅想制造郅支单于开第一枪的局面，他想的是，郅支单于如果因为杀他得罪汉朝，一定会逃得远远的，这样郅支单于就不能为害西域了。

结果，郅支单于还真就把谷吉杀了。实在让人想不明白，为什么郅支单于要杀谷吉，好好活着不好吗？

而郅支单于冷静下来之后，也知道闯祸了，没办法，逃吧！郅支单于带领部众向西南迁徙，一口气又跑了三千华里，跑到了康居地界。

康居王倒是颇欢迎郅支单于。一方面，康居远在葱岭以西，山高皇帝远，素来不臣服汉朝；另一方面，最近乌孙欺负他们有点过分，而且乌孙打康居，康居不太敢还手，乌孙背后站着西域都护呢。所以，康居王决定接纳郅支单于，让他在康居西边，替康居防守乌孙，和孙权借荆州给刘备的盘算一样。

这个算盘打得挺精，一开始也确实有效。郅支单于初来乍到，长途跋涉，路上要草没草，要水缺水，牲畜人口大量死亡，据史料记载，到康居时，郅支单于部下才三千人。康居巅峰时胜兵二十万，郅支单于的三千人一时半会儿掀不起什么风浪。

但郅支单于这种战争狂人，自有他的办法。他多次向康居借兵攻打乌孙。打一次，手下的兵多一点，地盘也大一点。最后，他生生在康居和乌孙之间占据了很大的一块地盘，渐渐地康居也奈何不了他了。

他又征发康居人民为他修建郅支城作为堡垒，胁迫周边的阖苏、大宛等部每年向他进贡，西西伯利亚平原一霸，转眼之间又成了葱岭西部一霸。但就在这时候，西域都护换人了。公元前36年，甘延寿接任西域都护，他还带了个副手，副校尉陈汤！

陈汤是个有心人，喜欢游历，山川地理水文都暗记在心，也喜欢读兵书，研究奇谋妙计，又长期负责对外事务，所以对西域风土人情、军事外交情况很熟悉。但这之前，陈汤的官职一直不大，而且有过失业经历，很不得志。这一次，领兵在外，陈汤认识到，自己的机会到了。

他先是鼓动甘延寿和他一起去打郅支单于，甘延寿有所犹豫，想先报请皇帝再出兵。陈汤认为，这样来回耽搁一年，贻误战机，那帮官老爷也不一定会同意，所以干脆先斩后奏。但甘延寿没有这个胆，坚持不同意。陈汤就趁甘延寿生病，假传都护令发诸部兵、屯田兵合计四万人，集结完毕后，再次向甘延寿请命。

这实际上就是逼宫了，甘延寿刚想说话，陈汤一声大喝："说点我想听的，不然小心你脑袋！"

甘延寿看这架势，敢对陈汤说一个不字的话，脑袋估计立马就落地。而如果从了陈汤，即便落个矫诏的罪，最起码也能因为领兵在外续两年命，何况万一大胜归来，不但可能将功赎罪，封侯也不是不可能。两害相权取其轻，甘延寿同意了。甘延寿、陈汤向汉元帝联名上书说明出兵理由，并先行检讨擅自出兵的罪状。随后，三通鼓罢，大军开拔西征。

甘延寿与陈汤把六校尉分成两路，每路三校尉。一路走北道，从温宿出发，过乌孙赤谷城，进入康居东界，抵达阗池，北道敌情复杂，由甘延寿与陈汤带领；一路走南道，越过葱岭，抵达大宛。最后，在康居东境会合。

北道路上遇到了点麻烦。康居副王抱阗刚好去打劫乌孙大昆弥部，回来的时候，在阗池附近碰到了北路军后队，就顺道攻击了辎重部队。

损失倒不大，但如果不予以惩戒，纵容了沿途的看客小部，难保不重蹈李广利一征大宛的覆辙。于是，陈汤二话不说，带一队人马，追上去就砍，杀了近五百人，还活捉了抱阗手下的一个贵族，而抱阗的抢劫所得全部吐了出来。陈汤就把属于乌孙的，还给乌孙，之后继续挺进康居。

到了康居东界，与南路军会合后，陈汤严令将士不得劫掠康居人，同时派出使者向康居王表明此行只为惩罚郅支单于。这一手是整个战争计划中最狠的，惩办首恶，胁从不问，陈汤直接孤立了郅支单于。那么兵力上，甘延寿、陈汤带领的联军就占据了绝对优势。

汉军初来乍到，将士远征辛苦，需要休整一下，也需要防止吓跑单于。陈汤先来了一手"强而视之弱"。

郅支单于本来要逃，但看汉军风尘仆仆的样子，果然心生侥幸，不但决定固守郅支城，还派出了一支百人骑兵队，要试探性攻击。这支骑兵队咋咋呼呼冲到汉军阵前，揉了揉眼，看清了汉军的强弩兵，转头就跑，汉军顺势追击，一举迫近郅支城下，四面围住。

这时候，郅支单于回过神来了，又想三十六计逃为上，但一则陈汤已将城池围得水泄不通，二则郅支单于也知道自己招人恨、天大地大没有人愿意接纳他。

郅支单于无奈，只好硬着头皮迎战。依托城池优势，郅支单于倒也坚持了数日，但论攻城战，当时的东亚大陆，谁能比汉军擅长攻城，何况汉军有绝对兵力优势？

因此，尽管打得惨烈，郅支城终于被攻破了，郅支单于战死，城中匈奴部众绝大部分被击毙，其余全部被俘虏。康居中途实在看不下去，派了一万多人来支援，但最终只是远远看着，并不敢真的下场。

失道寡助，赳赳独夫郅支单于终于为他斩杀汉使谷吉付出了代价。而陈汤也赌赢了，他打出了西汉帝国史上教科书一般的远征攻城战，干净利落，一举奠定名将地位。

而带着这辉煌战绩，他也可以给矫诏一个交代，他在给汉元帝的汇报里，这样说道：

“臣闻天下之大义，当混为一，昔有康、虞，今有强汉。匈奴呼韩邪单于已称北藩，唯郅支单于叛逆，未伏其辜，大夏之西，以为强汉不能臣也。郅支单于惨毒行于民，大恶通于天。

“臣延寿、臣汤将义兵，行天诛，赖陛下神灵，阴阳并应，天气精明，陷陈克敌，斩郅支首及名王以下。宜县头槁街蛮夷邸间，以示万里，明犯强汉者，虽远必诛。”

“明犯强汉者，虽远必诛。”掷地有声，让人热血沸腾。而最现实的意义是，当他说出这句话时，他就安然无恙了，汉朝是血气方刚的汉朝，不只有画地为牢的儒生、空谈无过的萧望之。

战后，甘延寿封义成侯，陈汤封关内侯。当然了，元帝时儒家已成为主流，还有石显当朝，匡衡、石显从中作梗，二位的封邑在反复扯皮中被大大削减，只有三百户。

强汉尚武的精神并未彻底消磨，但已经渐渐变味了，而陈汤远征，也成了西汉帝国武功的最后一抹余晖。陈汤之后，西汉再无名将！

肆　王的女人

汉元帝刘奭的皇帝生涯，大抵可以这么概括：杀了一个重臣，用了一个宦官，臣下自作主张打了一场仗，两个姓王的女人也严重影响了他的风评。

杀的重臣是萧望之，用的宦官是石显，自作主张打仗的是陈汤，两个姓王的女人分别是王昭君与王政君。

呼韩邪单于降汉不久，汉宣帝去世，元帝即位，呼韩邪单于以匈奴灾荒为由，做了一番试探，汉元帝下诏转送云中、五原郡谷二万斛支援他们，安抚了呼韩邪单于。

但随着匈奴度过灾荒，人众聚集，呼韩邪单于与匈奴贵族动了北归的念头，所谓的“为汉北藩”就有成为一纸空文的风险。恰好汉使谷吉出使郅支单于后下落不明，有匈奴降者说是瓯脱部落杀了谷吉，汉因此切责呼韩邪单于，呼韩邪单于也颇自疑。

于是，汉元帝派车骑都尉韩昌、光禄大夫张猛出使匈奴，送还呼韩邪单于侍子，并询问谷吉的下落，听取呼韩邪单于的辩解陈词，随后赦免了呼韩邪单于的罪。

韩昌、张猛实地考察后，认识到边塞地狭，不足以支撑匈奴日渐增多的人众牲畜，加上单于与贵族普遍的北归愿望，判定匈奴北归不可避免，就自作主张与匈奴在诺水东山杀白马、歃血为盟。

盟约的内容包括：第一，从今以后，汉匈一家，世世代代不得相攻；第二，有越境偷盗的，相互告知，联合执法；第三，一方遭遇贼寇，另一方派兵相救；第四，汉匈敢背约的，受天不祥。至此，汉匈之间的邦交关系才以正式文件确定下来，之前汉宣帝虽然在长安受降声势浩大，但关于双方的义务责任是笔糊涂账。

从这个角度讲，韩昌、张猛是有巨大贡献的。但问题是，这是一纸平等条约，这是汉朝那些自命天朝上国、礼仪之邦的士大夫无法忍受的，最关键的问题是，当时的匈奴没有资格与汉朝讲平等。

因此，韩昌、张猛归国后，被弹劾擅自与匈奴定盟，使汉国子子孙孙与夷狄处于同样的盟约诅咒下，有辱使命。某些极端的大臣，甚至提出再次派遣使者前往匈奴告天解盟，至于韩昌、张猛，则以不道治罪。

不过，汉元帝是个怕麻烦的人，也是个很小资的人，何况这个平等条约，想明白了，其实对汉朝也并无坏处——那许多藩属的小弟，哪个不是净想捞好处的小饕餮？所以，汉元帝仅仅让韩昌、张猛交了赎金，至于盟约，就不必解除了。

后来，呼韩邪单于果然率众北归。而人性决定了，匈奴人“畏威而不怀德”，谁也不知道汉匈之间的互不侵犯条约能保持多久，至少呼韩邪单于北归之后十余年间，汉匈之间并无高规格的外交往来。

不过，汉元帝在位末期，陈汤万里远征，郅支单于授首后，呼韩邪单于的态度发生了变化。

一方面，郅支单于是他统治匈奴的第一政敌，郅支单于被斩首，他喜闻乐见。另一方面，他跟郅支单于到底是亲兄弟，而亲兄弟逃到天之涯地之角，仍然被汉朝追捕给收拾了，兔死狐悲之余，呼韩邪单于也不寒而栗。

呼韩邪单于审时度势，向汉元帝上书，希望入朝朝见，汉朝方面批准了他的请求。于是，汉元帝竟宁元年（公元前33年），呼韩邪单于入朝。这一次，呼韩邪单于决定死心塌地与汉建立和平关系。所以，收到大量赏赐之后，他又提出希望做汉朝的女婿，以保证汉与匈奴之间更加亲近。

这种要求，不同于汉初的和亲，汉朝的女婿，实际上是汉朝皇帝的女婿，不得不说，呼韩邪单于的姿态很低。

汉元帝刘奭答应了呼韩邪单于的要求，从后宫里挑了一个未曾临幸的宫女嫁给了呼韩邪单于。这个宫女正是王嫱，小字昭君。

各种证据显示，王昭君的颜值极高，同时她又修习了宫廷礼仪，大概率举止端庄、知书达理。呼韩邪单于喜不自胜，随后上书愿意为汉朝保卫从上谷西至敦煌的边境，并请求汉朝撤罢这一段的吏卒守备，以养人民。

在当时的语境下，有理由相信这是呼韩邪单于发自肺腑地愿意为汉守西北边境的大门。但冷静下来之后，汉朝方面也有理由怀疑呼韩邪单于包藏祸心，郎中侯应就想到了这一点，向汉元帝上了一篇《侯应论罢边十不可》。最终，汉朝方面委婉地拒绝了呼韩邪单于的罢边请求，理由是边境守备不单单是为了防备塞外，也是为了防止边民出塞为害。呼韩邪单于也很理解，表示自己很笨，没有想到这一层。

故事至此，汉匈之间邦交的基本框架立起来了，后来几十年间，双方相安无事，到哀帝、王莽时期，才有反复。

正常来说，八个字“昭君出塞，汉匈友好”盖棺定论，就可以翻篇了。但一本《西京杂记》横生枝节。

《西京杂记》里说，汉元帝后宫人数众多，没办法一一临幸，就让画工将后宫众人面貌画好后拿给元帝看，元帝认为合适就召见。于是，后宫众人纷纷贿赂画工，以求把自己画美一点，只有王昭君不肯，因此一直不得召见。

等到呼韩邪单于求亲时，元帝就按照图画找到了姿色平平的王昭君。待到召见时，才知王昭君光彩照人、艳压群芳，妥妥后宫第一美人，而且应对得体，举止娴雅。汉元帝刘奭那叫一个后悔，但天子一言九鼎，在外交上出尔反尔也是大忌，刘奭只好忍痛割爱，便宜了呼韩邪单于。

昭君出塞后，汉元帝刘奭气不过，下诏追究画工的责任，最终包括杜陵人毛延寿，安陵人陈敞，新丰人刘白、龚宽在内的画工全部被斩首弃市。

好了，有了《西京杂记》的八卦，汉元帝一下子成了好色、纵欲、好杀的大反派。不知道《西京杂记》到底有多靠谱，但人们对八卦绯闻从来喜闻乐见。于是，这个故事就广为流传，而且越传越丰满，刘奭跳进渭河也洗不清了。

如果只是错过了大汉女神也就算了，刘奭还阴差阳错地娶了个自己根本不喜欢的皇后。

王政君，《汉书》单独列传，有别于《外戚传》。据说祖上是齐国诸田，祖父王翁孺曾经做过汉武帝的绣衣御史，负责督促逐捕魏郡盗贼，办案过程中宽纵郡吏追捕不力者很多人，连同他们被株连的家属，一共饶了近万人的命，因此被免职。

王仲孺被免职后，回到故乡东平陵，因为跟当地大姓终氏结怨，遂举家搬迁到魏郡元城，为闾里三老。

王仲孺生王禁，在长安做过廷尉史，王禁妻子在本始三年，生女王政君。值得一提的是，王禁这个人好酒好色，娶了许多小老婆，一共生了四女八男，这打造了元城王氏发迹的巨大人口红利。

王政君的生母，是王禁的正妻，后来因为嫉妒被休，又改嫁河内苟宾，不过王政君和她同母弟弟王凤、王崇都还留在王家。

王政君长大后，性情柔顺，谨守妇道，是个过日子的好女人。王禁也给她找了个婆家，不出意外，王政君会和一个门当户对的男人结婚生子，以她长寿宜子的禀赋，大概率多子。

但意外发生了，王政君许的那个男人，还没来得及与她成亲，就死了。后来，王禁又设法把王政君许给了东平王当姬妾，这可能高攀了。但你猜怎么着？又是没来得及成亲，东平王就一命呜呼了，克夫的常见，克未婚夫的，少见。

王禁觉得很奇怪，就找人给这个倒霉女儿算了一卦，这一卦，不得了，算卦的人说，王政君是大富大贵的命。王禁就留了心，随后找人教王政君读书弹琴，然后在汉宣帝五凤年间，十八岁的王政君被送入掖庭，做了一名普通宫女。

恰好，刘奭心爱的司马良娣死了，司马良娣临死前对太子刘奭说："不是天要我死，是有人诅咒我！"刘奭呢，对司马姑娘一往情深，自然深信不疑，还因此郁闷生病，也失去了对其他姬妾的兴趣。

汉宣帝刘询知道了这事儿，很是焦虑，这不让大汉帝国后继无人嘛！于是刘询让王皇后在后宫宫女中选一些人去侍奉太子，王政君等五人被选中了。

某一天，太子例行朝见皇后时，王皇后就唤出王政君等五人给刘奭看，随后派人私下里去问刘奭看中了谁。刘奭这边还沉浸在情种的人设里不能自拔呢，实际上谁也没看上，但又不忍拂了皇后的美意，就跟来人说："其中一个还凑合。"

刘奭的回答给使者出了一道难题，使者只好自己猜是谁："嗯，有一个姑娘，离太子最近，宽大上衣的红蕾丝边很与众不同，应该是她，就是她！"

这个姑娘正是王政君，她耍了一点小聪明，利用了差异化竞争原理，让自己被送进了太子宫。刘奭呢，嘴上说不要，身体很诚实，当天就和王政君探索了人伦之大，而且一脚射门，王政君怀孕了，不久之后生下一个大胖小子，成了汉宣帝的嫡长孙。

汉宣帝很喜欢这个孙子，为他取名刘骜，取字太孙，时常带在身边。刘奭之所以没有被废掉，原因很多，王政君为他生的这个儿子也是其中之一。

三年后，汉宣帝去世，刘奭即位，刘太孙被立为太子，而王政君顺理成章成为皇后。不过，刘奭对王政君，丝毫没有司马良娣的情分，甚至说王政君只是个工具人，解救了情种刘奭，为刘奭生了个继承人，然后就被刘奭无视了，她再也没能为刘奭生下一男半女。

后来，当聪明可人的傅昭仪也生下个儿子后，王政君和刘骜遭遇了生存危机，刘奭要换太子，而且这种意愿比他爹当年要换他强烈得多。

不过，一来王政君一直很老实本分、小心谨慎，没有任何过错；二来宣帝很看重刘骜，换太子多少冒了点不孝的风险，再加上外戚史丹的周护，最终刘骜顺利继位。

那么，到了这里，元帝时代差不多就要翻篇了。还有几件事要简单交代一下，顺便给元帝刘奭写个总结陈词。

羌人在元帝后期又叛乱了，这次是乡姐羌，最后被冯奉世、任千秋平定，冯奉世的庙算也很出色，他要了六万人，一战而定，避免了添油战术。

海南岛上，在珠崖郡山南县一次原住民叛乱后，汉元帝听从了贾捐之的建议，没有派大军镇压，而是放弃了珠崖郡，这可以视为帝国边缘控制力减弱的开始。

汉元帝刘奭继位初期，其实做了很多厉行节约的事情：上林苑的许多宫馆被裁撤；角抵戏、三服官、田官这些专门供奉皇家用度娱乐的机构，或罢撤，或削减了规模；另外，像铁官、常平仓这些，传统士大夫认为与民争利的，也被罢撤。

但这些简政放权的措施，从另一个角度看，也是中央集权的削弱。还有一个证据就是，汉元帝时期，彻底废除了从汉初一直延续下来的迁徙郡国豪强到关中的制度——中央集权的削弱，伴随着的就是地方豪强的坐大。

另外一件有重要影响的事情是，汉元帝取消了博士子弟的限制。博士子弟由贤良文学之士组成，是帝国培养职业官僚的专门教育机构。后来，因为用度不足，汉元帝又限制了博士子弟的规模，其人数仅仅为一千人，但这已经是昭帝时期的十倍，宣帝末期的五倍。

这意味着，儒家不仅仅掌握了经典的解释权，还开始大规模地进入帝国机构，成为国家大政的辅助决策者、具体执行者。一言以蔽之，元帝时，汉帝国已经深度儒化。

以上，杀了个萧望之问题不大，重用了一个宦官石显危害也有限——刘奭死后，石显很快就被成帝刘骜收拾了，连个浪花都没起，但皇权败退、深度儒化、元城王氏三个因素即将产生共振，最终将颠覆西汉王朝。

宣帝末年，说出了“乱我家者，太子也”，亲爹派锅，着实有坑儿子的嫌疑，但最终导致西汉王朝颠覆的三大因素的种子，都是从刘奭这里种下的，仁弱、好儒、好色，这口锅，刘奭背定了！

与舅舅共天下

壹　内朝领袖演变史

在内朝小班子的建设上，赵高有着不可磨灭的贡献。与李斯矫诏立胡亥为帝之后，他与李斯的矛盾不可避免地表面化，于是，他利用胡亥的信任，围绕自己构建了直接听命于皇帝的小班子。

从胡亥的角度来看，这个小班子只是自己的左右手甚至是白手套，跑个腿、带个话，就够了。但问题是这个位置很关键、很敏感，其“隐权力”的发展不以人的意志为转移。即便胡亥、赵高都很理性，长此下去，这个小班子也难免会成为什么都管的要害部门。何况，赵高这个阴谋高手，三言两语就哄得胡亥把决策权大部分都交给了自己。

所以，秦二世继位不久，秦国的高层政治很快就演变成了这样的结构：胡亥名义上领导赵高，赵高领导三公九卿。不过，在二世胡亥与赵高这对黄金组合的折腾下，秦帝国很快完蛋了，我们没能看到这样的政治架构继续演变下去会是什么样子。

汉王朝建立后，汉高祖有宠臣籍孺，高皇后吕雉跟审食其不清不楚，汉惠帝刘盈则宠幸一个叫闳孺的人。籍孺、闳孺的“孺”大概是小子的意思，“籍”“闳”则是名字，他们的身份本质和男宠差不多。

这三位，审食其权倾朝野我们都知道，吕雉执政时，满朝文武、功臣大佬都得给他几分面子。至于闳孺、籍孺，大臣们想要求皇帝办点事儿，也得给他们塞点好处。

但最终，审食其、闳孺、籍孺充其量不过是执政者的玩物，只能依附于执政者而存在。打个不是很恰当的比喻，他们就像贴在未央宫门上的门神年画一样，隔一年就要撕掉换张新的。

汉文帝时期的一个读书人邓通，深受文帝宠信，虽荣宠一时，但丞相申屠嘉要收拾他，文帝也没有非常袒护。另外，文帝还宠幸两个宦官：赵谈与北宫伯子。这些人都有一些能量，但对帝国政治的顶层设计没有根本的影响。

汉景帝大概是西汉历史上性取向最正常的一位，没听说对哪个男的动心，所以他和庞大的后宫，生下了一大群儿子。

到汉武帝时，事情开始发生变化。汉武帝雄才大略，要对帝国如臂使指，就要摆脱利益集团的掣肘，于是他开始在自己的近侍上做文章。他宠幸像韩嫣这样的世家子弟，也对音律天才宦官李延年宠幸有加，这和他的爷爷、曾爷爷们并无太大区别。但与此同时，他把东方朔、庄助、朱买臣、吾丘寿王、主父偃、徐乐、终军这些人都聚拢在身边做侍从，让他们与公卿大臣打擂台，自己居中做裁判。

这些侍从也名正言顺，他们依托的是一个叫作尚书署的机构。尚书署本是少府的下属机构，主要负责给皇帝传递文书。经过汉武帝的一番操作后，尚书台就成为对百官发号施令的机构。

而汉武帝要控制的是整个帝国，用人不拘一格，所以也不局限于从贤良文学之士中选拔的侍从，朝堂之上有才能、理解并拥护自己治国方略的，汉武帝也通过侍中、左右曹、诸吏、散骑、中常侍这些官衔让他们进入内朝、参赞机宜。

这样一来，渐渐地就形成了皇帝直接领导内朝，内朝领导外朝的新架构。而卫青就任大将军则标志着内朝有了自己专属的领导，一如丞相领导外朝一般。

但这时候，不管是大将军卫青，还是骠骑将军、大司马霍去病，都是汉武帝的绝对心腹，对汉武帝高度忠诚，所以已经成熟的内朝之于汉武帝就像听话的儿子之于妈妈一样，断不会有任何违忤。

霍去病、卫青先后去世后，很长时间内，大将军、大司马之位空缺。同样是皇亲，同样长期担任对外作战第一军头的李广利只得了一个杂号“贰师将军”的称号，从中可以看出卫青、霍去病在汉武帝心中的特殊地位。

但汉武帝临终时，由于确定的继承人刘弗陵过于年幼，汉武帝一下子把大将军、大司马之号都给了霍去病同父异母的弟弟霍光，让霍光集卫青、霍去病的荣耀于一身。

区别是，汉武帝在，哪怕是地位显赫如卫青、霍去病，也得活在汉武帝的光照下，而霍光则实际上成了帝国执政者，让人分不清，究竟刘弗陵、刘询是太阳，还是霍光是太阳。

大司马、大将军这一位置，在霍光秉政时期，第一次向皇权突破。但皇权时代，再大的官也是打工仔，除非取皇权而代之，完成最后的阶级跃迁。所以，霍光一死，大司马的大将军号被剥离，也就是只有大司马，没有大将军。不过，属于内朝领袖的军权并未彻底剥离。

在魏相的建议下，张安世接任大司马，冠车骑将军号，成为新的集军政于一身的大佬。不过，这一过程对张安世来说，其实是来自汉宣帝刘询的凶险的试探。自上官桀父子倒下之后，张安世十余年间作为霍光的副手，小心谨慎，也可以视为对霍光忠心耿耿，这不能不让汉宣帝刘询对他产生怀疑，甚至一度对他动了杀心。

而张安世也很识相，他坚决拒绝接受大将军之位，表示自己绝对不敢像霍光一样，同时快速向汉宣帝刘询投诚，并与霍氏划清界限，加上张安世的兄长张贺对刘询恩重如山，张安世才平安过关。

汉宣帝刘询铲除霍氏家族，大体是进两步退一步的策略。基于此，霍禹也做了一段大司马，同时兼任右将军，短暂地与张安世一道共同领导内朝、集军政大权于一身。但这只是暂时的，右将军屯军和车骑将军屯军一样被裁撤，不久之后，连霍禹的右将军号也被拿去了。

宣帝刘询还特别损，让霍禹当大司马，却不给他发印绶，同时呢，赐给霍禹专属官帽——小冠。

当刘询大胆地对霍禹极尽羞辱时，谁都看得出来，霍家已经是砧板上的鱼肉，任人宰割，是风雨如晦中的浮萍，飘摇无凭。不久之后，霍氏子弟就被汉宣帝分别调离中枢、排除出禁卫军系统，最后收网，霍氏灭门，短暂的双大司马时代宣告结束。

四年后，大司马、车骑将军张安世去世，前将军韩增继位为大司马、车骑将军。韩增是韩王信的后代，韩王信当年逃死匈奴后，子孙又归降汉朝，长期活跃在政治舞台上——韩颓当在七国之乱时战功卓著；韩嫣被汉武帝宠幸；韩说击破东越，巫蛊之乱时带兵搜查太子宫，被卫太子诛杀。

韩增就是韩说的儿子。韩说死后，本来是韩兴继承侯爵，但韩兴后来也死于巫蛊之乱的大牵连中。最后，汉武帝又封韩增为龙额侯。

史料中，韩增的履历寥寥数语。年少为郎，一步步往上爬，昭帝时爬到了前将军，拥立宣帝有功，又增加封邑千户，后来举荐冯奉世出使西域平定莎车之乱，被宣帝夸奖知人善任。

然后，韩增就接任张安世成为大司马、车骑将军。韩增或许沾了家世的光，但他从皇帝护卫小官，一步步爬到一人之下万人之上，伺候过三个皇帝、一个权臣，经历了几次政治大风暴，全都精准站队，韩增很了不得了！

以上，是汉武帝设立大司马、大将军职位后，历届任职人选，而这些人中：

卫青是汉武帝小舅子，标准外戚；

霍去病是卫青外甥，自然也可以算到外戚里；

霍光是霍去病同父异母的兄弟，跟卫氏没有血缘关系，说外戚有点勉强。但霍光的外孙女嫁给了刘弗陵，成为上官皇后。霍光的妻子霍显，又把他们的小女儿霍成君硬塞给了汉宣帝刘病已，是霍皇后。霍光到底成了正牌外戚，而且，他先成为汉昭皇帝的外公，又成为汉宣皇帝的老岳父。

霍禹继任大司马，妹妹是皇后，自然也是外戚。

直到张安世成为大司马，内朝头号领袖、帝国头号军政大佬才第一次不是外戚。但张安世是世家，父亲张汤位至御史大夫，办了多起帝国大案，刀下鬼无数，临死还拉了整个丞相府垫背。

韩增也不是外戚，但也是世家，而且和张安世父亲才完成阶级跃迁不同，韩增祖上是韩王信，而韩王信又是战国韩王室的后裔，从韩武子算起，韩增家少说也是六百年贵族了。

那么，用归纳法的思维，这内朝领袖不是外戚就是世家？但归纳法只能总结过去，很难预测未来。后来的事情证明：张安世、韩增担任大司马、车骑将军、领尚书事只是例外，不过是汉宣帝对付霍氏特殊背景下的产物，他需要打一派，拉一派，归根结底，汉朝的皇帝都绕不过舅舅家！

韩增去世后，许延寿接任大司马车骑将军。许延寿是许广汉的弟弟，许广汉是汉宣帝在民间时所娶许皇后的父亲，按辈分，许延寿是汉宣帝的内叔，是外戚。

许延寿去世后，又由史高接任大司马车骑将军。史高我们熟悉，斗倒萧望之，他出力甚巨。而他的另一个身份是汉宣帝刘询祖母史良娣的娘家侄子，标准的外戚。

后来史高退休，侍中卫尉王接任大司马、车骑将军。王接在位就两年，没什么功绩，也没做什么恶，但他也是外戚。汉宣帝继位后，寻找舅家人，找到了两个舅舅，其中一个叫王无故，而王接是王无故的儿子。这样说来，王接跟汉宣帝是老表。

王接去世后，又由卫尉许嘉接任大司马、车骑将军。许嘉是许延寿的儿子。

再之后，汉元帝在位的最后一年，竟宁元年（公元前33年），侍中卫尉王凤被任命为大司马、大将军，并兼领尚书事。

大司马终于又冠上了大将军名号，而西汉帝国也迎来了最强外戚——元城王氏。这之前，内朝头号人物虽然选择的范围窄，但说起来，每个皇后的娘家人都有机会，到了成帝时代，因为他的舅舅特别多，很长时间内，内朝一哥就变成了舅舅专属。

贰　成帝有几个舅舅？

王禁一共生了四女八男：长女君侠，次女就是元帝刘奭的皇后、成帝刘骜的生母王政君，三女君力，四女君弟；长子王凤字孝卿，次子王曼字元卿，三子王谭字子元，四子王崇字少子，五子王商字子夏，六子王立字子叔，七子王根字稚卿，八子王逢时字季卿。其中，王凤、王崇跟王政君是同母所生。

早在汉元帝初即位，王政君刚刚晋升婕妤之时，父亲王禁就封为阳平侯。后来，王政君晋位皇后，王禁得以位列特进，而王禁的弟弟王弘则官至长乐卫尉。王禁在汉元帝永光二年去世后，由嫡长子王凤继承侯爵，以卫尉的身份任侍中。

汉成帝继位，母后王政君晋级皇太后，王凤以大将军、大司马的身份兼领尚书事，同时益封五千户，而王政君的另一个同母弟弟王崇则被封安成侯，食邑万户。至于其他庶出的弟弟，则全部赐爵关内侯，食邑不等。

这倒也符合惯例，皇后的父亲、皇太后的娘家兄弟封侯，除了有原始股的吕氏，至少可以追溯到文帝薄太后，但王家的问题是，兄弟太多，另外王凤、王崇的封邑也太多。

到这里，我们先按下刘骜的舅舅们不表，抽空看看外朝领袖丞相的地位嬗变。哪位政治敏感的大概也注意到了：宣帝的辅政三大臣是大司马车骑将军史高、御史大夫萧望之、给事中周堪，丞相不知何处去。

虽然有过公孙弘开丞相封侯的先例，但整体上，自汉武帝开始，大汉丞相开始越来越无足轻重，公孙弘之后，武帝朝丞相极少有善终的。

田千秋是个例外，但我们知道，田千秋最大的好处是听话。田千秋之后，王䜣、杨敞都是很识时务的人，也不敢违拗霍光分毫。

杨敞去世后，蔡谊继任，老得站都站不稳，但却当了四年丞相，因为宣帝刘询渐渐站稳脚跟，他倒是在田延年事件上推波助澜阴了霍光一把。

蔡谊之后，是韦贤。韦贤是个饱读经书的人，人称“邹鲁大儒”，做丞相时，已经七十多岁，四年后，霍光去世，宣帝磨刀霍霍准备清算霍家，于是韦贤主动请辞，让位给宣帝的心腹魏相，这事儿还开启了丞相提前退休的先例——此前的丞相，除非被撤职，都要干到死，区别只是善终与否。

韦贤之后，是魏相、丙吉两位名相，一共做了十二年丞相，这两位都深受皇帝信任，也很有才能，堪称西汉最后的名相。与此同时，因为宣帝限制内朝的权力，相权在这期间略有反弹。

丙吉之后，是著名循吏黄霸当丞相。这位是来搞笑的，先是张敞家的鹖雀飞到了丞相府，黄霸把这当成神雀报了祥瑞，结果可想而知。后来，黄霸又提议外戚乐陵侯史高能担任太尉，又被宣帝一通训斥。两次碰壁之后，黄霸成了哑巴丞相，再也不敢有什么提议。

宣帝托孤时，丞相是于定国。于定国出身法律世家，但也曾拜师学《春秋》，在迁任御史大夫之前，做了十八年廷尉，朝廷将他与汉初著名廷尉张释之并称。宣帝末年，于定国代黄霸为丞相，但在宣帝托孤与萧望之、石显党争中，他都处于静默模式。

根据他的传记，他似乎成了一个高级参谋，以及背锅侠。元帝朝，他又当了六年丞相，最后因为自然灾害频繁、流民四起，被元帝问责，随后以病重为由辞职。虽然说，大臣直接以灾异引咎辞职是东汉才有的事儿，但于定国的辞职可以视为此类事情的发端。

于定国之后是韦玄成。韦玄成是韦贤的小儿子，和老爹一样有文采。韦玄成之后是凿壁偷光的匡衡。这两位时逢石显专权，什么事也不敢做，只能拿死人做文章，关于皇帝的列祖列宗到底该祭拜谁，吵了十几年。

也不是没有用，比如匡衡就建议什么戾太子庙、太上皇庙、孝惠帝庙这些就不要祭祀了，倒也略略减少了帝国开支，但与此同时，匡衡家盗窃国家土地四百顷，也不知道到底是他的建议省得多，还是他贪污得多。

但在当时，由于长期的社会稳定，人口繁滋，帝国逼近人口上限，伴随着土地兼并，豪强坐大，开始有大量的自耕农失业破产，帝国各阶层之间的矛盾加剧，有很多亟待解决的问题，但是韦玄成、匡衡们都视而不见，得过且过。

也不奇怪，韦玄成父子为相，宗族官至二千石的十余人。匡衡自己做了丞相后，封邑本来已经有三千一百顷良田，竟又借助郡界的错误，侵占临县四百顷田地，贪婪之极。他们是裁判员，也是运动员，奈斯民何？

汉成帝继位后不久，匡衡家侵盗土地的事儿被捅了出来，同时又有人举报他做丞相期间，谄媚石显，不能有所匡正。

另外，匡家少爷纨绔子弟味儿十足，也为匡衡的倒台加了码。事情是这样的：匡衡儿子匡昌是越骑校尉，醉酒杀人，被关在诏狱里；匡昌的弟弟与越骑校尉官属商议竟然打算动用非正常手段捞人。最后，事情败露了。匡衡好歹是读圣贤书的，基本的体面还是有的，于是连续上奏疏请辞，最后被成帝批准，同时免为庶人，终老于家中。

匡衡之后，王商为丞相。此王商不是王政君的弟弟，但这个王商也是外戚，他的父亲王武是汉宣帝的舅舅，封乐昌侯。

王武死后，王商继承侯爵，把家财都分给异母弟弟，自己一无所留，同时居丧尽哀。这是一种包装，不过汉帝国鼓励这个，韦玄成就用类似手段上的位，王商也因此被朝中大臣看中，大家纷纷举荐他可以侍奉皇帝左右，于是王商被提拔为诸曹、侍中、中郎将。

汉元帝继位后，王商继续进步，官至右将军、光禄大夫，成为内朝要员。元帝末年，因宠幸傅婕妤，爱屋及乌，也对傅婕妤的儿子定陶王刘康青眼有加，动了换太子的意图，而在其中，王商充当了反对派，为太子刘骜保住地位，做出了较大的贡献。

刘骜继位后，投桃报李，任命王商为左将军。而此时，刘骜的大舅王凤是大将军、大司马、领尚书事，位列内朝首席，正是王商的顶头上司。

王商觉得自己是靠本事上位的，看不上王凤靠裙带关系上位，虽然本质上，这两位都是外戚，区别只是裙带牢靠程度。王凤此时是亲舅舅，王商只是个表舅爷，王凤也有理由不把王商放在眼里。但相比而言，王商处理政务的能力更出色些。

汉成帝建始三年（公元前30年）秋，关中大雨四十余天，关中百姓无故惊扰，奔走相告，说大水将至，长安城不保，引起了相当大的骚乱。

汉成帝亲临前殿，召集众大臣商议。大将军、大司马、领尚书事、成帝大舅王凤提议：皇帝与太后及众后宫可以乘船，至于长安百姓则准许他们登上长安城头以避水患。

众大臣纷纷附议，都觉得王凤的主意好。只有王商挺身而出，说道："自古君主昏庸无道的国家，尚不曾听说洪水能淹没城池。现在政治安定，多年没有战事，君臣吏民上下相安，大洪水怎么会在一天之内突然出现呢？臣断定这一定是谣言，不应该让百姓登上城墙，这样只能徒增恐慌。"

王商一番话，让包括成帝、王凤在内的一众君臣都平静下来。不久之后，长安城中的骚乱也渐渐平息，而所谓的长安城大水也被证明是谣言。

高下立判。于混乱中、众人惶恐之时，独有王商能保持冷静的判断，给出最中肯的建议，真宰相才也。汉成帝刘骜是个混账的皇帝，但不是个昏庸的皇帝，他因此屡屡称赞王商，而提相反建议的王凤则暴露了他政治上的不成熟。

不过，才具归才具，舅舅到底是舅舅。不久之后，匡衡罢相，王商代为丞相，益封千户，尊崇有加。听起来，成帝似乎唯才是举。但与此同时，车骑将军许嘉被策免，以特进的身份享受退休待遇，而内朝就成了王凤独任。

外朝魁首王商与内朝魁首王凤，按照汉武帝以来内朝领导外朝的惯例，正常情况下，只要外朝愿意装夙，本不至于起什么纠纷。但问题是，王商与王凤之间本来就不对付，而王商也根本没有什么装夙的打算。局势已经很明朗，王商与王凤之间必有一战。

王凤一个亲家叫杨肜，担任琅琊太守。杨肜运气有点背，这一年，郡里接近一半的地方都发生了自然灾害，监察部门已经按照程序将此事上报了皇帝。这属于一般政务，归外朝管，就交到了王商手里。杨彤跟王商非亲非故，王商自然秉公处理。

但王凤坐不住了，王凤对王商说："灾害与异常天象，都是上天决定的，非人力可为。杨彤一直是个有才能的官吏，应该从轻发落。"

王商看不上王凤，自然不会把王凤的话当回事，他秉公向皇帝上奏，建议罢免杨彤。但王商搞错了一件事情，王凤找他根本不是要搞民主集中，而是上级对下级的命令。王凤这么做的底气是，他早就在自己的外甥、成帝刘骜面前拿到了这件事的最终处理结果——王商的奏书被刘骜扣住，迟迟没有答复，杨彤也就逃过一劫。

如果王商的节操有一斤，那王凤的节操就只有半两。王凤找人私下搜集王商的短处，最后整理了几份奏状，呈递给成帝。

但王商这个人大节不亏，其实没有什么把柄，王凤指使人上奏的奏疏里，净是王商家里夫人、姬妾、老妈子的一些事情。成帝看了觉得上不了台面，本不打算批准，但架不住王凤死缠烂打，最终决定把这件事交给司隶处理。

王商这时候醒悟过来，自己惹上了没底线的人，事情不好办了。为了能挽回颓势，王商通过新受宠幸的李婕妤家人把自己的女儿送进了后宫。

这就是王商政治斗争上的幼稚了，此举无异于给人递刀子。此前，皇太后王政君曾经向他提亲，要给成帝纳他的女儿，但王商的女儿有病，王商就拒绝了。此时，他又把女儿送进宫里，不但让前番说辞成了欺君之词，现在又有了政治投机的嫌疑。

恰逢日食，太中大夫蜀郡人张匡上书表示愿意接受皇帝亲近重臣的问询，陈述发生日食的缘由。汉成帝刘骜让左将军史丹等人询问张匡，张匡就王商的问题做了一番总结陈词，把王商打成了吕不韦、汉初吕氏、宣帝时霍氏一类。

而王商的私事中，还有一件跟史丹有关。王商与史丹是儿女亲家，王商的儿子王俊娶了史丹的女儿。但王商因为家里乱七八糟的事儿，导致父子关系紧张，以至于王俊要上书告发王商，这份奏书先被史丹看到了，史丹因此厌恶王商父子相仇，就为自己女儿提出离婚。所以，史丹对王商的友善度也极低，听完张匡的陈述后，史丹代表几位大臣提出了对王商的弹劾，认为王商大逆不道，应处以死罪。

汉成帝依然不忍心对王商下手，但他拗不过王凤，终于下令：“赦免王商的罪过，但没收王商的丞相印绶。”

王商被罢相三天之后，生病吐血而死。而随着王商的死去，成帝的大舅王凤基本上就一统江湖了。

叁　舅舅轮庄

王商去世前两年，皇太后王政君的另一个同母弟弟诸吏、散骑、安成侯王崇去世了，只有一个遗腹子，取名王奉世，生下来，就继承了侯爵。

这让王太后的菩萨心肠很受不了，自己的亲人怎么能受这种“苦”呢，于是汉成帝河平二年（公元前27年），王太后促成了其他五个异母弟弟从关内侯晋封列侯。王谭是平阿侯，王商是成都侯，王立是红阳侯，王根是曲阳侯，王逢时是高平侯，只有王曼早死没得封侯。

这还不够，王太后还要封自己的同母弟弟苟参为侯，理由是田蚡跟汉景帝王皇后不是一个爹也封了侯。不过，汉成帝刘骜拒绝了，理由是田蚡封侯不合规矩。但刘骜也做了让步，他任命苟参为侍中、水衡都尉。

这就是刘骜，他知道什么是对，什么是错，但他无意摆脱亲情的羁绊。当然，有时候，也是一种深陷于家庭的无力感。他作为皇帝，未必不想乾纲独断，但这代价太大，所以他常常像一个被照顾得很好的叛逆期的孩子，做一些抗争，最终还是如娘舅所愿。

刚继位时，刘骜还是个十八九岁的孩子，许多个人的事情尚不能做主，至于军国大事，自然一概委任于大舅王凤，自己不敢有所专断。

光禄大夫刘向的小儿子刘歆博览群书，很有才能，有人向成帝刘骜举荐他。刘骜接见了刘歆，两个人吟诗作赋，聊得很是投机。刘骜决定重用他，打算先任命他为中常侍，当即就招呼左右拿衣冠来赏赐刘歆。

但侍从们都提醒他，这事儿要先禀奏大将军。刘骜说："这点小事儿，也要告诉大将军？"左右磕头如捣蒜地回答："是的，陛下。"刘骜无奈，只好先跟王凤商量，王凤坚决不同意，于是，只好不了了之。

刘骜跟定陶恭王刘康当时虽然有太子之争，但刘骜继位后，跟刘康关系很好，赏赐超过其他诸王十余倍。后来，刘康来朝，刘骜又留他在京师居住，还因为自己数年无子，身体状况也不好，对刘康说："我没有儿子，一旦有个三长两短，害怕不复相见，你就留在我身边陪我吧。"

后来，刘骜病情好转，刘康依旧留在京师，长住定陶王府邸，日常朝见，极见亲信。王凤因此就看刘康很碍眼，借着日食为由，上书力请刘骜打发刘康就藩归国，刘骜依然是拗不过，从了大舅王凤。

这时候，成帝刘骜已经在位数年，政治上已经颇为成熟，心血来潮，也有心约束舅舅的权力。恰好京兆尹王章上书说：日食的原因根本不在定陶王，而在于王凤专权，以臣干君，以阴侵阳，故有日食。另外，王章还为前丞相王商鸣冤，又揭露王凤把姬妾已经许了人的妹妹张氏嫁给成帝，破坏皇家血统，进而提出应当罢免王凤。

王章还给出了新的内朝领袖人选，正是名将冯奉世的儿子冯野王。冯野王还有一个身份——他的姐姐冯媛是汉元帝昭仪，生中山孝王刘兴，所以，他也算是国舅。

另外，冯野王这个人名声极好，元帝时，御史大夫李延寿卒，在位公卿都纷纷推举冯野王，冯野王因此得到了候选第一的评价，但却被汉元帝以他是冯婕妤弟弟要避嫌为由否决了，大抵石显集团在其中也没少使坏。成帝继位后，冯野王出任上郡太守，此时冯野王正在太守任上。

然而，王章的谋划还是轻易就败露了，因为皇帝左右两宫之中，遍布王氏子弟。皇太后王政君的从弟王音当时是侍中，在成帝屏退左右与王章密谈时，他却胆大妄为，在一旁偷听。

王音或许偷听到了一切，或许什么都没偷听到，但这没关系。因为王章的受宠，成帝对王凤态度的变化，并不难看出来。王音只要告诉王凤，王章鬼鬼祟祟不安好心，王凤就知道自己要做出反击。

王凤的办法是以退为进，主动上书请求辞职。辞职信，刘骜收到了，皇太后王政君也收到了。王政君使出两招立即逼得刘骜就范，王凤也即转危为安：一招是哭，另一招是不吃饭。

王凤安全了，王章就完蛋了。王凤没有动手，成帝刘骜自己指使尚书弹劾王章，罪名一是阿附冯野王、定陶王，罪名二是诋毁张美人。

王章把刘骜当成汉武帝，结果刘骜连汉武帝一分的个人担当都没有，转身就把王章抛弃了。王章被关进监狱，妻子被流放合浦（今广西壮族自治区北海市合浦县）。

丞相王商死后，人们或者还心存幻想，这天下毕竟姓刘不姓王。京兆尹王章再度横死后，再迟钝的人也都看清楚了，这天下姓刘也姓王，而且姓刘的听姓王的。于是，公卿大臣，多少还有点节操的，都三缄其口。

比如接任王商做丞相的张禹，元帝时期是太子刘骜的《论语》讲师，刘骜继位后，赐爵关内侯，拜为诸吏光禄大夫，秩中二千石，给事中，领尚书事，与王凤搭档内朝，但他却装病逃避王凤。

刘骜看出了他的盘算，下诏坚持要他上朝帮自己处理政事，又加赐黄金百斤、牛、酒，让太官送餐，让御医给他看病，派使者不停地探问他。刘骜无微不至，张禹只好诚惶诚恐，起床穿衣上朝坐班，河平四年代王商为丞相，封安昌侯。

然后，这位做了六年丞相，对国家治理没有任何建设性意见，他深刻地吸取了王商的教训，认真学习了田千秋的宝贵经验，唯王凤马首是瞻。

而在个人生活上，他却利用刘骜的信任与恩宠，极尽个人享受，买了泾水、渭水两岸的水浇地四百多顷，每日饮酒高会，丝竹管弦不绝于耳，美女妇人充斥宅邸，声色犬马而已。

张禹如此，其他人又能奈王氏何？于是，求进步的，纷纷拜入王凤门下，为自己谋得郡国太守、国相、刺史、吏员的差事。那位把王章密谋泄露给王凤的王音，又被任命为御史大夫，位列三公。

而成帝刘骜其他的几位舅舅，生活奢侈糜烂又远超张禹。张禹或者还洁身自好，靠着皇帝的赏赐与自己的经营致富，五侯则贪污受贿、巧取豪夺无所不用其极：张禹的姬妾是从民间物色的，而五侯的姬妾多有直接从成帝后宫调拨的；五侯又蓄奴无数，侯府每日锣鼓钟磬之声不绝，倡优歌舞曼妙；五侯的府邸也比照着皇宫扩建，高台假山，流觞曲水，曲廊回道，连绵不绝。相比之下，王凤倒是最成器的。但王凤辅政十一年后，在公元前22年去世了。

按照次序，轮到王谭接任大将军之位，但王谭平素不把王凤放在眼里，倒是堂弟王音一直对王凤礼敬有加。加上王音在扳倒王章中的重要作用，王凤临终前力荐王音接替自己。

于是，王凤死后，王音以大司马、车骑将军的身份成为内朝领袖。这对帝国，是件好事儿，因为王音跟王太后的关系更疏远，因而做事上更有分寸，不太敢胡作非为。而平阿侯王谭则位列特进，领城门兵。不过，王谭在谷永的建议下，拒绝了这一任命，王谭与王音因此交恶良久。

最后，王音活得更久，成了最终胜利者。所以，王谭是个挺憋屈的舅舅，帝国首席长老，他活着，也轮到了，但却被人插了队，然后再也没轮到。

王音后来被封为安阳侯，食邑三千户。王谭死后，成帝又任命王商以特进的身份领城门兵，并批准他设置幕府，可以像将军一样任命属吏。杜邺劝说王音亲附王商，王音接受了这一建议，这才完成与成帝亲舅舅们关系的修复。

汉成帝永始二年（公元前15年），王音薨，特进成都侯王商以大司马、卫将军的身份接任，红阳侯王立则以特进领城门兵。

王音在位时期，丞相张禹再次提出辞职，理由是年老且病。多次申请之后，刘骜批准了他的辞职，赐他安车驷马，黄金百斤，回家养老，以列侯的身份每月初一、十五上朝，位特进，见皇帝依然以丞相的礼节，派从事史五人作为他的幕僚，又益封封邑四百户，后续多次赏赐金钱累计数千万。

刘骜对老师张禹实际上是有期待的，但退休了的张禹依旧一言不发，相反倒是又利用刘骜的恩宠，先为自己谋得平陵亭部的土地做坟地，又为自己的女婿萧咸谋得弘农太守的职位，自己的小儿子则拜为黄门郎、给事中。

也是王音在位期间，汉成帝刘骜终于对舅舅们没有下限的奢靡忍无可忍了。成都侯王商因为生病要避暑，先是向成帝刘骜借光明宫居住，后来又把长安城墙凿了个大洞，把沣水引进自己家里造了个能行船的大池塘。曲阳侯王根呢，在家里后花园搞了个高高的土台假山，仿照白虎殿的样式，也被成帝刘骜看见了。

两件事共振，刘骜大怒，找来车骑将军王音，严厉斥责。刘骜是让王音传话的，刘骜需要他的舅舅们给自己一个交代，然后收敛一下。但王商、王根两个混账舅舅根本没有把刘骜放在眼里，而是去找了皇太后王政君，在王政君面前哭天抢地，说要割鼻子、脸上刺字赎罪。

这是拿老妈压儿子，刘骜得知消息后，更加恼怒。须知这时候，刘骜已经为赵飞燕、赵合德姐妹放飞自我了，孝子也会为了女色忘了娘的。

刘骜很愤怒，刘骜的手段就成了雷霆霹雳。他让尚书责问司隶校尉、京兆尹，为什么对王商挖城墙、王根假山僭越无动于衷？随后，又让尚书用文帝诛杀舅舅薄昭的例子劾奏几位舅舅。

但刘骜终究只是做做姿态，他不是一个能排除万难、锐意进取的人，他的哲学也是“人生得意须尽欢”，他的恼怒，只是因为王氏诸舅的放纵可能影响到他“尽欢”的心情。所以，当王音带着王商、王根、王立三位舅舅可怜巴巴地前来负荆请罪时，他到底放过了他们。

当然，王商、王根、王立们也是不会痛改前非的，那么，类似这样的激烈冲突也不会彻底销声匿迹。

王商去世前后，帝国地震、日食频繁，而随着土地兼并的加剧，流民也越来越多，同时各地盐官、铁官下属的工人多有起来造反作乱的，刘骜与王氏诸舅二十余年的无所作为，帝国已经渐渐有崩溃的迹象。

刘骜又想找个接锅的，而不少士人也终于拾起了良心，把矛头指向王氏诸舅。于是，刘骜驾临张禹府，问张禹灾异的缘由，又把吏民士人讥讽王氏的奏疏给张禹看。

刘骜希望张禹给自己一个理由，帮自己下定最后决心，但张禹做了一辈子缩头乌龟，此时年老，为子孙计，也不会轻易冒头，何况他跟曲阳侯王根本来就因为平陵亭部的土地闹过纠纷。

张禹顾左右而言他，完美回避了关于王氏的问题，他对刘骜说："别听那帮竖儒胡说八道，春秋的日食、地震，或者有诸侯自杀，或者预示夷狄入侵中国，不能胡乱解释。陛下只要善修政事，就没问题。"

老师说没问题，那就没问题了。王商死后，按顺序轮到王立，但王立刚刚因为在南阳兼并土地犯了事儿，替他干脏活的南阳太守李尚被杀，成帝刘骜就跳过了王立，以七舅王根为大司马、骠骑将军。

成帝刘骜还有个八舅王逢时，是个很平庸的人，运气也不好，在王根继任大司马的这一年病逝了。

于是，从亲大舅王凤，到从舅王音，再到五舅王商、七舅王根，这就是成帝时期舅舅轮流担任帝国首席辅政的情状。

王根的辅政时代，在公元前8年终结，他因病请辞。从公元前33年算起，王氏诸舅把持朝政二十五年。从刘骜的青年时代，一直到他晚年，一个时代又快要过去了。

肆　成帝暮年

汉成帝刘骜可以说是前汉历史上最有福气的皇帝：国家大事，都可以甩手给舅舅；帝国开始有这样那样的问题，但不至于崩盘；女人一拨一拨地换，到最后陪伴自己的是赵飞燕、赵合德这一对绝色；玩乐上，有张放、淳于长这种酒肉朋友……

都说当皇帝辛苦，但那都是权力欲望太强的，像刘骜这种无可无不可的，偶尔聪察专断，时常装聋作哑，既可以让舅舅们不至于彻底架空皇权，又让舅舅们把啥事儿都干了，然后，整体上维持一个很和谐的平衡，你好我好大家好，一起吸血百姓真美妙。

有一个现象，很容易被忽略：刘骜实际上是个玩弄权力的高手。他知道，舅舅们归根到底是自己人，最靠得住，而什么王商、王章，都是他的白手套，用来稍加制衡诸舅，敲打他们一下而已。只要他能保证随时从诸舅那里把权力拿回来，他就不会真的对诸舅动手。

从这个角度，我们应该理解张禹。在张禹这只千年狐狸面前，成帝心里的那点《聊斋故事》，他门儿清，所以醇酒妇人把成帝的饵吃了，但坚决不咬钩。

但终究有人要为了权力，也为了心中的正义，愿意去充当皇帝的白手套，成帝朝最后一任丞相翟方进就是这样的人。

翟方进，汉汝南郡上蔡县人，家里世代贫寒，到父亲时，才因为读书读得不错，担任了郡文学，主管郡中教育。

郡文学虽然不算朝廷正式编制，但足以让翟家成为一个小康之家，在这样的家庭里，翟方进本有机会舒舒服服地接受良好的教育，然后爬得比父亲更高一些，在阶级上往前迈上一小步。但很不幸，翟方进十二三岁的时候，父亲死了。

翟方进为了生计，在太守府做了个小办事员，因为不够机灵，总是被上级责骂。翟方进很郁闷，就去算了一卦，结果算出了大富大贵之相，算卦的蔡父鼓励他："只要专心读经史，一定有出息。"

听了蔡父的话，翟方进决定去长安，做个京漂。翟方进的母亲怜惜他年幼，也跟随他到长安，从事了和刘备一样的职业，靠编草鞋供养翟方进读书。

翟方进在太常博士读了十几年书，专攻《春秋》。功夫不负有心人，终于大成，翟方进成了老师，开始开班授课，渐渐名扬长安。

后来，翟方进又通过了考试，成为一名小小的郎，负责站岗放哨的那种，两三年后，升任议郎，可以在皇帝面前议政应对的那种。再后来，翟方进又做了博士，再外放朔州刺史锻炼，因为察举有名，迁任丞相司直，秩比二千石，成为当时丞相薛宣的首席助理，辅佐丞相纠举不法。

在丞相司直任上，翟方进战斗力爆表，一年之内，先后搞掉了陈庆、涓勋两个跟他级别接近的司隶校尉，名声大噪。丞相薛宣当时就告诉丞相府的掾史们说："一定谨慎奉事司直，翟方进不久之后一定会当丞相的。"

薛宣看得很准。为了打击豪强，不久之后，成帝刘骜就任命翟方进为京兆尹。做了三年京兆尹后，翟方进升任御史大夫，数月后，薛宣因事被免职，群臣遂推荐翟方进为丞相。

翟方进在丞相任上数年，主要精力都用在对付陈咸上，而陈咸依附于红阳侯王立，他又跟红阳侯王立斗得不可开交，最后以红阳侯王立被遣返归封国而告结束。

某种程度上，翟方进雷厉风行、严刑峻法的风格，使他成为成帝末期打击豪强的重要力量，对压制王氏及依附于王氏的世家子弟如陈咸、萧育等起到了一些作用。但最终，翟方进的下场和王商、王章并没有太大区别。翟方进得罪了不少人，这些人不会善罢甘休，而最终，汉成帝刘骜也抛弃了他。公元前8年，荧惑守心，郎中贲丽告诉成帝说，这是上天要降灾祸于君主，但是可以让大臣代为受过，于是，刘骜逼迫翟方进自杀。

不过，讽刺的是，翟方进自杀后没几天，成帝刘骜就死在了赵合德床上，根据现代医学推测，大概是中风，或者脑出血。这时候，我们就要回过头讲讲刘骜的那些女人们。

好儒的刘奭对刘骜的教育，可以说是按照儒家标准进行的，而刘骜也是个聪明孩子，好学不倦，也能够按照儒家道德规范要求自己。但到了青春期之后，就展现出一些好酒、好色、好声乐的苗头。

继位皇帝后，早期和皇后许氏还很处得来，以至于专宠许氏，后宫稀得进幸，闹出了王政君与王凤一同鼓动群臣上书刘骜让他雨露均沾的事儿来。当然了，王政君们是为了刘骜的后代着想——许氏为刘骜生过一个儿子，夭折了，又生了一个女儿，也夭折了，后来就没有再能生育。

许氏专宠事件，最后上纲上线到外戚许氏与外戚王氏的权力争斗，同时也夹杂了王政君与许皇后的婆媳斗法。而伴随着成帝刘骜与许皇后进入婚姻的“七年之痒”，许皇后最终被刘骜抛弃，废徙长定宫。

而伴随着许皇后的失宠，被成帝刘骜临幸的后宫群体数量逐渐壮大，刘骜也开始一发不可收拾。而最终，刘骜在赵飞燕、赵合德姐妹身上收了心。赵飞燕美艳不可方物，但时日久了，刘骜也觉得乏味，于是，赵飞燕介绍赵合德入宫。赵合德比赵飞燕还美，于是，好色的刘骜陷入了赵飞燕、赵合德姐妹的温柔乡里不能自拔。

与许皇后差不多同时进宫的，还有一个班婕妤，是著名文学家班彪的姑姑，也是班固、班超、班昭兄妹的姑奶奶。班婕妤知书达理，许皇后被废后，赵氏姐妹受宠，为害后宫，班婕妤很识时务地申请去长信宫侍奉皇太后王政君，远离了是非场。

而赵氏姐妹专宠，对汉帝国最大的伤害是，她们没能为刘骜生下一个儿子。赵飞燕借助成帝刘骜的表兄弟淳于长斗赢了皇太后王政君，成为皇后；赵合德则被封为昭仪。但出身歌舞伎的她们，不知何故都丧失了生育能力，吃了许多药也没有用。

而生育能力，刘骜是有的，但奇怪的是，早年他的几个孩子——许皇后的一男一女、班婕妤的一个男孩儿——都没养成。当赵飞燕、赵合德专宠之后，姐妹花是不允许他偷腥的，但他到底还是皇帝，他仍然会临幸其他的后宫女人，也生育有几个儿子，但据说都被赵合德侦查得知，并设法谋害了。

所以，死在赵合德床上这事儿，并不算大事，真正的问题是，他贪酒好色一辈子，没能给大汉养育一个嫡亲的继承人。但这个问题总是会解决的，对刘骜来说，没有亲生儿子，过继一个儿子也是可行的。于是，定陶王刘康的儿子刘欣被选中了。

刘欣并非唯一的人选，汉成帝刘骜还有个小兄弟名唤刘兴，是冯昭仪的儿子，冯奉世的外孙，敕封中山王。但在国储之争中，刘欣几乎兵不血刃就击败了刘兴。

首先是个人资质上，刘欣超出刘兴太多。

汉成帝元延四年（公元前9年），定陶王刘欣与叔叔中山王刘兴一起来朝。刘欣带着太傅、国相及中尉，而刘兴只带着太傅。刘骜很奇怪，先问刘欣，随从这么多的依据是啥，刘欣不假思索地回答："按照律令，诸侯王朝见，要带着国中全部二千石官员，太傅、国相及中尉都是诸侯国二千石官员，所以都带着。"

刘骜又让刘欣背诵《诗经》，刘欣不但都很熟悉，还能从中读出世事洞明、治国之道。而轮到中山王刘兴朝见的时候，刘骜问了相同的问题，刘兴却回答不出个所以然来。刘骜又让刘兴背诵《尚书》，刘兴磕磕绊绊地背了几段，就彻底卡壳了。刘骜赐食刘兴，别人都吃完了，他却磨磨蹭蹭还没吃饱，终于吃饱了离席谢恩时，袜子系带又开了。

显而易见，立储面试，定陶王刘欣赚足了印象分。而在台下，刘欣的祖母傅昭仪的手段也远超刘兴的母亲冯昭仪。

冯昭仪是将门之后，直来直去，果敢有为。当年，元帝刘奭带着众嫔妃浩浩荡荡地来到虎圈观看斗兽，哪承想，一只熊突然跑出圈往殿上跑，元帝左右那些贵人、昭仪都吓得花容失色，惊慌而逃，只有冯昭仪挺身而出，用身体护住刘奭，直面狗熊。最后有惊无险，狗熊被武士格杀，而冯昭仪也因此被元帝另眼相看，当然也让包括傅昭仪在内的众嫔妃自惭形秽。

但直来直去、果敢有为，在政治斗争中有时候反而是劣势，长袖善舞、迂回前进才是优势，而后者正是傅昭仪所擅长的。

刘欣入朝之时，傅昭仪已经意识到这是争国储的关键一战，她恳请王政君皇太后与皇帝批准她随同入朝，同时带了大量的金银珠宝。

在长安，傅昭仪用钱财贿赂了汉成帝皇后赵飞燕，也贿赂了汉成帝舅舅、首席辅政、大司马、骠骑将军、曲阳侯王根。而赵飞燕、王根又都有在成帝死后维持个人及家族利益的需求，当即与傅昭仪结成了攻守同盟。

接下来的时间里，赵飞燕与王根极力在成帝刘骜面前称赞刘欣的好处。这固然有交通藩王的嫌疑，但刘骜并不在乎，他必须对后事有个交代。

刘骜考虑到另外一件事——刘欣是自己的侄子，过继给自己当儿子不存在伦理问题；而中山王刘兴和自己同辈，兄终弟及倒也不是没有先例，但刘兴当了皇帝，恐怕没有在太庙祭拜自己的理由，这是关乎自己死后逢年过节能不能被祭拜的大事。于是，刘兴出局，刘欣上位。刘欣不赢没有天理，他更有天分，也有更强大的后援团，他还是成帝刘骜的子侄辈，再合适不过。

汉成帝绥和元年（公元前8年），汉成帝为刘欣加冠服举行成人礼后遣刘欣归国，心已有所属。不久之后，汉成帝派遣执金吾任宏以代理大鸿胪的身份，带着皇帝诏令，前往定陶国召定陶王刘欣来长安，敕封其为皇太子。

刘欣上书谦让了一番，成帝刘骜下诏拒绝了刘欣的辞让。于是，帝国至尊之位的传承就被定了下来。

第二十一章 王莽的奋斗

壹　从孤儿到大司马

王政君的八个同父兄弟、三个同父姐妹，基本上都因为她的关系，或裂土封侯、或位高权重。但同父兄弟王曼是个例外，并非王政君不扶持这个兄弟，只是因为王曼没有福气，死得太早。王政君一个亲爹、一个亲叔、八个同父兄弟，一共十人，九个都封了侯。

王莽是王曼的儿子，那么，当王氏子弟济济一堂时，祖辈、父辈都是正宗的列侯，兄弟辈因为祖荫，或者已经继承了列侯，或者至少是列侯之子，只有王莽，非公非侯，不是公子，也不是王孙。

在这样的环境中，普通人不可能不憋屈，都是皇太后王政君的侄子，凭什么我要矮你们一头？但王莽没有自怨自艾；相反，他出淤泥而不染，选择了一条差异化竞争的路线，与王氏子弟形成了鲜明对比。

整个成帝时代，奢侈浮华、声色犬马、权势熏天是元城王氏的底色，满长安的公卿大臣、官吏子民，没有一个不羡慕的，恐怕也没有一个不侧目而视的。大汉的天下，没有多少人不惧怕王氏的，但也没有多少人真心热爱拥护王氏。

但王莽是个例外，他折节下士，谦恭节俭。同时，王氏子侄的身份让他的生活不至于赤贫，基本的物质供给有保证。他还得以跟着当时的名儒沛郡陈参学习儒家经典，他刻苦勤奋、好学不倦，尤其擅长《礼经》。与普通公侯子弟游学镀金不同，王莽穿着打扮上永远是一个儒生的样子，在他心中，他首先是一个圣人子弟，然后才是王氏子弟。

王莽的父亲王曼早死，留下母亲守寡。王莽的兄长王永也不幸早死，留下寡妻幼子过活。如此一来，王莽就成了王曼一支唯一的成年话事人。而这并不是好事，为了养活寡母、寡嫂、幼侄及自己的子女，王莽在外要拼命工作，在内还要干家务，侍奉母亲、嫂嫂，养育子侄。但王莽把这一切都打理得很好，工作没耽搁，家里也是个五好家庭。

这样的王莽，轻易就成为王家泥淖里的一株青莲，亭亭玉立，洁身自好。而天下那些不肯依附于王莽叔伯们的读书人，立刻就发现了王莽这块瑰宝，他们倾身与王莽结交，自动屏蔽了王莽王氏子弟的身份，而把他视作颜回一般杰出的儒家子弟——与王氏子弟结交是沆瀣一气，与颜回交往就完全不一样了。

而对内，王莽也没有放弃作为王氏子弟的政治红利。他像对待亲爹一样对待王凤，汉成帝阳朔年间，王凤病重，王莽在身边伺候，亲尝汤药，几个月都顾不上沐浴更衣，以至于蓬头垢面、体臭四溢，需要每天更换荷包里的香料才能遮味儿。

人心都是肉长的，成帝大舅、大将军、大司马王凤未必不怀疑王莽的动机，但王凤也没有理由不回报王莽。于是，当王凤行将就木之时，特别向成帝刘骜、皇太后王政君请托提拔王莽。

不久之后，王莽被拜为黄门郎，成为皇帝近侍之臣。后来，王莽又升任射声校尉，是汉武帝时期设置的八校尉之一，秩比二千石，所属有丞及司马，掌兵七百人，实际上成为皇宫禁军的中高级军官。至此，王莽按照儒家经典教导的价值观，赢得了人生的初步胜利，也强化了他对儒家的信仰。他再接再厉，继续以儒家经典约束自己。

他的侄子王光比王莽的儿子王宇还小一些，但王莽为王光聘女订婚，让王光与王宇同一天结婚。这一天，张灯结彩，宾朋满座，王莽作为家长，迎来送往，忙得脚不旋踵。但恰巧，这一天，王莽的母亲身体不适，一会儿这里疼，一会儿那里疼，每每派遣侍女来向王莽汇报。

而王莽每次都丢下宾客，前往老母亲那里问安送药。在虞舜孝感动天之后，王莽也堪称二十四孝好男人，有没有感动上天不知道，但一定感动了不少的宾客，而这些宾客散去后，又会把王莽尽孝母亲的事迹传扬天下。很快，整个汉帝国的人民，都在心中给王莽颁发了全国道德模范的奖项。

这时候的王莽，当了官也有了钱，但他轻财好施，车马衣物随手送人，毫不吝惜。这样的王莽，家无余财、蜚声海内。王莽在积攒声望的同时，仍然没有忘了谨事诸叔，王凤之后，他对王音、王谭、王商、王根的恭敬孝顺丝毫没有懈怠。

功夫不负有心人，王莽的另一个叔叔，成都侯王商决定再助攻王莽一把。一天，成都侯王商上书成帝，表示愿意分出自己的封邑来分封给王莽，实际上是王商出头为王莽讨分封来了。

王商打响发令枪之后，王莽平素结交的高才异士，像长乐少府戴崇、侍中金涉、胡骑校尉箕闳、上古都尉阳并，以及万里远征、斩首匈奴郅支单于的名将，时任中郎的陈汤也纷纷乘机向成帝推荐王莽，说王莽才高八斗、孝悌忠信、谦恭下士、恪守圣人之道。

汉成帝刘骜的耳朵听人夸王莽听出了茧子，但却并不反感。刘骜虽然浑不吝，但他知道治国还是需要人才的。于是，汉成帝永始元年（公元前16年），刘骜下诏，封王莽为新都侯，侯国建在南阳郡新野县的都乡，食邑一千五百户。

后来，王莽又升任骑都尉兼光禄大夫，加衔侍中，在未央宫值宿警卫，成为帝国机枢的重要一员。与此同时，王莽也成为同辈王氏子弟中最杰出的一员。但王莽丝毫没有骄傲，随着父辈的老去，他的目标转向了大司马之位。

内朝首席，以亲也以才，诸舅相继去世后，王莽作为成帝刘骜的表兄弟，在最亲之列，而以才，此时的王莽堪称圣人亚匹。这么说，王根之后，大汉帝国内朝首席之位，本来非王莽莫属。

但天命是最好的编剧。王莽这一路走来，从孤子到内阁要员，一本《礼经》打天下，艰辛自艰辛，隐忍也颇隐忍，但并未有大的挫折，相比许多成大事之人，他似乎太顺当了些。所以，这一次，命运给他找了个强劲的对手。

淳于长，字子鸿，魏郡元城人。看到魏郡元城这个地名，敏感一点的，大概立即就会想到元城王氏。没错，淳于长跟大汉皇太后王政君有莫大的关系。

王政君的长姐是王君侠，而淳于长是王君侠的儿子。所以，和王莽一样，淳于长也是汉成帝刘骜的老表，只不过一个是姑表，一个是姨表。淳于长年纪稍长一些，就利用太后姐姐这层关系当上了黄门郎，起步和王莽一样，但早一些。不知什么缘故，淳于长在黄门郎位置上很久得不到升迁。

机会都是留给有准备之人的。大将军、大司马、帝舅、帝国首辅王凤病了，前文讲过，王莽抓住了这个机会，第一次进入皇帝刘骜的视野。但除了王莽，至少还有一个人也抓住了这个机会，这个人就是淳于长。

淳于长以外甥的身份侍疾王凤，日夜伺候左右，和王莽展开了尽孝竞赛。这场竞赛没有输家，王莽得到了黄门郎的职位，而淳于长则被成帝刘骜拜为列校尉诸曹，不久之后，升迁至水衡都尉，加衔侍中，后来又官至卫尉，位列九卿。

基本上可以说，在淳于长与王莽走向最终的决斗前，淳于长一直是领跑者。

淳于长还封了侯，原因是替刘骜搞定了立赵飞燕为皇后的事儿。刘骜废掉许皇后后，一直想立赵飞燕为皇后，但皇太后王政君以赵飞燕出身卑贱为由坚决反对。淳于长以姨甥的身份来往于两宫之间，为成帝刘骜打探皇太后的意图，又三番五次为皇太后答疑解惑，最终征得了皇太后王政君的同意。

淳于长因此立了大功，但刘骜不好意思以私恩封淳于长，就翻出此前淳于长谏阻将作大匠陈万年营建昌陵的事儿来，先赐爵淳于长为关内侯，后来定封长陵侯。而淳于长从此也和富平侯张放一般，成为成帝的幸臣。

但淳于长坏就坏在演戏不能演全套上，他位列九卿，又极受皇帝宠幸，赏赐本已极多，还搞贪污腐败，又妻妾成群，淫于声色，多有犯法。欲望一旦没有节制，再多的钱也不够花。淳于长最后为了捞钱，竟然丧心病狂地打起了废皇后许氏的主意。

事情是这样的。许皇后有个姐姐叫许孊，是宣帝朝前将军、龙额侯韩增继嗣韩宝的夫人，但韩宝早死，许孊寡居。淳于长一来二去，不知怎么就和许孊勾搭上了，淳于长还娶了许孊为妾。

而淳于长的炙手可热，让废皇后许氏又心生幻想，许氏通过姐姐许孊找到了淳于长，给淳于长许多钱，让他为自己谋取婕妤之位。前后几年，淳于长大概从许氏那里得到的钱财价值千万。更过分的是，淳于长根本就是个空手套白狼的骗子，钱拿了，许诺从未兑现，而许嬺每次进宫，淳于长还让许嬺捎信给废皇后，多有非礼不敬的言语。对这一切，淳于长显然也不屑于做好保密工作，而这毁掉了他的仕途，最终也葬送了他的性命。

曲阳侯王根辅政数年，转眼就到了成帝末年，定陶王刘欣已经成了太子，王根决定急流勇退，多次以老病为由请辞大司马之位。而按照次序，并按照亲疏关系，大司马之位应当由淳于长继承，王莽则因为起步较晚排在淳于长之后。但王莽对淳于长打出了绝杀。

王根既老且病，王莽继续像对待王凤一样侍候左右，在王根面前，只有子侄，没有朝廷重臣。与此同时，淳于长多少有点得意忘形了，他仍然对王根表现出表面的尊重，但以外甥之名的那份恭顺大约没有了，这让王莽得到了在王根面前说淳于长坏话的机会。王莽对王根说："淳于长见将军久病，喜形于色，以为自己即将继任辅政，以至于对着衣冠发号施令。"

王莽的坏话，正好说到了王根的痛点上，而王根又对谁接班有决定性的话语权。

但单单对王根态度不好判不了淳于长的死刑。而王莽还有准备，那就是淳于长与废皇后的烂事儿，王莽将这些事儿全部抖了出来。王根让王莽立即禀告皇太后王政君，皇太后听了之后，又让王莽前去禀告皇帝刘骜。

于是，淳于长完了。刘骜本来就有理由对淳于长的所作所为恼怒，但以刘骜的秉性，大约会大骂一通，然后放他一马。然而，王莽先禀告王根，再禀告皇太后，当事情最终捅到了他这里，实际上成了三连击，淳于长必须被打疼了。

刘骜给出了处理结果：免淳于长职，遣淳于长归侯国。到底是亲外甥、好老表，打断骨头连着筋，淳于长依旧是个囫囵人，政治前途遭遇挫折，但富贵王爷照当不误，而且没准逮着个机会就又杀回来了。但很遗憾，千不该万不该，淳于长又跟红阳侯王立搅到一块儿去了。

红阳侯王立，先前因为行为不检点，被跳过了辅政首席之位，王立一度怀疑是淳于长使的坏，两人好几年不对付，成帝刘骜也知道。但当淳于长获罪免职归国时，红阳侯王立的儿子王融却打起了原本供淳于长使用的车骑的主意，王融向皇帝刘骜请求把这套装备赐给他。这事儿很快让淳于长知道了，这让他精神大振，以为可以通过王立死灰复燃，于是他找到了王融，通过王融大肆贿赂王立。

有钱能使鬼推磨，王立钱迷心窍，果然摒弃前嫌，转而在成帝面前为淳于长说话。不承想，这却让成帝刘骜起了疑心：该不会这舅甥俩有什么大阴谋吧？于是刘骜下令有关部门彻查，王融很快被逮捕。

王立这边却昏着迭出，他不知出于怎样的考虑，竟然逼令王融自杀，这让成帝刘骜更加狐疑，案情进一步扩大化，淳于长终于被逮捕入狱。在监狱中，淳于长交代了自己的所有罪行，包括欺骗侮辱废皇后许氏。淳于长最终死在狱中，是自杀还是赐死，不甚明了。而他的妻子被流放到合浦，母亲则因为是王太后的姐姐而免于流放，遣归故郡。同时，朝廷中，因为淳于长受牵连被罢官的将军、卿、大夫、郡守等有十几人，废皇后许氏被赐死，红阳侯王立被遣返封国。

以上，淳于长案堪称汉成帝刘骜末年的一场不小的政治地震。而王莽则成为这场地震的最终赢家。

汉成帝绥和元年（公元前8年）十一月，王莽为大司马，时年三十八岁。

贰　劲敌

搞定淳于长，王莽就搞定了他人生的第一个强劲对手，并如愿以偿地成为一人之下万人之上的大司马。但命运的安排，就像打怪升级的游戏，前方总有更强者。王莽就任大司马四个月后，皇帝刘骜暴毙，新皇帝刘欣继位。

赵合德为刘骜殉了情，当然是被逼的。大汉帝国的老百姓都觉得刘骜是被赵合德害死的，有好事者纷纷上书要求惩办赵飞燕姐妹。皇太后王政君素来看赵氏姐妹不顺眼，随即下诏，大司马王莽协同丞相、大司空，与廷尉、掖庭令等搞清楚皇帝到底是怎么死的。

如此一来，势必要问床第之事，赵合德即便心知肚明，但好说不好听，一合计，就自杀了结。

至于赵飞燕，毕竟是正牌皇后，又于新皇帝刘欣有恩，刘骜之死倒暂时没有殃及她。而按照惯例，赵飞燕还升了级，被刘欣尊为皇太后，而她的弟弟，侍中、驸马都尉赵钦则被封为新成侯。至于原皇太后王政君当然也升了级，成为太皇太后。

但赵飞燕并未平安着陆，几个月后，司隶校尉解光上书劾奏赵合德残杀成帝刘骜子女数人，请求依律罢免赵氏亲属在位者。于是，新成侯赵钦、赵飞燕侄子赵䜣都被剥夺侯爵，废为庶人，与家属一起流放辽西郡。

解光背后，不无王莽、王政君的影子。但刘欣已经做了几个月皇帝，不但已经熟悉政事，而且推动了多项人事变动，渐渐将大权掌握在自己手里。在这样的背景下，保护一个家族遭受严重打击、实际上已经是孤家寡人的赵飞燕并非难事。

有一个叫耿育的议郎上书说："成帝选择陛下作为继嗣是深谋远虑，而现在众大臣攻击赵昭仪与皇太后，是发掘先帝隐私；当时不谏诤，事后翻烂账，不是臣子应当做的；为了皇室颜面，应立刻停止追究赵昭仪之事。"

于是，刘欣顺水推舟，下诏让赵合德案到此结束。刘欣知恩图报，赵飞燕更要投桃报李，从此以后，皇太后赵飞燕与刘欣祖母傅太后成了一对亲闺蜜，在傅氏与王氏之争中，她也就站在了傅氏一边。差不多在同时，王莽丢掉了大司马之位。

一朝天子一朝臣。刘欣本是以刘骜过继儿子的身份即皇帝位，但当刘欣真正成为皇帝之后，虽然并未否认继子的身份，却在祖母傅太后的鼓动下，很快掀起了关于生父名分的大礼仪之争。

刘欣刚继位，关于祖母傅太后、生母丁姬的安置，就有一番争论。刘欣下诏问丞相孔光、大司空何武："定陶共王太后应当住在哪里？"

孔光亲近王氏，又听闻傅太后为人刚暴，长于权谋，又主导了刘欣从婴儿到成人的养育，担心傅太后干预朝政，遂答复刘欣说："应该为定陶太后重新修筑宫馆。"但大司空何武则对王氏专权颇有不满，意图通过傅氏制衡王氏，他提出："傅太后可以在北宫居住。"

拥有最高决策权的好处就在这里，谁的建议对自己有利，就采纳谁的建议，还能美其名曰：察纳雅言，从谏如流。

面对王莽、王政君的朝堂后宫组合，刘欣知道，自己也需要傅太后的帮助，而傅太后住所离自己近一点，会很方便。于是，刘欣拍板："傅太后就住在北宫。"

北宫与未央宫有紫房复道相连，傅太后来未央宫串门很方便。傅太后第一次插手朝政就是撺掇刘欣下诏，尊自己为帝太后。但这事儿，不能搞一言堂，单刘欣说了不算，得与三公搞集中民主。刘欣提出："高昌侯董宏上书说，傅太后应当遵照秦庄襄王母夏太后的旧事，称帝太后。这个事儿，你们议一下，给个答复。"

丞相孔光听了没说话。当初成帝刘骜立太子时，时任御史大夫的孔光曾经掺和其中，他提出按照礼法立嗣以亲，应当立中山孝王刘兴，惹得刘骜不高兴，左迁廷尉，从公变成了卿。孔光从此事中大概得到了教训：前边提的建议没有被采纳，这时候就没有必要积极发言了。

大司马王莽与左将军、关内侯、领尚书事师丹则联名上书，他们不敢直接冲刘欣开炮，而把矛头指向了高昌侯董宏，说："董宏知道皇太后是大一统帝国的至尊之号，却称引亡秦的故事胡乱比喻，误导大汉皇帝，大逆不道。"

刘欣刚继位，根基不稳，面对两位大佬的联名弹奏，再加上事关太皇太后，刘欣㞞了，他按照王莽、师丹的上书，废董宏为庶人。但这样的结果没法对傅太后交代，而且傅太后知道此事后，从北宫走紫房复道赶来，一哭二闹三骂不孝，逼得刘欣只好硬着头皮求见太皇太后王政君。

王政君又能做什么呢？无视刘欣的请求，必然导致两宫撕破脸，刘欣既不是她的儿子，也不是她的亲孙子，撕破脸对自己并无好处。而从刘骜继位后，王政君对傅太后母子的态度看，王政君也不是个做事很绝的人。于是，王政君同意先尊定陶恭王为恭皇。

迂回取得初步胜利后，皇帝刘欣变得大胆起来。在傅太后的参谋下，公元前7年，即刘欣继位当年的五月，刘欣立傅太后从弟傅晏的女儿傅氏为皇后。

仍然是在五月，刘欣下诏："按《春秋》之义，母以子贵。应当尊定陶太后为恭皇太后，丁姬为恭皇后，各置左右詹事，恭皇太后的食邑比照皇太后，恭皇后的食邑比照皇后。"

一人得道、鸡犬升天。傅太后、丁姬的身份提高了，她们娘家人的地位也要提高。傅太后的父亲被追尊为崇祖侯，丁姬的父亲则被追尊为崇德侯。另外，帝舅丁明被封为阳安侯，丁明之子丁满则被封为平周侯，傅皇后父亲傅晏则被封为孔乡侯。

过分吗？至少封表兄弟丁满这个挺过分。但有先例吗？有！成帝刘骜封了两个表兄弟，一个淳于长，一个王莽。但是王政君与王莽，却是只许州官放火不许百姓点灯。王政君觉得皇帝刘欣的分封太没底线了，就让王莽请病假，以避让傅、丁两家。好一招以退为进。

面对太皇太后王政君与大司马王莽唱的这出双簧，刘欣有些恐慌，当即派遣尚书令上王莽家里下诏让王莽回来上班，同时又派丞相孔光、大司空何武、左将军师丹、卫尉傅喜一起去向太皇太后传达自己的意思，说：“皇帝听闻太皇太后的诏令，很悲伤，如果大司马不回来，皇帝不敢听政视事。”

刘欣给足了面子，王政君很满意，于是，又下诏让王莽回来干活。但这只是刘欣羽翼未丰时的权宜之计。他对付王莽、王政君的策略，一如宣帝即位时对付霍光的策略，但凡得点机会，就会疯狂试探。

区别是，霍光集大司马、大将军之位于一身十余年，凛然不可犯，而王莽才当了不到一年的大司马。同时王政君实际上是强撑着场子不倒，母以子贵，刘骜一死，她就失去了政治力量的源泉。

冲突说来就来。刘欣在未央宫摆酒设宴，太皇太后、恭皇太后都在邀请之列。在布置宴会现场时，内者令把恭皇太后的位置与太皇太后并列。意图不言自明，内者令要抬高恭皇太后的规格，向皇帝与傅太后献媚，或者根本就是傅太后指使。

但大司马王莽是宴会主持人，宴会开始前，王莽巡行检察，发现了这一情况，当即招来内者令问责：“定陶太后，是藩属姬妾，凭什么与至尊并立。”随后，王莽监督内者令重新设置座位，让傅太后位居太皇太后王政君之下。傅太后岂是省油的灯！她很快得知了王莽的所作所为，当即大怒，拒绝出席宴会，自然也恨透了王莽。

王莽也很心累。他以圣人之道要求自己，怀抱儒家圣治的理想，如今却要纠缠在两个老太婆的争斗里徒耗精力。王莽忽然觉得很没意思，他再次提出了辞职。

公元前7年秋七月，刘欣批准了王莽的辞职，赐王莽安车驷马、黄金五百斤。但很快，刘欣发现自己捅了马蜂窝。此时的王莽已经是大汉帝国无人不知无人不晓的道德楷模，在儒生的口口相传里，王莽甚至是天降圣人，是挽救世道危亡的不二人选。刘欣不停地收到公卿、士大夫、吏民百姓称颂王莽的上书，看都看不过来。

迫于王莽粉丝团强大的舆论压力，刘欣进一步提高了王莽的退休待遇，他亲自安排中黄门，上王莽家做特使，供王莽使唤，然后十天赐一次餐。又以王莽为特进、给事中，每月初一、十五上朝，享受三公级别的礼遇。

同时，刘欣给王家也做了些补偿：分别扩大了曲阳侯王根、安阳侯王舜、新都侯王莽的封邑；红阳侯王立被召回京师，理由是要侍奉太皇太后。为了掩盖他向王氏的屈服，丞相孔光、大司空何武的封邑也同时有所增加。

但对王莽来说，这是一场不可能赢的争斗，急流勇退只能换取一时的平静。只要他声望卓著，只要他在京师，刘欣就如坐针毡，所以，斗争还要继续。

两年后，成帝旧臣孔光、何武、师丹，都被排除出朝廷机枢之外后，一个名唤朱博的猛锐后进成为丞相，另一个后进赵玄就任御史大夫。朱博与赵玄，与傅、丁两家外戚走得很近，双方互为表里，推动了皇帝刘欣生身父母及祖母名分的最终敲定。

定陶恭皇，去掉了“定陶”二字，称“恭皇”。傅太后也不再称恭皇太后，而是加尊号帝太太后，称永信宫。刘欣生母丁姬也不称恭皇后，而是升级为帝太后，称中安宫。同时，为恭皇在京师立寝庙，比照宣帝父悼皇考的制度。

说个题外话。这时候的大汉帝国可热闹了。太皇太后王政君、帝太太后傅氏、皇太后赵飞燕、帝太后丁姬，一下子有四个太后。而四个太后，按照惯例，都分别设置少府、太仆，秩比中二千石，这四大女主，一年要吃掉大汉帝国多少财政收入啊。

至此，前汉哀帝时的大礼仪之争告一段落。问题可以说解决了，但问题的解决对王莽来说不是个好消息。为什么呢？因为当初议定傅太后、丁姬的尊号，王莽是坚决的反对者，还有师丹。

所以，当朱博、赵玄搞定了傅太后、丁姬的尊号后，他们就要把矛头指向当时的反对者。唯有把反对者斗倒批臭，他们尊礼傅太后、丁姬的正当性才能不被质疑，或者少有质疑。

罪名也很好找。大汉以孝治国，王莽、师丹不从尊号，就是孝道有亏。于是，朱博、赵玄分别奏请剥夺师丹、王莽爵位，免为庶人。

关于师丹的奏请全部被批准了，关于王莽的奏请部分被批准了。两个人的后台毕竟不一样。刘欣下诏说：“王莽因为与太皇太后有亲，不必免爵，遣返归封国即可。”

另外，平阿侯王仁也因为藏匿赵昭仪亲属被遣返归封国。加上此前因为司隶校尉解光的奏劾，曲阳侯王根被遣返归封国，王根侄子成都侯王况被免为庶人，可以认为，伴随着王莽的遣返，元城王氏遭遇了自兴起以来的最低谷。而对此，王莽一点办法也没有，他乖乖地去了南阳，做自己的新都侯，对朝廷的一切变化无能为力。

不过，刘欣并不敢杀了他。截至目前，王莽并没有普世意义上的不赦之罪。最要紧的是，单单王氏被冷落已经让天下舆论哗然，公卿、士大夫、黎民百姓上书为王氏鸣冤的不计其数，上书请求重新重用王莽的更是纷至沓来、应接不暇。

基于此，尽管面对汉哀帝刘欣这个对手，王莽毫无胜算，但王莽的道德光环保护了他。而只要活着，并且活得长久，机会还会来到。

叁　刘欣高开低走

以王莽的视角，似乎刘欣只是傅太后的傀儡，是牵线木偶，傅太后才是牵线的人。

但以刘欣的视角，他熟悉律令，熟读经书，聪明过人，什么傅太后、丁姬、王莽，什么傅、丁外戚，王氏外戚，还有皇太后和赵家人，都可以成为他的棋子。

大礼仪之争，表面看，是刘欣对蛮横跋扈的傅奶奶的无可奈何，但实际上傅奶奶一副泼妇的样子，正好用来对付王莽这种讲究人。于是，剥笋一样，王家人一个个被排除出权力中枢，回封国当富贵王爷去了。

司隶校尉解光一封奏疏，打得赵氏外戚满门流放，只留一个年老色衰的孤寡老太后赵飞燕，然后恰到好处地叫停，表现出一副知恩图报的样子。

借助丁氏、傅氏外戚对付王氏，但当王氏逐渐被排除出权力中枢之后，他并不重用丁氏、傅氏，甚至刻意打压丁、傅外戚，在他的政治蓝图里，他要改变天子与外戚共天下的局面。

所以，当哀帝刘欣一手提拔的三公之丞相朱博与御史大夫赵玄跟大司马、孔乡侯傅晏勾结，阿附于傅太后时，刘欣丝毫不手软，一封诏书，彻查朋党，赵玄被判减死罪三等，傅晏削封邑四分之一，朱博则在收到召至廷尉的诏书之后，直接自我了断了。

可以说，汉哀帝刘欣的权谋手段，丝毫不逊色于汉武帝、汉宣帝等人，远超好儒仁弱的汉元帝及吃喝玩乐、不干正事的汉成帝。因此，在汉哀帝时，汉朝的中央集权得到了一定程度的反弹加强。

而针对当时帝国的种种问题，刘欣也推行了一系列切中时弊的政策。

比如皇家音乐学院——乐府，被他取缔了；再比如，皇家服装设计制造部门——齐三服官，被明令禁止搞花里胡哨的东西。

他还颁布了限田令：各王、诸侯、公主、吏民占据的土地不得超过三十顷，超出者一律没收归公。

他也颁布了限奴令：诸侯王的奴婢不得超过二百人，列侯、公主的奴婢不得超过一百人，吏民则不得超过三十人，超出者一律没收归公。为了做表率，刘欣还下令，把后宫长期未被临幸的年龄不足三十岁的女子都送回家，又将年满五十岁的皇室奴仆除去奴籍，使他们成为平民。

他也颁布了抑商令：商人不许置办土地，也不许在政府机构任职。

限田令、限奴令、抑商令，矛头都指向了土地兼并、豪强坐大这一西汉末年帝国的核心问题。

此外，刘欣还下令废止了任子令。任子令，顾名思义就是老爹当官，儿子也能进衙门，具体内容是：二千石官员任职达到三年及以上，可以推荐一个儿子担任皇帝侍从官（郎）。任子令的废除，也可以对世家大族稍加遏制。

凡此种种，我们可以看到，年轻的刘欣，书没白读，他看到了帝国的问题所在，也想努力去解决问题。

当然了，改革想触及根本矛盾是很难的，当时的大汉帝国，整个政治生态已经严重败坏，外戚专权、世家豪族盘根错节。刘欣的许多政令，除了取缔乐府、约束三服官等无关紧要的事情，基本上都成了一纸空文。

刚继位的刘欣，他以为自己是个皇帝，实际上只是未央宫需要坐着这么个人而已！那么，不换脑子就换人，改革只好政治斗争先行。

而对王氏外戚的打压，对成帝旧臣孔光、何武、师丹等人的罢黜，对傅、丁外戚的约束，固然是权力之争，但也可以部分视为刘欣锐意改革的必要人事变动。

值得一提的是，刘欣的一系列改革措施，基本集中在继位前两年颁布。这时候，王莽、孔光、何武、师丹都还在朝堂之上，他们实际上是刘欣改革的支持者，尤其是颁布限田令、限奴令、抑商令、废除任子令，不无王莽的影子。

某种程度上，刘欣的政治理念与王莽是极为接近的，一如汉宣帝的政治思想与霍光极为接近。王莽在南阳新都侯封国住了三年后，汉哀帝刘欣迫于舆论的压力把王莽召回了长安。

这时候，汉哀帝刘欣二十三四岁，正是好年华，而经过一系列操作，已经大权在握、乾纲独断。刘欣实际上有机会与王莽成为一对锐意改革的黄金搭档的，一如汉武帝初期，利用两个舅舅窦婴与田蚡和窦太皇太后斗法的尝试。

王莽有圣人光环加持，大约要比田蚡、窦婴难对付一些，但在锐意改革的过程中，刘欣居中掌控大局，王莽冲锋陷阵，他们势必得罪许多人。

刘欣当然可以坚定地一直保护着王莽，但同时，也可以在合适的时机，像汉武帝抛弃张汤、汉成帝刘骜抛弃王章、翟方进一样，把王莽推出去，成为替罪羊。那时，面对利益集团的汹汹民意，圣人又如何！

从这个角度来看，二十多岁的刘欣，可以说是西汉帝国最后的希望，他有机会挽狂澜于既倒，救大厦于将倾。但天命给了大汉帝国一个机会，又拿走了一个机会。刘欣聪明，但刘欣没有一个好身板，这才是前汉帝国真正的悲剧所在：混吃等死的汉元帝刘奭和汉成帝刘骜都活得挺久，而想干些事情的刘欣却天不假年。

公元前7年三月，刘欣继位，到了公元前7年六月，刘欣就生病了。病情一开始倒不凶猛，但却长时间不见好，时轻时重地绵延了三四年，然后就吞噬掉了刘欣所有的锐气。

生病之初，刘欣曾经病急乱投医，听信李寻、解光的举荐，采信渤海夏贺良的学说，进行改元，来答复上天降下的灾异、疾病。但一个月后，他就识破夏贺良的骗子把戏，把夏贺良杀了，把李寻和解光流放到敦煌。在反反复复的病痛中，他罢黜成帝旧臣，起用新贵朱博、赵玄，又整治了朱博、赵玄，顺便敲打了傅氏外戚，依旧表现得斗志昂扬。但少年意气，终于抵不过疾病熬人。

公元前4年冬，病情加重的哀帝刘欣开始胡思乱想，他觉得自己久病不见好是因为怠慢了对祖宗的祭祀，于是请求太皇太后王政君下诏，恢复了先前废弃的甘泉泰畤祠和汾阴后土祠。

而这种举措是需要盛大仪式配合的，需要皇帝亲自前去主持祭拜，但刘欣的身体已经差到无法摆驾甘泉山，更毋庸说渡河前往河东郡。在这样的情况下，汉哀帝刘欣的祖母就当仁不让地干政了。然后这个女人搞出了没有下限的中山王案。

前文提到过汉元帝的冯婕妤，这位将门虎女，曾经在陪汉元帝刘奭逛皇家动物园时，面对一只暴走的狗熊，挺身而出，挡在刘奭面前，像妈妈护住小宝宝一样保护了刘奭，而与之形成鲜明对比的，是包括傅昭仪在内的众嫔妃的抱头鼠窜。这事儿，还有后续，后续就是，傅昭仪因此对冯婕妤怀恨在心。

后来，元帝病逝，冯婕妤跟着儿子刘兴去了中山国，成为中山王太后，而傅昭仪跟着儿子刘康去了定陶国，成为定陶王太后。正常来说，傅太后与冯太后，隔着十万八千里，傅太后再气不顺，也不能从山东菏泽飞到河北定州跟冯太后打架。

但缘分这东西就是这么奇妙。傅太后的儿子死得早，但因为成帝刘骜没有儿子，而在皇储之争中，傅太后的孙子刘欣赢了冯太后的儿子刘兴。于是，傅太后就奶奶以孙子贵，称帝太太后，得以与太皇太后王政君并称，自然地，藩国太后冯氏再难以望其项背了。

这时候，中山王刘兴已经死了，儿子刘箕子继承王位。刘箕子打小有眼病，刘欣继位后，为了践行以孝治国的理念，专程派谒者张由去给堂兄弟刘箕子治病。但是张由本身也是个有病的，而且是神经病，容易发怒。张由到中山国没多久，就无故发怒回了长安。

这相当于没办成皇帝安排的任务，哀帝刘欣就让尚书台官员去审问张由是怎么回事。张由不能说是自己乱发脾气啊，那是死路一条。于是，他就一口咬定，是因为中山王太后祝诅皇帝与傅太后。

哀帝刘欣这边还没怎么着呢，傅太后那边却立刻兴奋起来，上下其手，很快把冯太后祝诅做成了铁案。

最终，冯太后、冯太后妹妹冯习、弟弟冯参等十七人，或自杀，或下狱伏法。不过，傅太后的仇恨主要是针对冯氏的，隔代的中山王刘箕子倒是安然无恙。但即便如此，仍然能看出傅太后是何等的横暴残酷。某种程度上，傅太后之于汉哀帝刘欣，堪比高后吕雉之于汉惠帝刘盈。

一个强势的女监护人，有更高的概率养育出一个唯唯诺诺的儿子。汉哀帝刘欣聪察明敏多一些，仁弱寡断少一些，比之孝惠帝刘盈，性格还是颇为强势的，但反抗傅太后的控制依然是一件需要花费相当精力的事情。

基于这样的判断，笔者倾向于认为刘欣继位后的病情跟傅太后有相当的干系。在当皇帝前，傅太后无疑是把刘欣保护得最好的那个人，但当刘欣登上至尊之位后，不懂得放手的傅太后却成了刘欣一个急于摆脱又很难摆脱的角色。

刘欣有抱负、有理想，要做一个像汉武帝、汉宣帝一样的帝国掌控者，就要求包括傅太后在内的外戚、重臣都只能拥有建议权，而非决策权。但如中山王太后案所见，刘欣不得不时常面对他与傅太后的决策权的争夺。而刘欣是个病人，过多的争斗只能消耗他的精力。在这样的境遇中，刘欣很难不灰心丧气。

进入公元前3年，身心俱疲的汉哀帝刘欣就像在江海汹涌中溺水挣扎，即将沉没。而命运适时地送过来一根圆木，然后告诉他：你得苟延残喘着。

肆　重用董贤

董贤，云阳人，也就是现在的陕西省淳化县人。董贤的父亲是董恭，担任过御史，因为董恭的缘故，董贤得以成为太子舍人——大汉有《任子令》嘛！

《任子令》规定：父兄担任两千石及以上官员达到三年，可以保举一个亲生儿子或者一个同母兄弟为郎。郎，比如羽林郎，是天子的禁卫军卫队长。而董恭的御史，一定不是御史大夫，甚至不是秩千石的御史中丞或者御史丞。较大概率是普通的侍御史，秩奉六百石。

这明显是不适用《任子令》的，但要么是托关系走门路，要么是针对低级官员有其他类似的律令，反正董贤就成了太子舍人。

太子舍人，在西汉，通常仅仅是太子的护卫从属，日常事情可能就是站个岗、巡个逻啥的。因此，在刘欣当太子期间，董贤与刘欣就没有相见——缘分未到！

等到刘欣当了皇帝，太子宫的从属人员也鸡犬升天，董贤的地位从太子舍人升为羽林郎，也就是从给太子刘欣站岗巡逻到给皇帝刘欣站岗巡逻。但皇帝的羽林郎，少说也得有千把人，寻常情况下，刘欣也很难注意到董贤。因此，刘欣当了两年皇帝，还是没有一次机会与董贤相见——缘分依旧未到！

但两年后，皇帝刘欣生病前后，机会终于来了。某天，董贤被派到未央宫大殿值班，任务是根据沙漏报时间，董贤便得以展示了自己作为大汉第一美男子的一项独特技能：声优。

刘欣早朝正接见官员、听取汇报，忽然听到清脆悦耳的报时，不觉心情激荡，心境动荡，工作也就心不在焉，草草把大臣应付了，就迫不及待移驾出殿来。

这一出殿，刘欣就见到了董贤，只见唇红齿白、弱不禁风的董贤，在威风凛凛的羽林军制服下，显得尤其楚楚动人。

刘欣当即招董贤进殿问话，随后任命董贤为黄门郎，侍候左右，上传下达，制造足够多的工作上接触的机会。刘欣又问董贤家里都有什么人，听说他的父亲董恭在云中戍守，就提拔董恭为霸陵县令，不久又晋升光禄大夫，成为内朝近臣，秩奉比二千石。

没几天，董贤又兼任奉车都尉、侍中。霍光就曾经长时间在汉武帝身边担任奉车都尉之职，职责是管理皇帝出行乘车，秩比二千石。侍中呢，则是加官，有了这个称号，就可以进入内朝参与朝廷事务决策。

此外，董贤家先前只是低级官员世家，家境很一般。现在作为大汉帝国皇帝的宠臣，董贤还受穷，让刘欣颜面何存？事情也好办，不就是钱嘛，少府私藏库里有的是。刘欣大手一挥：赏！私藏库钱花完了，还有大司农管辖下的国家公库呢，继续赏！才十几天，刘欣给董贤的赏赐累计超过一亿钱！

董氏父子这火箭一般的蹿升速度，匪夷所思的赏赐额度，震惊了朝野内外。而那个有理想、有抱负、有能力、能克制的年轻皇帝刘欣也就渐渐消失不见了。为了董贤，刘欣变得恣意妄为、放纵不羁——吕思勉先生总结的前汉亡国三连“孝元仁弱、孝成荒淫、孝哀恣纵”尽数释放。

接下来的故事，细节要讲，还可以讲很多。比如著名的割断袖子的故事，刘欣对董贤的拳拳爱护之心天地可鉴；比如董贤的父亲董恭，被封为关内侯，任职少府，掌管皇室财政。

董贤的岳父被任命为将作大匠，掌管宫室修缮，也是肥缺。董贤的小舅子被任命为执金吾，执金吾前身是中尉，执掌北军，此时的权力没有中尉当时的大，但仍是卫护皇宫的重要军事长官。

刘欣又为董贤在皇宫北门附近建造府邸，规模宏大，装饰豪华，赏赐给董贤的东西，都是从贡品中选第一等的，皇室使用的都得次一等。

刘欣甚至连身后事也安排了，他为自己修陵墓的同时，在旁边也为董贤挖了一个坑——这不是寻常的坑，造价高昂。丧葬用品也都提前高规格赏赐给董贤。

给董贤的，必须是最好的。董贤还封了侯。这件事颇难操作，汉代封侯，非功臣不封，后来皇帝娘舅家封侯习以为常，丞相自公孙弘之后也都可以封侯，但基本上仅此而已。

刘欣再过分，没法把董贤封为皇后，当丞相也难，外朝是士大夫的天下，刘欣只能从功臣上着手。此时，恰好出了东平王案。

待诏孙宠、息夫躬告发东平王刘云的王后在祭祀时祝诅皇帝，刘欣下令彻查，确有其事，不是冤狱。孙宠、息夫躬因为揭发谋反有功，论功够得上封侯的。刘欣灵机一动，有了！他找来了孙宠、息夫躬哥俩，让他们跟大臣们说，这事是董贤首先告发的，就这样没有任何付出的董贤成了第一论文作者。

孙宠、息夫躬、董贤三人随后都被封侯，食邑千户。不久，刘欣又下令益封董贤两千户。但这事，还是引来了质疑。丞相王嘉觉得孙宠、息夫躬夸大了东平王王后祝诅的实情，同时又直言董贤封侯、升官都不合国家制度。

刘欣大怒：这还了得，你说我昏君都可以，但就是不能说董相公不配！王嘉的结局：下狱死！王嘉这个人，还是颇为正派的，也有能力。

王嘉的死，激起了时任大司马、卫将军丁明的同情。另一个原因是，董贤地位的迅速蹿升也威胁到了丁、傅外戚的地位，为了对抗董贤，丁明跟王嘉走得也近。但刘欣才不管你姓丁还是姓傅，惹了董相公就不行！不久，丁明被免职，由董贤接任大司马、卫将军，位列三公。时年，董贤二十二岁！

但是刘欣仍然觉得不够，董相公只能位居自己一人之下其余所有人之上。怎么办呢？刘欣想到了一个人，这个人是孔门之后，是士大夫首席领袖，熟读经书，最强技能是墙头草。他是谁呀？他叫孔光，孔圣人十四世孙！真给孔圣人脸上抹黑！

刘欣让董贤去拜访孔光，在这之前，刘欣已经向朝野透露了让董贤位居三公之上的意图。他让董贤去拜访孔光，就是看准了孔光声望卓著，同时墙头草、身段软的秉性，一旦孔光表现出对董贤非同寻常的尊敬，董贤的实际地位就立即提升至真正的一人之下。

孔光没有让皇帝刘欣失望。孔光听说董贤要来拜访，立即安排家人从驰道上就开始警戒，直到自己家门口。孔光自己穿戴整齐，早早出门等候，远远望见董贤的车队，行礼致意后，退入门内。董贤车队进入孔府中门、孔光又退入内室，等到董贤下车后，才出面拜见。

具体这么做的讲究在哪，笔者大概了解了一下，就是孔光要屡屡做出回避董贤的姿态，不敢直犯圣颜，直到退无可退，才硬着头皮诚惶诚恐地拜见。总之，这是极高规格的接待。而孔光以三公之首，对董贤迎来送往，极其恭敬谨慎，董贤从此就能真正地凌驾于三公之上了。董贤从孔府回来，跟刘欣一讲，刘欣龙颜大悦，立即任命孔光的两个侄子为谏大夫常侍。

刘欣还想禅让帝位给董贤。刘欣病情逐渐严重，又沉迷男色，也没顾上留个一儿半女的。所以，和刘骜晚年一样，刘欣也面临后继无人的大问题。不过，后期的刘欣也不在乎这个，他只担心一旦自己驾崩之后，谁能呵护董贤。靠谁都不如靠自己，刘欣觉得最保险的就是让董贤来当皇帝。

但这只能想一想，刘欣如果能执政二十年，或者有可能，现如今他帝位尚且不稳。因此，刘欣也就提了那么一句，之后不了了之。

以上，大略就是刘欣与董贤的故事。而这当事人沉浸其中、自以为可歌可泣的故事，最终极大地破坏了帝国的政治生态。

试问，刘欣随意任命董家亲属，置废除《任子令》于何地？不走程序，一下就赏给董贤两千户封邑，置《限田令》于何地？新政自然因此土崩瓦解，而政治秩序也荡然无存。

不过，刘欣重用董贤，不可否认，也有借以打压丁、傅外戚的意图。他吸取刘骜的教训，对外戚是极为谨慎的。但当新政成为废纸之后，打压丁、傅外戚又为了什么呢？为了有一天让王莽卷土重来没有对手？

另外注意，刘欣提出禅让帝位给董贤，绝非一时脑热，这实际上是一次政治试探，也是当时士人阶层呼唤恢复三代圣制的外在体现——尧、舜、禹三代圣制最核心的制度就是禅让制。

与此同时，禅让制是选贤而禅。而当时大汉的天下，若问谁又是最贤能的人？十个人有九个人都会回答是王莽！

从这个角度看，让王莽吃尽苦头的汉哀帝刘欣，一番折腾，临了，一个打压丁、傅外戚，一个禅让尝试，实际上为王莽送出了神助攻。

第二十二章 王莽归来

壹　归来

汉哀帝元寿元年（公元前2年）正月，皇太太后傅氏驾崩了。这个蛮横老太太的去世，对王莽来说，是个好消息，对丁、傅外戚来说，则是个沉重的打击。

傅老太太如果再活得长久一点，一定会给王莽带来很大的麻烦，也能让丁、傅两家充分参与到刘欣驾崩之后的权力洗牌中，双方也许还要斗上几年。但历史没有如果，只有命运之手推动的历史进程，或慢或快。而在汉哀帝刘欣的末年，命运推手显然想让历史进程走得更快一些。

王莽是在傅太后驾崩前被召回京师的，也是正月。一同被召回的王氏子弟还有平阿侯王仁，理由是侍奉太皇太后王政君。

实际上，一方面，太皇太后王政君敏锐地捕捉到大汉帝国又到了权力交接的关键时候，她需要为自己找帮手；另一方面，汉哀帝刘欣也是迫于舆论压力，傅太后的一番胡作非为，让天下的士民百姓产生了错觉，觉得王氏外戚比丁、傅外戚好多了。

与此同时，汉帝国高层发生了一系列重大人事变动。

汉哀帝元年春正月，孔乡侯傅晏被拜为大司马、卫将军，阳安侯丁明被拜为大司马、骠骑将军。这发生在傅太后驾崩前，极有可能是傅太后遗命。

而刚直的丞相王嘉，多次劝谏皇帝刘欣不要对董贤宠幸太过，让刘欣很不开心。加上此前的丞相朱博不得好死，老好人平当继任几个月就死在任上，数月之间，换了三个丞相，都很不得刘欣的心意，也很难得到众人的信服。于是，刘欣召回了孔光，拜为光禄大夫、给事中，位在丞相之下。

实际上，此时，哀帝刘欣已经动了换王嘉的念头，而王嘉仍然在孜孜不倦地针对董贤进行劝谏，终于惹怒了刘欣，于是王嘉身死，孔光上位成为丞相。与孔光同时被召回的还有老臣何武，此时被任命为御史大夫。

但何武的御史大夫没当几天，就被调任前将军，彭宣接任了御史大夫。稍后，大司马丁明因为同期王嘉被免去大司马之职，回家待业，另一个大司马傅晏也被安排退休。

一个叫韦赏的来历不明的人当了几天大司马、车骑将军后，旋即病逝。于是，当年十二月，董贤上位，成为大司马、卫将军。

那么，当汉哀帝元寿二年六月，皇帝刘欣在未央宫咽气时，大汉帝国的高层政治结构是：大司马、卫将军董贤，丞相孔光，御史大夫彭宣为三公；何武作为前将军及两朝重臣，举足轻重。

至于王莽，虽然回到了京师，但是仍然被排除在权力中心之外。不过，以当时的情势看，王莽复起是迟早的事儿。

董贤太年轻，太缺乏政治经验了。

而孔光、彭宣、何武诸位，我们大概分析一下他们的态度：孔光虽然不是王莽的死党，但无可无不可，何况，政治理念上，他支持王莽；彭宣从后来看，对王莽专权，颇有戒心，但此时，若必须在董贤与王莽之间选一个，他一定选王莽；何武却是一直都与王莽政见不合的，但他可以反对王莽，却很难力挺董贤。

那么，结论就是，当汉哀帝去世、没有继嗣、帝国后继无人的纷乱情况下，没有人真的认为董贤能够主持大局。能够主持大局的人，只能是圣人王莽。

最关键的是，这些人头上，还有个太皇太后王政君。当帝国无皇帝时，依汉制，太后可以领取一张皇帝体验卡，有效期直到新皇帝诞生。王政君不会放过这个重新占据主动的机会，而傅太后已死，放眼望去，没有人是她的对手。

公元前1年六月二十六当天，哀帝刘欣驾崩的消息，很快就传到长乐宫太皇太后王政君这里。王政君当即下令摆驾未央宫。到了未央宫，王政君先以太皇太后的名义夺取了皇帝印绶，随后在未央宫东厢房召见董贤：“董大司马，您看皇帝的丧事该怎么办呀？”

董贤哪里办过这种事，只好来了个一问三不知，免冠下跪向太皇太后谢罪。

王政君就说：“新都侯王莽，先前以大司马的身份，主持了成帝的丧葬事宜，有经验，我让他来帮助你！”这不是商量，而是命令，董贤不管心里情不情愿，他的回答是：“太好了！”

董贤点了头，王政君立即派出使者紧急召王莽进宫。同时王政君又对尚书台颁布诏令：由王莽代替自己接受百官奏事，发兵符节都由王莽来掌管，守卫禁门的中黄门，守卫殿门的期门郎，也都由王莽调度。

王莽进宫掌控一切之后，按照王政君的意思，指示属官弹劾董贤，罪名很荒唐——哀帝病中，董贤没有亲尝医药。但这都不重要，重要的是，借着这个弹劾，王莽做出了禁止大司马、卫将军董贤进入司马门的决定。

这也就杜绝了董贤孤注一掷、调动北军鱼死网破的可能。不过，这其实是多虑了。董贤和邓通一样，都是没什么执政能力的人，加上董贤太年轻、缺乏历练，面对王政君、王莽的组合拳，他连抱头做出基本防御都不会。

董贤只有跪在皇宫门前不停地求饶。而王政君、王莽的攻击并没有停止的迹象。公元前1年六月二十七日，刘欣驾崩的第二天，王莽遣谒者前往宫门前向董贤下达诏书：“董贤年少，无法主持丧葬事宜；做大司马，不能让百官心服。故当即收回董贤大司马印绶，罢归家中。”

这也是终极判决书，董贤回到家里，当日，就和妻子一起自杀了。董贤家人也不敢声张，连夜把董贤夫妻埋葬了。但王莽疑心董贤诈死，在相关官员的奏请下，董贤的棺材又被挖了出来，送到诏狱开棺验尸，验明正身后埋在了狱中。

就这样，皇帝刘欣和董贤前后脚退出了历史舞台。大司马之位空缺出来了，接下来就要“竞争上岗”了。太皇太后王政君下令，让公卿举荐可以担任大司马的人——还挺民主！

王莽当然是众望所归。他本来已经是大司马，纯粹因为政治倾轧下台，并无实质过错，而且素来贤名满天下，再加上还是太皇太后王政君的亲侄子。孔光带头，九卿众口一词，整个大汉朝堂几乎都是王莽的粉丝。

不过，有两个人有意见。其中一个是老熟人，前将军何武。另外一个是左将军公孙禄。两人对王氏专权极为戒惧，担心王莽上台后，会重蹈吕氏之乱和霍氏之乱的覆辙。

两人一合计，玩了一出商业互吹：公孙禄举荐何武可以当大司马，何武则举荐公孙禄。要是当时有不记名投票选举就好了，这俩保准都会投自己一票。但这丝毫不能阻止王莽上位，充其量就是表达一下自己的不满，那么多人支持王莽呢。六月二十八日，太皇太后王政君下令，任命王莽为大司马、领尚书事。

王莽：我大汉终结者，又回来了！

贰　安汉

汉哀帝刘欣在公元前1年六月二十六日驾崩，而直到当年十月十二日，刘欣才得以安葬在义陵，这两个日期，让人浮想联翩：汉哀帝刘欣的遗体居然停放了接近四个月。

刘欣遗体下葬前的一百多天里，可以发生许多事，比如搞定董贤，比如王莽上位大司马。除此之外，王政君、王莽、孔光、彭宣、何武，大汉帝国这些最有权势的人在忙什么呢？

首先，他们得先忙着选出个皇帝来。

王莽与王政君商议后，选中了中山孝王刘兴的儿子，刘箕子，就是先前中山太后案中那个有眼疾的小孩。续宗族，刘箕子是汉元帝刘奭的亲孙子，是成帝刘骜的亲侄子，是哀帝刘欣的堂弟。

为什么选刘箕子呢？有一种说法是：箕子只有九岁，年纪小，方便王政君、王莽控制。这就有点马后炮了，这其实是以篡位后的王莽倒推谦恭下士时的王莽。

选中刘箕子的根本原因是：刘箕子是血统法理上的最佳人选。第一选择当然是哀帝刘欣的儿子，但刘欣没有儿子。退而求其次，成帝刘骜的儿子也成，但燕啄皇孙，刘骜的儿子一个也没保住，不然也不会轮到刘欣当皇帝。那再退一步，元帝刘奭的其他儿子也成，但元帝除了刘骜，只有中山孝王刘兴和定陶共王刘康两个儿子，这俩早死了。

那么，从元帝刘奭这个老疙瘩上开始刨，能刨出来的，也就只有亲孙子刘箕子这一颗土豆了。也许，中山孝王刘兴、定陶共王刘康还有其他儿子，但那些都没有继承王位，即便存在，也基本上都是庶出，优先级不可能高于刘箕子。

敲定了人选，王莽又举荐堂兄弟、王音之子、安阳侯王舜为车骑将军，进入七月后，王莽就派遣王舜和大鸿胪左咸持节前往中山国迎刘箕子，正式通知他，我们已经选定您为帝国继承人。

不过从河北保定到陕西西安，路途遥远，得耽搁一会儿，而帝国也只能暂时处于无皇帝状态。那么按照惯例，王政君就是帝国名义上的最高统治者，而有王政君充分授权背书的王莽，则是帝国实际的最高统治者，是元首，是领袖。

一朝权在手便把令来行，王莽当然不会天天坐着等候一个小孩子来当皇帝，在他作为帝国实际最高统治者期间，他是不可能什么也不干的。此时，正好有一些被士民百姓深恶痛绝的前朝贵人，王莽因势利导积累声望的好时候到了。

第一个被拿来当垫脚石的是皇太后赵飞燕。

汉哀帝继位后，赵飞燕为了求生存，彻底倒向傅太后。寄人篱下，就很难不被人利用，赵飞燕大概没少给王政君气受。而且，王政君与赵飞燕的婆媳矛盾早在成帝时期就积怨颇深。

而赵飞燕的罪名也是现成的。当初司隶校尉解光弹劾赵合德谋害成帝子女时就提到赵飞燕也是帮凶，当时被汉哀帝刘欣强压了下来，现在可没有人能庇护她了。王莽出头让太皇太后王政君诏告相关部门，以赵飞燕残灭继嗣为由，贬皇太后赵飞燕为孝成皇后，移居北宫。

一个月后，太皇太后王政君再次下诏，说赵飞燕很少朝拜自己，为妇不孝，有失妇道，不当为皇帝妻，废为庶人，打发去哀帝的陵园等死。赵飞燕看到诏书后，直接就自杀了。事情已经很明白了，王政君、王莽姑侄不是宽宏大量的人，甚至有些睚眦必报，自己如果不能自我了断，连最后的体面也会失去。

好在赵飞燕只是帮凶、从犯，自杀后，王莽、王政君也就放过了她，而主犯傅太后与傅太后家的亲戚们，就没有那么“幸运”了。

定陶太后傅氏是刘欣的亲奶奶，又一手抚养了他，刘欣即位后，这位老太太觉得自己后台硬了，便嚣张跋扈、恣意妄为，她与太皇太后王政君、王莽的冲突尤其剧烈，前文已有描述。

不过，很好玩的是，面对咄咄逼人的傅太后，王政君与王莽姑侄的表现却截然相反：王政君是步步退让，也极少发声为自己争取什么；王莽则充当了王政君的代言人，屡屡直接向傅太后开炮，最终被赶回了封国。

王政君是王莽的坚定支持者之一，王莽为王政君仗义执言，当然是为了自己考虑，但不可否认，其中也有王莽对儒家礼法的坚持。

至于王政君，则颇有忍者神龟的意味，“夫唯不争，故天下莫能与之争”，面对傅太后的逼迫，她退让修心，心宽体胖，到底熬死了傅太后，再次证明，活得久才是硬道理。

不过，虽然王政君与王莽对傅太后的跋扈态度不同，当王政君、王莽重新掌握帝国权柄时，打击傅氏却是应有之义，区别是王政君想点到为止，王莽却主张斩草除根。至于打击丁氏外戚，则是搂草打兔子——顺带。需要交代一下，汉哀帝建平二年（公元前5年），刘欣的生母、傅太后的儿媳妇先行离世了。

王莽先使人上奏丁氏、傅氏的罪恶。随后，太皇太后王政君下诏，尽皆免除傅氏、丁氏在位者的官职、剥夺他们的爵位，丁氏被遣归故郡，傅氏以傅晏为首，宗族之人都被流放合浦。

傅、丁两家只有一个傅喜逃过一劫。傅喜之于傅太后，颇有点窦婴之于窦太后的意味。傅喜饱读经书，能够以儒家礼法严格要求自己，并不阿附傅太后，曾经以大司马的身份位列三公，但却与王莽、孔光、师丹一样，因为反对傅太后加尊号而被贬黜在家。基于此，王莽很欣赏他，在处置丁、傅两家外戚时，特别上书保全了傅喜。傅喜因此不但保留了侯爵，还位列特进，留在长安，得以奉朝请，最后得以善终。

处置了活人之后，王莽也并不想放过死人。这一次，他亲自上奏，贬傅太后为定陶共王母，连王太后的名号都剥夺了，而丁太后则被贬为丁姬。

这事儿并未结束，五年后，也就是汉平帝元始五年，王莽又上奏说：“共王母傅氏，哀帝母丁姬先前不尊臣妾之道，却得以陪葬渭陵，起坟冢与元帝陵齐平，怀抱皇太太后、帝太后的玺绶下葬。按礼法，应当改葬，臣请求掘开二人坟墓，销毁玺绶，并迁葬定陶。”

不得不说，王莽有些心理失衡了。这并不奇怪，王莽和王政君一样，都是个很能隐忍的人，而隐忍容易产生心理失衡。王政君奉行“命里有时终须有，命里无时莫强求”，化解了隐忍的副作用。而王莽怀抱儒家圣治的理想，胸怀天下，每每感觉时不我待，因此，他对不顺遂尤其不能忍，何况他的隐忍是从孩童时期就开始的，持久而积毒尤深。

所以，王政君答复：“事情都过去了，就算了吧！”但王莽坚持认为：“礼法不可废。”王政君不得已，只好下诏说：“在旧棺外再做一层符合规制的椁，另外修坟，用太牢祭祀。”

随后，王莽安排谒者主持发掘，但却出了工程事故：挖掘傅太后的坟墓时，坟冢塌方，压死了几百人；而丁姬的外椁，刚被打开就起火了，火焰冲天，高达四五丈，士卒们匆忙取水灭火，但仓促之间，外椁内的器物玺绶早已烧毁殆尽。

这不是好兆头，按照董仲舒“天人合一”的理论，这是上天示警。于是，王莽再次上奏：“先前，定陶共王母傅氏居住在桂宫，上天震怒，降火烧了正殿；丁姬死后，葬仪不合礼制，天降大火，烧了棺椁。这是上天在警告我们，应当按照媵妾的规格埋葬她们。她们此前的棺木使用的是帝后专用的梓宫，穿的是珠玉之衣，都超出了藩妾的规格，因此臣请求改为木棺，去掉珠玉之衣，以媵妾身份埋葬。”

人越老，对封建迷信越相信，王政君这次没有拖延，当即就批准了王莽的奏疏。

元始五年，大汉帝国的士民百姓们，普遍都沉浸在对圣人王莽的狂热中，在挖开傅太后、丁姬的坟墓降低规格重新埋葬后，朝廷大臣、士民百姓纷纷出钱的出钱、出力的出力，自发组织起了十余万人，投入到了对傅太后、丁姬原陵墓的平坟运动中，花了二十多天，终于将陵墓铲为平地。最后，王莽又在原陵墓的土地周围种上了一片荆棘，以警告世人，这就是违背礼法的下场。

傅家还有一个人要处置，那就是汉哀帝刘欣的傅皇后。傅皇后贵为皇后，可皇帝对她毫无感情。她也是个可怜人，没有做什么恶，但在当时的政治环境下，连带是再正常不过的逻辑。王莽先上书令傅皇后退处桂宫，不久之后，又把傅皇后和赵飞燕一道贬为庶人。傅皇后和赵飞燕一样，选择了自杀，而王莽的奏疏中，通篇都在大骂傅太后。

王莽也没有放过董贤的家人，他把劾奏董贤的功劳让给了孔光。董贤实际上也没做什么恶，错只错在得到了哀帝刘欣的宠爱。所以，董贤的罪名是巧佞，当然还有奢侈。不奢侈是不可能的，董贤夫妻自杀后，董家被抄家，家财拍卖后，得钱凡四十三亿——为了他，刘欣几乎搬空了整个少府私库与大司农国库。而董贤的父亲董恭、兄弟董宽信与其他家属也都被流放到了广西合浦，董贤的母亲则被遣返故郡巨鹿安置。

至此，王莽的仇敌——赵飞燕、丁傅外戚、董贤——都被一一安排了，接下来王莽要对付的，是那些潜在政敌。

王莽并非王政君唯一可以依靠的娘家人。王政君有一个兄弟活着，就是红阳侯王立。王政君还有几个侄子也活着，论亲疏，他们和王莽一样，其中平阿侯王仁、成都侯王邑都还保留了侯爵。

王邑是王商次子，是哀帝年间，皇帝刘欣迫于舆论压力封的，根基较浅，又跟王莽走得很近，因而不在王莽的打击范围之内。

王立却是个浪荡公子，骄奢淫逸，放纵恣肆，贪婪短视，王莽本来也看不上他。但论辈分，王立是王莽的亲叔叔，血缘上比王政君更近，难保有一天王政君看王莽不顺眼了就拿王立来打压他。所以，王莽必须搞掉王立。于公，是大义灭亲，拿王家的败类换天下的声望；于私，则是打压潜在政敌，以防王立分权。

王莽仍然是让孔光出头，向太皇太后王政君奏劾王立的罪过，罪状包括：收受淳于长的贿赂；妄图以官婢女杨寄的私生子冒充皇子，为天下所疑。孔光代为提出的王莽的诉求是：把王立遣返封国。

王政君对娘家人没得说，很是照应。但她这么做，其实是精致利己，是借助娘家人的力量保证自己的政治地位，也保证自己的好日子。尤其是汉哀帝刘欣驾崩后，年逾古稀的她愈发渴望晚年的安宁。所以，王莽、王立、王仁对她来说都一样，她的骨子里，并没有让王氏代汉的打算。

王政君拒绝了孔光奏疏里的请求。于是，王莽出马了，然后，王政君就真正见识到了王莽巨大的政治能量。王莽不是跟她商量的，而是来威胁她的。王莽说："如今汉家衰落，两代都没有继嗣，太后您代替幼主执政，居嫌疑之位，力行公正尚且不及，怎么能以私恩违逆大臣的建议，如此下去，恐怕会导致群下鼎沸，祸乱丛生！因此，臣劝太后还是遣红阳侯归封国，等局势稳定后再召回他也是可以的。"

最后一句王莽自己都不信的安慰，是掩盖不了前边赤裸裸的威胁的。王莽的潜台词很清楚：现在前朝都在我的控制之中，不按我的意思办，是会乱起来的。王政君是大福之人，大部分的福报靠运气，但也靠选择。比如现在，听了王莽一番话后，王政君就选择了顺从。于是，王立被遣返封国，王仁也被以相似的手段打发回封国。

同样的，这不是结束，理想主义者王莽不允许和光同尘，而是要除恶务尽。三年后，汉平帝元始三年，王莽派遣使者，逼迫王立、王仁自杀，永绝后患。

搞定了与自己不一心的自家人后，王莽又把矛头指向了何武和公孙禄。王莽让相关部门弹劾何武与公孙禄相互吹捧，违背选举规则，何武、公孙禄都被免职。这件事情，当然也不会到此结束，但在这里就先不说了，何武的结局在另一件大案里。预知后事如何，等到"吕宽案"时再细讲。

而当对手纷纷倒下时，有必要请出王莽的帮手，来一次简单的检阅。

首席当然是墙头草孔光。墙头草，是笔者对孔光的第一判断，但此时此刻，需要说明的是，笔者被史书欺骗了。

孔光其实很复杂。成帝当年选储时，众人纷纷支持刘欣，只有他赞成选中山王刘兴，颇有点孟夫子"虽千万人吾往矣"的气概。当哀帝要给祖母、生母加尊号时，已然有王莽倒下在前，他仍然坚持不同意，对于发端于祖师爷孔老夫子的儒家礼法，他并不缺乏坚持。

当然了，对董贤的尊崇是他的道德污点。也正是这一污点，一度让笔者以为他对王莽的屈从是他柔媚自保的手段。但不要忘了，孔光还有一重身份，那就是士大夫领袖、儒家举足轻重的代言人。

在这个身份下，孔光的行为就可以解释了：他或者有阿附王莽的表象，但骨子里，他衷心拥护王莽的政治理念和政治改革，王莽想做的，正是他想做的。而王莽对他的回报也不错，他的女婿甄邯被任命为侍中、奉车都尉，同时王莽也对孔光礼敬有加。

孔光之外，王莽堂叔王音的儿子王舜、成都侯王商的次子王邑、王莽的私人班底甄丰、刘向的儿子刘歆（本名刘秀，为避光武帝名讳史书改名歆）、故丞相平当的儿子平晏、将军孙建等都被王莽引为心腹，他们一起为王莽的宏图大业摇旗呐喊。

在孔光、甄丰、刘歆一众心腹的支持下，到了八月，大汉帝国的朝堂基本上就只有王莽一种声音了。大司空彭宣对这种局面不满意，但也改变不了什么，就上书请求辞职了。当然，这种不配合的态度，也被王莽拿了一个小本本记下了，秋后算账是跑不了的。

八月二十七日，右将军王崇被任命为新任大司空，光禄勋马宫则升任右将军，左曹、中郎将甄丰则被任命为新任光禄勋。马宫是不是王莽的好朋友，不清楚，但王莽对他很好，最起码王莽拿他当好帮手对待，就像对孔光一样。

至此，王莽基本上一统朝堂，而中山王刘箕子也终于来到了长安。九月初一，中山王刘箕子即皇帝位，改名刘衎，是为汉平帝，大赦天下！

皇帝年幼，太皇太后王政君临朝听政，大司马王莽主持朝政，接受百官奏事。王莽还不是皇帝，但已经开始行使皇帝权力了。公元前1年十月十二日，在王莽的主持下，汉哀帝刘欣终于入土为安。

新帝即位，旧皇安葬，帝国用四了个月时间终于完成了权力交接。从传统意义上来讲，在王莽的主持下，帝国从后继无人到皇帝大位有属，基本上已经初步安定了汉室。

当然了，比照霍光，则王莽还需要等待小皇帝长大，名义上还政皇帝，送一程的同时还得国富民强，才算真的安汉。但初步成果也值得进行阶段性总结，王莽也迫切需要巩固自己的权力，褒赏那些为自己鞍前马后的心腹。

公元前1年底，益州令派人给朝廷送来一只白雉。这白雉不是寻常物，《尚书》有记载："周公居摄六年，制礼作乐，天下和平。越裳以三象重译而献白雉。"那么，此时此刻，当大汉帝国后继有人之时，白雉是标准的祥瑞之物。

与周公居摄得到的白雉类似，益州令这次送来的白雉也是塞外蛮夷主动送来的。不过，史家都采信白雉之瑞系王莽导演的说法。

证据是没有的，所以我们也不能全信。私以为，班固的《汉书·王莽传》是大型双标现场，白雉之瑞就是其中的典型。祥瑞这事儿，文帝、景帝、武帝、昭帝、宣帝，每朝每代都有，这些皇帝励精图治也都配得上，咱就不说啥了，但元帝、成帝、哀帝这些人执政时期，由于大家都吃天人感应那一套，祥瑞越来越多，试问，如果元帝、成帝、哀帝没有质疑搞幕后指使，凭什么就怀疑王莽这样干？

不过有一件事很确定：王莽是此事最大的受益者。

汉平帝元始元年（公元1年）正月，王莽禀请太皇太后王政君下诏，把这只白雉进献给汉室宗庙。

这一举动对王莽有三重意义：其一，王莽借以表达了对皇帝、对汉室的忠诚；其二，这是对王莽大司马辅政的高度肯定；其三，带领小皇帝祭祀的王莽，像极了活着的周公。

毫无疑问，这一举动也将王莽的声望推到了一个前所未有的高度。于是，大臣们联名向太皇太后王政君奏请："大司马王莽功比萧何、霍光，应当按照萧、霍旧例封赏。"

王政君很敏感：萧何没问题，霍光家的结局却很凄惨。于是，王政君警惕地问众大臣："你们提这个要求，究竟是因为大司马功劳大啊，还是因为大司马跟我是亲戚？"

群臣一听，一琢磨：太后这是对大司马的光辉形象缺乏认知啊！不成，得提高要求。于是，群臣再次上奏："大司马王莽执政，天降和周公执政时一样的祥瑞。周公辅政，以国为号，大司马有安定汉室之功，也应该以国为号，臣等请求立大司马为安汉公！"

这下子，太皇太后王政君放心了，当即诏令尚书署安排此事。但王莽听到这个消息后，却没有表现出特别的欣喜，而是立即上书请求停止对自己的封赏。提请注意，这是一让。

王莽为什么这样做呢？第一，这是王莽一贯谦让作风的延续——人设很稳定。第二，这是一出漂亮的以退为进，因为王莽的上书中还有一个要求，他说：“安定宗庙的事，孔光、王舜、甄丰、甄邯和我一起办的，我请求只封赏他们，而不封赏我。”

毫无疑问，这一动作，会进一步提升孔光、王舜等人对王莽的私人忠诚度，同时瓦解他们对大汉帝国的忠诚度。至于王莽自己，有孔光们摇旗呐喊，绝对不用担心该得的封赏地位得不到。

这不，甄邯立即请求王政君再下诏书：“虽然，大司马你跟我是亲戚，但王道汤汤，不偏不党，你有安宗庙之功，不能因为近亲的缘故，就掩盖你的功劳，请你一定不要推辞。”但王莽再度坚辞不受。这是二让。

王政君又下诏让谒者把王莽请到大殿的东厢房，准备自己亲自去劝说他。但王莽装病不上朝。这是三让。

王政君又让尚书令姚恂带着诏命去王莽家里宣诏：“大侄子啊，你因为赐封的缘故，称疾不起，但是你对国家很重要，没了你不行，请你赶紧回来上班吧！”王莽仍然坚辞不受。这是四让。

王政君又让自己的另一个侄子、王莽的堂弟王闳，奉着正式制书去王莽家召王莽上朝。王莽的答复依然是：身体不适，要请病假。这是五让。

看这姑侄俩，一个比一个犟！但仔细琢磨，事情有点不对头，迄今为止，王政君没有答应封赏王莽的跟班，这是双方的重大分歧。姑侄俩表面一个硬要给，一个坚决不要，其实暗战甚凶。

但到底还是王政君屈服了。她没有办法，一个孤寡太后，斗不过天下归心的王莽。所有人都在劝她把王莽召回来，连她身边的侍从官都加入了劝谏的行列。侍从官对她说：按王莽的意思办，只把孔光等人封赏了，这样大司马就会回来了。

于是，王政君下诏：太傅、博山侯孔光，益封万户，任命为太师；车骑将军、安阳侯王舜，益封万户，任命为太保；左将军、光禄勋甄丰，封为广阳侯，食邑五千户，任命为少傅；奉车都尉甄邯，封为承阳侯，食邑二千四百户。

其中太师、太保、少傅都是新权力构架下的四辅。孔光、王舜们获封之后，想到领袖王莽还没封，赶紧齐齐上书请求王政君再次下诏。

这一次，王莽收到诏书之后，没再坚决推辞，而是接受了太傅的任命和安汉公的封号及相关礼遇，不过把增加的二万八千户封邑给辞掉了——他攫取名望、权力、地位，并不是为了个人享受，他要天下大同。

叁　吕宽案

晋位安汉公后的王莽意气风发，而作为四辅之首的太傅之职也强调了王莽独一无二的辅臣地位。

此时的王莽是否有代汉的野心，尚不得而知。但安汉公、太傅的身份，如臂使指的私人、朝堂共用班底，加上虽然有分歧但整体上是利益共同体的太皇太后王政君，王莽已经能够做许多事。

西汉末年，儒家改革派最核心的政治主张便是恢复周朝的圣王之制。王莽作为活圣人、拯救帝国的希望，也坚定地相信恢复周制是一剂良药。他接下来做的事情，也基本围绕这一核心。

周制的一大核心便是分封。上文讲了，王莽接受安汉公封号之时，却拒绝了加封的二万八千户封邑，理由很充分：待到天下百姓都家给人足。很符合儒家先天下之忧而忧的主张。

不过，王莽辞掉增加封邑后，王政君却觉得没有物质性的封赏说不过去，便再次下令，要将王莽的行政待遇提高一倍：俸禄翻番，幕府家臣配置翻番，节假日赏赐翻番。

王莽当然又拒绝了，相比物质利益，按照自己的方式改造帝国，更能让人有满足感。但王莽趁机建议：绍封近来得罪的诸侯王的后代，同时绍封汉初功臣后代，扩大对在朝诸臣的封赏。

这一建议得到批准，执行结果大概如下：绍封已故东平王刘云的太子开明为王；绍封已故东平思王的孙子刘成都为中山王；封汉宣帝刘病已的耳孙刘信等三十六人为列侯；太仆王恽等二十五人在哀帝时期不阿附屈从傅、丁外戚，右将军孙健、大鸿胪左咸奉诏迎立平帝刘衎，宗正刘不恶、执金吾任岑、中郎将孔永、尚书令姚恂、沛郡太守石诩等人参与迎立平帝的决策，都赐爵关内侯，封邑各有差别。

同时，对平帝来朝时途经郡县的官员，也各有封赏。另外，王莽又主持扩大了王、公、列侯的继承人范围——儿子去世，孙子可以继承，也可以过继亲兄弟的儿子来继承。

这一系列分封，有显著的周朝“天子—诸侯—公卿—士大夫”等级制度的影子。同时，这也是王莽争取功臣后代、中央及地方官员支持的手段。当然，这也是王莽为构建改革统一战线做出的努力。

这一战线的构筑，还有后续。王莽还以太皇太后的名义下令：恢复因犯罪被开除出刘氏宗籍之人的宗籍；二千石及以上的退休官员，按在职时三分之一的俸禄发放养老金。

最后，王莽也没忘记儒家呼吁的公平。高等级的公平，比如土地国有、制度限制兼并与蓄奴，此时王莽力有未逮，但转移支付、让利于民的相对公平，王莽可以做。

他派谏大夫巡行三辅，清查吏民缴纳赋税的档案，退还哀帝驾崩时临时加征的赋税；他还下令，汉哀帝陵墓周围那些老百姓的坟墓，只要不影响陵墓正殿，可以不必搬迁；按照军法规定，老百姓在平时也要每十人配备一套运储设备，以供战时使用，但王莽规定，今后不必准备了。

最经典的，最让人觉得王莽有穿越感的，是下面这件事。

公元2年四月，关东又是蝗灾，又是旱灾，百姓因此流亡讨饭，青州流民最多。王莽先是上书，让王政君缩减用度，做一个勤俭节约的榜样。随后自己出头，捐献一百万钱、三十顷土地，交给大司农，令其拿去赈济流民。

这一举动赢得有良心的士大夫们热烈的响应，一共有二百三十人献上田宅、金钱，用以救助流民。王莽把募集到的土地都按人口平均分配给流民，而钱财则被用以建设安置房。在长安，王莽一共建立了五坊共二百多套住宅，用以收留流民。

至此，刘姓宗室很满意，朝廷大臣很满意，王政君很满意，老百姓也很满意。在公元2年，大汉帝国每一个人，不开天眼，能看到的恐怕都是：帝国在王莽的主持下，渐回正轨，中兴在即。

既然所有人很满意，王莽进一步扩大权力，也就众望所归。一方面，王政君七十多岁的人了，精力不济，不可能事必躬亲；另一方面，王莽干得不错。一众公卿大臣就趁机上奏："地方二千石官吏多有不称职的，举荐的贤良文学之士水平也参差不齐，建议太皇太后把考核这些官员、茂才的小事都交给安汉公来做。"

班固认为，这是王莽权力比肩皇帝的标志。实际上，个人认为，王莽与王政君此时相处的模式，像极了霍光与昭帝、宣帝相处的模式，而王莽在能量上似有不及霍光处。

在宣帝初期，霍光是有威胁宣帝帝位能力的，而王莽此时，尚无法撼动王政君代表的皇室地位。王莽需要的权力，必须取得王政君的授权。王莽固然威逼利诱、计谋百出，但至少此时，他并不敢掀桌子彻底绕开王政君。不过，只要王政君依赖王莽维持朝堂的稳定，王莽终有一天会化成龙。

王莽的改革措施继续推进。公元3年，他主持制定颁布了包括车服制度、祭祀、吏民生计、养老送终、婚丧嫁娶、奴婢田宅规格（新版限田令、限奴令）的一系列律令。同时，他还大规模开办学校，除京师太学扩招之外，在郡、县、乡里都设置学官进行招生授课。宗室封王扩大到了汉景帝、武帝的庶出旁支，而前朝功臣像霍光、周勃、樊哙、张敖的后代都封了侯，共计一百一十三人。

但就在王莽唱着意气风发，准备带领汉帝国走进新时代的时候，忽然就掉进了一个万万想不到的坑里：他的儿子王宇跳出来反对他，引发了一场政治地震。

起因是王莽对外戚的打压。王莽反对一切外戚，包括王氏外戚。从公义上讲，周制之下，外戚作为一股政治势力出现是不被允许的。从私心上讲，王莽不想再冒出个丁、傅外戚团伙来打断自己的改制大业。所以，平帝刘衎的母舅家卫氏，从一开始就被王莽牢牢地摁住了。而王政君对这一决定也是支持的，她也不希望再听到有人冒出来当面喊她老太婆。于是，刘箕子的母亲卫姬被封为中山孝王后，舅舅卫宝、卫玄都被赐爵关内侯，然后就地安置，不得来京师。

不久，就有人反对。扶风郡曹申屠刚上书说，应该按照惯例征召平帝祖母冯氏、生母卫氏的亲属到朝廷，担任相关职务。依据传统，这是合情合理的，何况当时平帝才十岁，也需要至亲的照顾。但王莽和王政君在这件事情上的态度异常坚决，也异常同步——没有一丝商量余地。

王莽呢，境界最高，他是想建立一个新的、健康的政治生态。王政君次之，她是一朝被蛇咬十年怕井绳。王莽的儿子王宇境界则最低，他只想长久地当富贵侯爷，因而看到父亲王莽和姑奶奶王政君这样对卫家，非常担心平帝长大后对王家打击报复。

王宇给出的对策是，自己去讨好取悦卫家，为王家留条后路。他先派人给卫宝写信，让卫宝劝说卫姬上书谢恩，顺带把丁、傅两家骂得猪狗不如。卫姬照做了，这一行为，得到王政君和王莽的激赏，卫姬的封邑被扩大七千户。

王宇又给卫姬出主意，让卫姬上书请求进京照顾皇帝。王莽接到上书一看：小样儿，还跟我玩日拱一卒。当即回复：没门儿，窗户也没有！

王宇一计不成又生一计，他和老师大儒吴章、大舅哥吕宽商量后，决定利用王莽迷信鬼神，准备制造灾异恐吓王莽，逼迫王莽答应卫姬进京。

某日，夜深人静，吕宽走到王莽府第门前，四顾无人，就把准备好的一大盆狗血泼到了王莽家的门上。

吕宽绝对是第一次干这事儿，手忙脚乱地弄出了声响，结果就被王莽家的守门小吏逮了个正着。人是暂时没抓着，但大舅哥被人脸识别了，跑得了和尚跑不了庙。

事情直接结果：王宇被捉拿下狱，随后服毒自杀；吕宽跑到了益州广汉，被抓回处决；王宇怀有身孕的妻子被捕入狱，生产后处死。随后王莽上书彻查吕宽案件，出歪主意的大儒吴章就被查了出来。吴章被腰斩弃市，吴章一千多学生都被剥夺政治权利，从此不得为官。卫氏自然也难逃一劫，卫姬作为平帝生母是不能动的，其余卫氏支属尽被诛杀。

到此就结束了吗？并不！王莽认为，吴章的灾异、谶文之说，是基于今文经书的，是对儒家经典的误读，于是打击面扩大到学习今文经书的儒生、士子们。

这里需要简单科普一下。今文经，一般认为是汉初大儒口口相传的先秦经书。古文经，则被认为是先秦保存下来的典籍原本，主要是鲁恭王破坏孔子旧宅时发现的。

有汉以来，今文经是主流，到刘歆时，开始鼓吹古文经书，因此形成了古文经与今文经对立的局面。刘歆作为古文经书的最权威解释者，又是王莽的得力干将，王莽在意识形态上，也偏向于古文经书。

吕宽案的发生，对王莽而言是一个重塑意识形态的契机。王莽秉政以来对反对派最血腥的镇压从此开始。

像梁王刘立、汉元帝亲妹敬武长公主、先前因与公孙禄互荐被罢黜的何武、与宣帝朝第一名将赵充国合传的虎将辛庆忌的子孙，以及一些地方豪强都在“吕宽案”的扩大化中丧命。

“吕宽案”的影响，首先是对王莽的形象造成了打击，不过，被王莽以“孝道”为主题、及时正确的公关给基本化解了。

其次，在“吕宽案”中，王莽得罪了相当一部分的儒生，与部分宗室、豪强的矛盾也摆到了台面上。帝国在王莽的主持下，暂时还一团和气，但不同利益群体之间，嫌隙已生。

或许，王莽攫取最高权力的念头，就是从这时开始萌生的：安汉公不足以克服改革的阻力，那就继续前进。

肆　居摄

汉平帝元始四年（公元4年），王莽的女儿嫁入了皇家，成为汉平帝刘衎的皇后。史书上讲，这是王莽设巧计、处心积虑的结果。但笔者私以为，这实际上是王莽被民意绑架的结果。

当时政局稳定，平帝继位三年，已经十二岁，到了纳娶皇后的时候了。王莽作为宰辅提出了此事，并将其交给相关部门办理，而相关部门也很快出具了候选名单。

这个名单里有很多王氏的女子，当然也包括王莽的女儿。不知王莽出于什么考虑，反正他对太皇太后王政君说："我德行浅薄，女儿也才能低下，她不应当与其他贵女一起成为候选人。"王政君很欣赏王莽谦让的态度，就下诏说："王氏女，是我的外家，就不要参选了。"

但此诏一下，捅了马蜂窝。首先是庶民、诸生、郎吏等王莽的粉丝们，再一次被王莽的大公无私感动了。结果就是，天下众生纷纷到皇宫阙下上书，表示只有安汉公的女儿才配得上母仪天下。

每天专门跑到皇宫阙下上书的粉丝多达千余人，令王莽哭笑不得，他随即安排相关部门派出大批人马，想劝退这些狂热的粉丝，但没有用，上书的人越来越多。

最后，太皇太后王政君迫不得已，只好再下诏书，采选王莽的女儿为皇后。王莽坚持说要博选众女，但公卿大臣坚持只选王莽女儿一人。就这样，不管王莽愿意不愿意，最终，他的女儿还是成为前汉帝国最后一任皇后。

有理由怀疑王莽在女儿当选皇后这件事中，再一次使出了以退为进的招数。但从一个父亲的角度，也有理由相信王莽这一次是真心不想嫁女儿。

这样分析的重要原因就是，汉平帝刘衎是个病人。什么病呢？癫痫，俗称羊角风。这病一旦发作，就口吐白沫，抽搐不言。现代医学，或许能降低发生频率，在当时，几乎是不治之症。

一个正常的父亲，不会把好端端的女儿嫁给这样的人。当然了，王莽能因为杀奴逼杀儿子，不能算一个正常的父亲，他为了自己的道德皮毛可以说不近人情。但此时此刻，不嫁女也正是为了自己的道德皮毛，同时也能避免女儿迈入不幸的婚姻，两利的事情，王莽犯不着虚伪。

另外，此时的王莽，也不需要通过成为皇帝的老丈人为自己捞取政治资本——一个有病的小皇帝，他丝毫不放在眼里，他需要搞定的也不是小皇帝，而是姑姑王政君。

但民意如此，王莽借助民意步步高升，也被民意裹挟，把女儿推入了火坑。民意是把双刃剑。不过，既然悲剧无法避免，王莽自然要从这件事里得到回报。

公元4年夏，王莽的堂弟兼心腹、太保王舜带领吏民八千多人上书，请求按照大司徒司直先前所请，加赏安汉公王莽。

这一上访请求按照惯例，下达给有关部门讨论。有关部门很快出具了讨论结果：“以召陵、新息二县及黄邮聚、新野田益封安汉公；同时采纳商代阿衡伊尹、周代冢宰周公的称号各一个字，加封安汉公为宰衡，位列上公，此后，三公奏事，要对宰衡讲‘敢言之’；赐安汉公太夫人为褒显君；封安汉公二子王安与王临分别为褒新侯、赏都侯；再加赏皇后聘礼三千七百万钱，加上之前的，合计为一亿。”

而关于封赏仪式，有关部门也给出了具体建议——这一盛大仪式，需要太皇太后王政君亲临前殿进行封拜，安汉公拜于前，二子拜于后，如同周公故事。

王莽当然要谦让一番，他又请假回家了，还上封事说：“只愿意接受对太夫人的封赏（以孝为先嘛！），而自己与儿子的户邑封号不敢接受。”

朝廷接到这一封事后，再度下发朝臣讨论，最后由太师孔光带领群臣向太皇太后王政君说明讨论结果："安汉公功盖千古，却如此谦逊，但朝廷不能听他的，必须封赏。同时，安排大司徒、大司空持节承制召安汉公赶紧回来上班，还要下诏尚书署不要再接受安汉公辞让的奏疏。"

还是孔光了解王莽，只要王莽的核心诉求得到满足，他自然就回来上班了。王莽接受了宰衡的称号，也接受了对二子的封赏，但辞去了召陵县、黄邮聚、新野的封邑——加号宰衡，意味着王莽已经开始了在篡汉路上的狂奔，他想要的是整个帝国，不在乎一两个县乡的封邑。

不过，工具人、儒生士大夫领袖孔光，对王莽的助攻到此为止了。孔光愿意帮助王莽，一是骨头软，二是王莽的政治理想也是他的。但他身为孔门之后，又是三代汉臣，叛汉是他不能承受之重，然而他却又没有荀彧为汉守节而死的勇气。

晋位宰衡之后，王舜再次上书说："天下听说安汉公不受千乘之土，推辞万金之币，没有不倾心向化的。蜀郡男子路建等因此自惭形秽，撤销了诉讼。此情此景，堪比当初周文王让争田的虞、芮两国羞耻罢争，应当通告天下。"

显而易见，宰衡已经不能满足王莽的胃口，他的拥趸们已经开始为他的下一个目标摇旗呐喊了。这让孔光感到很惶恐，他向太皇太后王政君上书请求退休，而他确实也已经步履蹒跚，行将就木。

这一次，太皇太后王政君批准了他的请求，也可以说是王莽批准了他的请求。不过，孔光得到的是半退休待遇，朝廷批准他可以不必朝见，每隔十天上朝一次，为他设坐几和手杖，赐餐十七种，然后归家，但太师的职责他还得担着。

这就是孔光的现状：上了贼船，想下来很难。王莽的言外之意：太师您老了，平时可以歇着，到了需要您用声誉名望来为我上位背书的关键时候，您老人家哪怕坐着担架也得来。

不过，孔光很争气，只熬到了公元5年四月，就一命呜呼了。孔光，谥简烈侯。王莽对这个助攻王很够意思，赏赐给孔家的丧葬用品很丰厚，又组织了万余辆车骑为孔光送葬，荣宠无比。

孔光死得很是时候，因为这时候，王莽的心腹干将们已经又策划好了给王莽加九锡。

九锡是古代皇帝赐给诸侯、大臣中有特殊功绩者的九种器物，代表臣子的最高礼遇，加九锡者，是真正的一人之下万人之上，而且，上面的一人通常还是个傀儡。

九种器物，具体是哪九种，不同时期略有差别，而王莽此时接受的九锡是衣服（包括佩刀、玉饰、色履）、车马、弓矢、斧钺、秬鬯、玉珪瓒、朱户、纳陛、虎贲三百人。

套路和之前一样，众人请愿，王莽谦让，谦让不得，勉为其难接受，离帝位更进一步。与加宰衡时的区别只是，这一次上书请愿的人尤其多。史书记载，精确到个位数，足足有四十八万七千五百七十二人，其中包括公卿大夫、博士、议郎、富平侯张纯等九百零二人。

公元5年五月，王莽正式加九锡，离篡汉称帝只有最后一步。不过，王莽所要完成的事业，是只存在于传说中的，这一步还得分几步走。

不久之后，泉陵侯刘庆上书说："周成王年幼时，称作孺子，由周公代理辅政。如今天子年幼，也应当由安汉公代行天子之事。"刘庆的建议得到了很多大臣的附和。

不过，此事没有深入讨论，因为平帝刘衎病了。平帝刘衎一直有病，癫痫嘛！那么，此时的病，应当是非同小可，准确的说法应该是平帝刘衎病重。

刘衎熬到了十二月，然后驾崩了。关于刘衎之死，史学界说法不一。稍后，王莽的反对派泼脏水说王莽毒死了平帝刘衎。

但从原始资料看，《汉书·王莽传》与《汉书·平帝纪》都不采信这种说法，另外《汉书·平帝纪》里有相关记载说："皇帝仁惠，顾念哀怜。每次发病，气往上涌，不能言语，故来不及有遗诏。"也符合癫痫发病的症状：晕厥，口吐白沫，手脚抽搐。

然而《资治通鉴》与颜师古的《汉书·平帝纪注》却又言之凿凿说："王莽因为排斥卫氏外戚，引起刘衎的不满，双方矛盾激化，王莽趁腊日饮椒酒给平帝下了毒。"

所以，这事儿是个糊涂账。笔者倾向于认为王莽没有下毒，理由是犯不着。一来，王莽是靠民意上台的，弑君太消耗声望；二来，这样一个有病的小皇帝，又是自己的女婿，控制起来并不麻烦。而王莽最终是要谋求禅让上位的，由刘衎这样一位当了多年皇帝的人禅让，也比逼迫一个幼儿园小朋友禅让更有说服力。

不管平帝刘衎究竟是怎么死的，他的死亡对王莽造成的困扰却是实实在在的。他的篡汉称帝之路，还有一大步两小步没有走完，而每一步都需要相当的民意准备。王莽还没有准备好，这就给了政敌攻击他的机会。

王莽需要再拥立一个新皇帝，而当时汉元帝刘奭这一脉已绝。群臣商量之后，列出了一份由汉宣帝刘询的四十八位曾孙组成的名单上奏。这份名单让王莽深恶痛绝，因为名单上都是非王即侯的成年男子，身体健康，心智正常。

一个未成年的、患羊角风的皇帝，当然会被一统江湖的权臣王莽玩弄于股掌，但一个成年的、正常的皇帝，必然会立即成为王莽反对派的领袖，将一盘散沙聚合成反莽同盟。这立刻会破坏王莽处心积虑打造的代汉局面，这是王莽万万不能承受的风险。

但当时的朝堂，王莽有绝对的话语权，王莽提出："兄弟之间不能相互为继嗣。"王莽的提议是有据可查的，当初汉成帝末年，就选择了侄子刘歆为后，而排除了兄弟刘兴。于是，群臣重新议定了一份名单，全部由汉宣帝的玄孙、汉平帝刘衎的侄子辈组成。

但你以为王莽是要再拥立一个小皇帝吗？不！王莽是要选一个姓刘的皇太子。在汉宣帝玄孙候选人到位之前，王莽向皇帝之位发起了冲击。

仍然是公元5年十二月，前辉光谢嚣上书奏报武功知县孟通组织人挖井得到一块白石，上圆下方，上边写着红字，其文曰："告安汉公莽为皇帝。"

前辉光是官职，相当于当初的左扶风、右冯翊，是关中地区的郡国级行政区。王莽主政以来，进行了大量官职名称的更改，也进行了大量地名的更改，在关中，就把关中京师分为前辉光、后丞烈，分领长安南、北诸县。

图穷匕见！如果说王莽嫁女、平帝之死都还有疑惑的话，笔者十分确定这武功县的白石符文是王莽一手策划的阴谋，和什么"始皇帝死而地分""大楚兴，陈胜王""石人一只眼，挑动黄河天下反"一样，都是蛊惑人心、为政治目的造势用的，当然也是人造的，而非天然的。

王莽还在演戏，但王莽只是为了演戏而演戏，他不是要掩藏什么，而是向天下诏告、向心腹明示："本公不想等了，送我上皇帝之位吧！"

王莽的拥趸心领神会，立即集体向太皇太后王政君上报此事。但作为汉家妇人，皇帝大位是王政君最后的底线，在王莽触碰这条底线之前，她可以睁一只眼闭一只眼，在王莽的精心侍奉中安享晚年，但当王莽触碰这一底线之时，她觉得自己必须反抗一下。

王政君当面回复众大臣："这是欺骗天下百姓，不可施行。"但她的另一个宝贝侄子、带头的太保王舜对王政君说："事已至此，无可奈何，太后您也阻挡不了。安汉公莽并不敢有非分之想，只是要以居摄之位加强自己的权力，让天下信服，以便于治理天下而已。"

王舜这是哄小孩子的话，王政君当然听得出来，但归根到底，天生王政君，长寿八十岁，是为了让她享受荣华富贵的，并不是让她做大汉忠贞烈女的。权衡之下，王政君还是同意了王舜与群臣的诉求，随即下诏："因玄孙年幼，令安汉公居摄践祚，如天子之制，赞曰'假皇帝'，臣民称'摄皇帝'，自称'予'，决断朝政，以皇帝之诏，称'制'。"

王莽又向前迈了一小步，离真正的帝国皇帝，只差另外一小步——即真。

公元6年三月，王莽从汉宣帝一众玄孙中，选中了一个叫刘婴的两岁婴儿为皇太子，号为孺子。尊皇后为皇太后。

王莽显然意识到，居摄皇帝这一步，他走得有些快了。步子大了，容易拉伤腹股沟，王莽需要慢下来，消弭居摄的负面影响。他立刻稳固了基本盘——他的心腹王舜被任命为太傅、左辅，另一个心腹甄丰被任命为太阿、右弼，而孔光的女婿甄邯则位居太保、后承。

但王莽的腹股沟还是拉伤了。

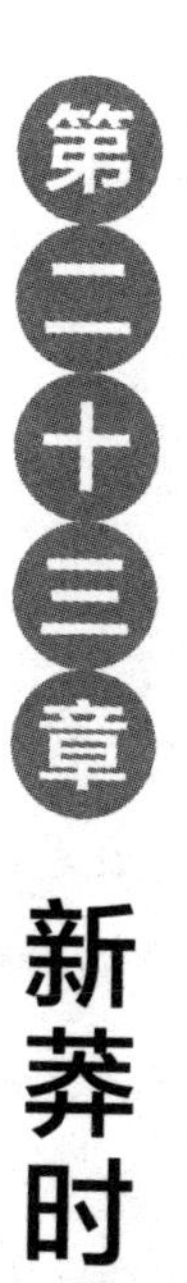

第二十三章 新葬时代

壹　叛乱

王莽居摄元年四月，安众侯刘崇与侯国相张绍商议道：“安汉公王莽必定会危害刘氏江山，但没有人敢率先反抗，实在是宗室的耻辱。我率领宗族子弟为先，天下必然云起响应。”

刘崇是有勇气的，他一个富贵王爷，不像陈涉一样到了穷途末路，却要献祭自己、做埋葬新莽的陈涉。但刘崇也是脆弱的、莽撞的，自然求仁得仁——他和张绍率领宗族一百多人试图攻击南阳郡治宛县，但还没进城，就被击败。

这时候，王莽对帝国的折腾才刚刚开始，远远不到民怨沸腾的时候，而他作为大汉帝国第一网红，数量巨大的支持者保证了此时的王莽虽然不至于坚不可摧，但远不是刘崇街头械斗规模的反抗能够撼动的，何况大汉帝国持续近二百年的国家机器也不是吃素的。

刘崇像蚂蚁一样被碾死，震慑了一大批蠢蠢欲动的人，更吓坏了本就胆小怕事的人。张敞的孙子、张绍的从弟张竦与刘崇的族父刘嘉为了自保，立即进京诣阙请罪，王莽很宽厚地赦免了他们。

张竦作为世家子弟，很有文采，也擅长见风使舵，回头就代为刀笔替刘嘉写了一封奏疏，盛赞王莽美德，同时痛斥刘崇，表示：“刘嘉愿意率领宗室把刘崇侯府的设宫变成污水池；而刘嘉宗族祭祀土神的社宫应该被树立为殷商灭亡后的亳社，以警示诸侯。”

王莽接到奏疏，大喜过望。以亳社暗示王莽取代汉朝堪比周朝取代殷商，可以说挠到了王莽心里最痒处。王莽当即下诏，封刘嘉为率礼侯，又赐刘嘉的七个儿子爵关内侯，而拍马屁正中下怀的张竦不久之后也被封为淑德侯。

不过张竦、刘嘉这种卖亲求荣的行为也很让人不齿，长安群众就编了个顺口溜："欲求封，过张伯松。力战斗，不如巧为奏。"从这个角度讲，张竦也算是在大汉文学史上留下了浓墨重彩的一笔。

然而，蠢蠢欲动的人，只能被震慑，在他们冒出来之前，很难让他们彻底消失。这时候王莽的一系列改革，比如土地国有，比如禁止买卖奴隶，都已经开始触动豪强地主的根本利益。断人财路，如杀人父母，这不是树立一两个正面典型、反面典型就能消弭的。

一年后，成帝时期最后一任丞相翟方进的儿子翟义发动了一起规模庞大的倒莽运动。

翟方进是个狠人，虎父无犬子，他的这个小儿子翟义也是个狠人。少年翟义，因为父亲的缘故被拜为郎，不久之后，因为关系硬，迁为诸曹，二十岁时出任南阳郡都尉，秩比二千石。

宛县令刘立跟曲阳侯王根有婚姻之约，同时在州郡多年，名声在外，看翟义年少，不把翟义当回事。有一次，翟义以代理郡守的身份巡行各县，刘立当时正在会客，就让翟义一直等着。翟义大怒，回来后调查取证，以刘立贪污受贿、滥杀无辜为名，让手下邓恢等人把刘立抓来，关进邓县监狱。

不过，事情也被火速捅到了中央，刘立被王根保下了，翟方进也没法袒护自己的儿子，只是不咸不淡地说了句："这愣小子，以为把人关进监狱就能致人死命吗？"

后来，翟方进死后，翟义坐法免职，后来又起用为弘农太守，历任河内太守、青州牧，此时，任东郡太守。

按理说，累任地方大员，又政绩卓著，翟义是有很大机会进入中央、位列公卿的，但多年来，朝政都被王氏外戚把持，翟义只能在地方上打转转。所以，翟义有怨气，而王莽打击豪强，他显然也在被打击之列。

王莽居摄后，翟义就跟外甥蔡丰说："王莽迟早要篡汉家天下，我作为宰相的儿子，历任大郡，应当为国讨贼，安定社稷。若成功，则选立宗室子弟；若不成功，也无愧于先帝。"

蔡丰时年十八岁，勇武强壮，和南阳都尉时期的翟义一样，正是天不怕地不怕的年纪，当即应允："同去，同去！"

不过，翟义不同于刘崇，他有丰富的执政经验，思虑缜密，因而能谋定而后动。他先暗暗与当地的宗室子弟东郡都尉刘宇、严乡侯刘信、刘信兄弟武平侯刘璜结谋，然后利用职权之便，在九月立秋考试骑射那天，击杀了有异心的观县县令，牢牢掌握了东郡军队的最高指挥权，又招募郡中豪杰勇士，迅速控制了整个东郡。

随后，翟义拥立刘信为天子，翟义自号大司马柱天大将军，任命东平王太傅苏隆为丞相，东平王中尉皋丹为御史大夫。

尽是东平王府的人？这需要交代一下。当初汉宣帝公孙婕妤生东平思王刘宇，刘宇在位三十三年，太子东平炀王刘云继位。刘云在哀帝时，与王后祝诅，事情败露，刘云废徙房陵，旋即自杀，而王后谒则弃市。到了汉平帝元始元年，王莽全面否定哀帝刘欣在位的举措，向太皇太后王政君秉明，又立刘云的太子刘开明为东平王，另立刘宇孙子刘成都为中山王。刘开明在位三年后薨逝，无子，过继了严乡侯刘信的儿子刘匡作为继嗣，成为第四代东平王。

所以，说起来，严乡侯刘信此时除了是侯爷之外，另有一层身份是东平王刘匡生父，是太上王。

翟义起兵、拥立、扩大募兵、设立官属之后，又面向全国发布檄文，说：王莽毒杀孝平皇帝，妄称尊号，如今汉家又有新天子，当代天行诛，讨灭王莽。

这就叫专业。因为专业，所以靠谱，翟义起义军丝毫不耽搁，部署稍定，旋即西进，等到达山阳郡时，已经集结起了十余万的部队，声势浩大，黑云压城。

不过，当翟义斩杀观县县令时，大汉的帝国机器已经开始运转，此时，消息也已经传到了长安。

王莽的第一反应是大惊失色，随即是过度反应。王莽当即任命了以轻车将军成武侯为首的七位将军，分别是：奋武将军孙建、虎牙将军王邑、强弩将军王骏、震威将军王况、奋冲将军刘宏、中坚将军王昌、奋威将军窦况。这七位的职责是出关东作战，王莽允许他们自己选择关西的校尉军吏，佐以关东的甲卒。

同时，以太仆武让为积弩将军屯函谷关，以将作大匠蒙乡侯逯并为横野将军屯武关，这是镇守关中的两个东线门户；又以羲和（王莽所更官职，即大司农）、红休侯刘歆为扬武将军屯守宛城，以镇守王莽的龙兴之地。

这一番布置之后，王莽依然不放心，他又任命太保后丞、承阳侯甄邯为大将军屯霸上，以常乡侯王恽为车骑将军屯上林苑平乐馆，以骑都尉王晏为建威将军屯城北，以城门校尉赵恢为城门将军，这是为了警戒京师。

杀鸡用牛刀，王莽是要用最快的速度将翟义剿灭，而以理度之，以雷霆万钧之势消灭翟义，也是大概率的。

但显而易见，王莽反应过度了，而反应过度是因为心虚，这种心虚，他那些狡猾凶残的对手会轻易捕捉到。

这不，就在王莽令七将东出不久，三辅从茂陵向西至汧县凡二十三县，忽然之间盗贼并起，以槐里男子赵朋、霍鸿为首，各称将军，攻烧官寺，击杀了右辅都尉，又攻杀了斄县县令，不日之间，也聚集起十余万众，迤逦东来，最危险的时候，从长安未央宫能看到来自西方的战火之光。

但是，大汉帝国的家底还是够厚，王莽提前对京师的戒备也显得未雨绸缪。王莽派遣将军王奇、王级带兵迎战赵朋、霍鸿，双方暂时在关中战场陷入僵持。

而东线战场，好消息已经传来：七将军进军陈留，在菑县与翟义会战，大破翟义，斩刘璜首级。王莽接到消息，下诏封赏前线将士，包括车骑都尉孙贤等五十五人都被封为列侯。七将军及所将校尉吏卒受到鼓舞，越发奋勇，一鼓作气进围翟义于圉县，不久城破，翟义与刘信逃亡。翟义最终在固始县界被捕斩，而刘信则不知所终。

东线告捷之后，孙建、王邑率军凯旋，到京师之后，与王级等合兵一处，在王莽优势兵力的夹攻之下，赵朋、霍鸿相继殄灭，茂陵以西诸县重归平静。

就这样，王莽在篡位路上遭遇的最大叛乱被平定了。暴力不会长期有效，但在短期内，暴力往往最有效。王莽把翟方进从坟里挖了出来，焚烧棺椁，同时夷灭翟家三族。在王莽的血腥镇压之下，识时务的反对派又一次潜藏了起来。

但当一切尘埃落定之后，我们再回头看，这场叛乱，对王莽的打击是致命的。

首先，王莽要犒赏作战将士，仅封赏侯、伯、子、男就三百九十五人，加上王莽一路走来，也一直在回馈支持者，封拜许愿颇多。保守估计，当翟义叛乱平定之时，王莽应当有五百人左右的封赏空头支票要兑现，而财富与土地是不会凭空产生的。

其次，虽然对翟家、对东平王家族斩草除根，但面对可以颠覆政权的帝国豪强大族，王莽也倒抽一口冷气。赵朋、霍鸿可不是什么流民草寇，茂陵以西，多移民豪强，这次三辅动乱，少不了三辅豪强背后的支持煽动，而当叛乱平息时，许多参与叛乱的人，必然散入豪强家，寻求庇护。王莽是改革派，当他对豪强感到无奈时，实际上已经注定了他的末日，他已经无法触动豪强大族的核心利益。

最后，翟义叛乱彻底暴露了王莽外强中干的本质。胜利仅仅是力量优势下的必然，跟王莽的运筹帷幄关系不大，如果不是他对翟义反应过度，三辅豪强也不至于轻举妄动，动摇腹心。如果说，翟义叛乱，是反对派的一次战略试探，王莽则一下子把全部底牌都暴露了。

而王莽的骚操作远不止此。所以，事实上，翟义叛乱虽然平定了，但新莽帝国在还未正式诞生之时，就已经危机四伏。

贰　强行即真

当翟义叛乱，关中赵朋、霍鸿响应，局势最危急之时，王莽抱着孺子刘婴，率领朝廷百官，依据《周书》作《大诰》，反复向上天表明自己仿效周公的志向，表示自己不敢篡夺代汉，又派遣大夫桓谭等巡行诏告天下，表明自己将会在孺子长大后归政于汉天子。

然而，当七将军大破翟义时，王莽立即又觉得自己得到了上天的庇佑，是天命所归。那么，当翟义叛乱、三辅叛乱尽皆平定之时，德配文王的王莽，又有了武功赫赫，在周遭尽皆马屁精的信息茧房里，王莽自然迫不及待要谋取即真。这当然让桓谭们的巡行诏告成为全国皆知的笑话。此时，除了王莽的死忠，怕是已经没有几个人真的相信王莽那一套仁义道德了：把篡汉说得再好听，也是篡汉。

进入公元8年，群臣先是上奏，奏请进摄皇帝两子王安与王临分别为公，又奏请封王莽兄长的儿子王光为衍功侯。不久之后，王莽下南阳，摆驾新都国，以威慑东方，群臣又上奏封王莽孙子王宗为新都侯。

然后，王莽的母亲大人褒显君去世了。这时候的汉代社会，为父母守孝三年已经颇有市场。当然这不是必需的，但对一直以恢复周礼为己任的王莽来说，要言行合一，就需要守孝三年。但王莽以自己已经践祚摄政，是代理汉天子为由，仅仅以天子临诸侯之礼两次参与吊唁而已，而真正的服丧三年，则由新都侯王宗主持。

与此同时，衍功侯王光犯了事儿。王光请托执金吾窦况帮他搞一个人，窦况把人逮捕之后，诬陷至死。这事儿被司威陈崇上奏给王莽，王莽暴怒，切责王光。

王光的母亲对王光说："孩子啊，你觉得你有长孙、中孙跟摄皇帝亲近吗？"长孙就是王莽的长子王宇，中孙就是王莽的次子王获，这两位都因为犯法被王莽逼杀。王光母亲的言外之意很清楚了，于是，王光与王光母亲，不等王莽来逼迫，都体面地自杀了。

遥想当初，王莽还是普普通通的一个王氏子弟时，正是以孝顺母亲、尊敬寡嫂、抚养孤侄积累名望的，此时，这些名望又因为这些至亲而逐渐崩毁。

人设已经崩了，但权力是实实在在的，挫折带来的挫败感，反而让王莽更加固执，在他心里，举步维艰是因为没有真正当上皇帝，权力不够大，而非相反。

事情被紧锣密鼓地安排着。白石符谶之后，投机客们发现了新的升官发财之路，于是符谶云起：广饶侯刘京说齐郡凭空出现了一口新井；车骑将军千人扈云奏言巴郡发现了一头石牛；太保属臧鸿报告说在扶风雍县发现仙石。

这些符谶全部众口如一地指向上天要王莽当皇帝，王莽照单全收。王莽据此上奏：从此以后祭祀，拜见太皇太后、孝平皇后，自称"假皇帝"；天下人奏事，去"摄"，称皇帝；改居摄三年为初始元年……

然后，又出了状况，期门郎张充等六人阴谋劫持王莽，拥立楚王刘纡。当然了，六个小小的期门郎瞬间就被弹压了。但这些事总是很糟心，就如附骨之疽一般，不停地扰乱王莽理想主义下本就容易失衡的心智。

但好在，即真的最后一步终于要走完了。梓潼人哀章是个读书人，还是个不正经读书人，就像流氓爱读书。要着流氓的读书人哀章完成了对王莽篡汉称帝的最后助攻。

哀章制作了两个铜匣子，里边放了两个简，其中一个是"天帝行玺金匮图"，另一个是"赤帝行玺某传予皇帝金策书"。

赤帝某即高皇帝刘邦。两书的细节，包含以王莽为真天子，皇太后应依从天命等。当然了，无利不起早，哀章还写了八大臣作为王莽的辅臣，另有王兴、王盛二人的姓名在册，代表王氏兴盛的意思，而哀章自己的名字则也列入其中，凡十一人。随后，哀章把金匮交给尚书仆射，由仆射汇报王莽。于是，王莽至高庙拜受金匮神禅，受命正式称帝。接下来，就是改正朔，易服色，改变牺牲祭祀、徽号旗帜、器物制度的规格等，不需多言。然后，有人大概可以猜到，大汉帝国的太皇太后王政君又要出来演贞节烈妇了。

各种昭告王莽代汉的符谶早就送到了长乐宫王政君这里。王政君每一次都大喊："真的吗？真的吗？天杀的，我这个侄子真的要篡汉当皇帝吗？"

这种表演浮夸极了，全帝国都知道王莽要篡汉，这至少在三年前就昭然若揭了，王政君自然早就预料到这一天。只是，她作为大汉太皇太后，孝元皇帝的正牌皇后，曾母仪天下，又临朝称制，在皇嗣相继享国不久的情况下，王政君实际上已经成为大汉皇室的代表。王政君阻挡不了前汉的终结，但王政君不希望在死前看到这事发生。

命运弄人，王政君很长寿，迄今仍好好地活着。最尴尬的是，因为孺子刘婴没有正式即位，因而皇帝玺至今还在太皇太后王政君手里握着，而王莽即真，必然会索求皇帝玺。

王莽派王舜来向王政君索求玉玺，王政君当然不会答应。把玉玺交给王莽，她就坐实了大汉亡国太后的名声，不好说也不好听。所以，她破口大骂王舜，顺带也骂王莽，并表示自己是汉家老寡妇，活不了几天了，死后要用玉玺陪葬，绝对不会交出来的。

王舜看着痛哭流涕、张牙舞爪的王政君，自己也跟着痛哭流涕，但没有张牙舞爪。他等王太后平静下来，哭着说："臣等无话可说，但王莽必然要得到国玺的，太后难道能真的不给他？"

王舜太了解她这个精致利己的姑姑了，所谓的汉家老寡妇，所谓的死后玉玺陪葬不过是虚张声势，只是表达自己对汉家的忠诚、眷恋，是为了堵住天下人的悠悠众口。而骨子里，他的这个姑姑越老越怕死，无论如何不会放弃锦衣玉食的生活，更毋庸说了结自己、为汉帝国殉葬。

王政君听了王舜的话，瞬间收住了悲泣，像被毒蛇咬了一般，迅速地拿过传国玉玺抛在地上，又虚张声势地说了句："我马上就要死了，你们兄弟就等着灭族吧！"就这样，王莽得到了玉玺，王政君继续过着自己优渥的太皇太后生活。王莽当晚就在未央宫渐台为王政君设宴，纵情声乐，姑侄重归于好。

过了这一关，王政君也破罐子破摔了。

公元9年春正月，王莽率群臣正式奉王政君为新室太皇太后，去汉号。王莽妻子、前宜春侯王䜣曾孙女为皇后，皇子王临为皇太子。大赦天下。而孺子刘婴则被封为定安公，封万户，以孝平皇后为定安太后。

又按哀章所进金匮封拜辅臣：

——以太傅、左辅、骠骑将军安阳侯王舜为太师，封安新公；大司徒就德侯平晏为太傅，就新公；少阿、羲和、京兆尹、红休侯刘歆为国师，赐封嘉新公；广汉郡梓潼县人哀章为国将，赐封美新公：是为四辅，位列上公。

——太保、后承承阳侯甄邯为大司马，赐封承新公；丕进侯王寻为大司徒，赐封章新公；步兵将军成都侯王邑为大司空，赐封隆新公：是为三公。

——大阿、右拂、大司空、卫将军广阳侯甄丰为更始将军，赐封广新公；京兆尹人王兴为卫将军，赐封奉新公；轻车将军成武侯孙建为立国将军，赐封成新公；京兆尹人王盛为前将军，赐封崇新公：是为四将。

十一公里边，四辅三公及甄丰、孙建等九人，除了哀章，都是王莽一步步上位的股肱心腹，但王兴、王盛二人得居大位就很搞笑了。

王兴，是故城门令史，好歹是个官员。王盛呢，干脆是个卖炊饼的。但没有办法，王莽按符命登基，自然要按符命封拜，王兴、王盛是哀章随便写的，王莽也只能漫天撒网找。但王兴、王盛这名太大众化了，一找找出了十几个，没办法，只好通过占卜，得出谁是大富大贵之相，最终敲定了王兴、王盛。而其他应符谶的王兴、王盛，也不能白跑一趟，全都拜为郎。

事情越来越闹剧化了，但不管手段如何，目的达到了，也是胜利。只是，面对复杂多变、矛盾重重的政治、军事环境，王莽能控制局势吗?

叁　改制

事情从王莽登基之时，就接近失控了。根源在于，王莽过于形式主义，同时又极度缺乏实际处理政务的能力。

形式主义，这之前已略有端倪，比如镇压翟义之乱，七将军倾巢而出，声势浩大，但细究起来，真的就需要这么多人吗？未必。

前面我们提到王莽更改了一些机构名称，现在晋位皇帝之后，除了四辅、三公、四将之外，他又全面改组了朝廷架构及官职称谓。

他设置大司马司允、大司徒司直、大司空司若都位列朝廷高官之列。大司徒司直我们并不陌生，先前有个丞相司直，翟方进就曾担任此职，是丞相属官，秩比二千石，职责是帮助丞相纠举不法。汉哀帝年间，把丞相更名大司徒，则丞相司直就成了大司徒司直。而司允、司若则是王莽的新发明，类比大司徒司直，分别是大司马和大司空的副手。同样，类比大司徒司直，则大司马司允、大司空司若，应当是秩比二千石，不在九卿之列，但现在王莽都让他们位居孤卿之列，那么秩俸应当是中二千石。

王莽把大司农改名叫羲和，后来又改为纳言，廷尉在哀帝年间改作大理，现在王莽又改名作士，太常改名叫秩宗，大鸿胪改名叫典乐，少府改名叫共工，水衡都尉改名叫予虞，加上大司马司允、大司徒司直、大司空司若，是为新的九卿，分别归三公管辖。

然后，每一个卿下面又设置大夫三人，每一大夫下面再设置元士三人分别主管首都各官府的所有职务。如此一来，朝廷基本机构设置就成了三公、九卿、二十七大夫、八十一元士，强迫症一般的“三三制”！

而另外三个孤卿职位，光禄勋、太仆、卫尉被排除出九卿之列，而改名则是必需的：光禄勋被改作司中，太仆改作太御，卫尉改作太卫，变成了专门服务皇帝的机构。此外，执金吾改名奋武，中尉改名军正，又设置大赘官，主管皇帝的车马衣服、用具器物，后来还掌管军需供应。然后，这六个官职级别都是上卿，在孤卿之下，称为六监。

在地方上，王莽则把郡太守改名为大尹，都尉改名太尉，县令、县长统称宰，御史称执法。

连宫城、宫室名字也做了更改：公车司马门改为王路四门，长乐宫改为常乐室，未央宫改名寿成室，未央前殿称王路堂，长安称常安。

王莽还针对俸禄多少制定了级别专有名称：俸禄百石级称庶士，三百石级称下士，四百石级称中士，五百石级称命士，六百石级称元士，千石级称下大夫，比二千石级称中大夫，二千石级称上大夫，中二千石级称卿。而不同级别官员使用的车马和礼服、礼帽，各有相应的等级规定。又设置司恭大夫、司徒大夫、司明大夫、司聪大夫、司中大夫和诵诗工、彻膳宰，负责司察过失。

王莽这么做，一为复古，二为去汉朝化。为了复古而复古，本就甚无谓。去汉朝化，或者还有些意义，但表面的去汉朝化无法取代帝国吏民百姓心底根深蒂固的汉朝情结，尤其是在新莽的改革没有达到预期目的的时候，吏民百姓不自觉地会觉得还是先前的日子好过些！

而具体到实际执行，这一大规模机构变革与更名最起码有两个副作用：一、牵扯到大量的人事变动；二、在一定时期内，帝国吏民百姓必然因官职更名导致效率低下。

如果说第二点最多是造成人们在办事时沟通不畅的话，第一点则必将直接得罪许多人——在其中升官发财的当然没话说，但降级失职的，势必对王莽不无怨言。

另外，王莽还在全国各地改地名，这与第二点一样，必将导致各种混乱以至于效率低下。

而这对王莽而言，只是开胃小菜，随着推杯换盏，改革进入深水区，王莽理想主义与形式主义结合的破坏力就进一步提升。

首先，王莽要搞钱。为了镇压翟义叛乱和赵朋、霍鸿起义，他许了很多官爵。当正式即真后，他又要回馈在这一过程中出力的官员、百姓，大量的钱要撒出去做赏赐之用，大量的土地要分出去，做分封之用。

而大汉帝国的财政，大概从汉成帝刘骜末期就入不敷出了。所以，王莽要捞钱，而捞钱最笨的方法是征直接税。王莽毕竟被称为穿越者，还是有一些现代意识的，他直接找到了最聪明的办法，征铸币税。说白了就是大肆发行货币。

早在王莽居摄之时，就依照周朝子母钱制度，改造大钱，直径一寸二分，重十二铢。又制造契刀币、错刀币，契刀币一刀值五百，错刀币一刀值五千。大钱、刀币与原来同行的五铢钱共同成为流通货币。

等王莽称帝后，认为“劉”字有金有刀，遂废除错刀、契刀及五铢钱，改作金、银、龟、贝、钱、布各类钱币，称为“宝货”。

其中，重八两的朱提银，值一千五百八十钱，其他银值一千钱，是为两类银币。而龟币则分大龟币、公龟币、侯龟币、子龟币四种，是为四类龟宝。贝币则有大贝、壮贝、幺贝、小贝以及小贝以下直径不满一寸二分的，是为五类贝货。另有十品贝货，则分别是大布、次布、弟布、壮布、中布、差布、厚布、幼布、幺布、小布。

钱币则包括直径六分的“小钱值一”，直径七分的“幺钱一十”，直径八分的“幼钱二十”，直径九分的“中钱三十”，直径一寸的“壮钱四十”，加上此前的“大钱五十”，就是六类钱币。

凡此种种。现代经济学有一个奥地利学派，有一个重要观点是：增发货币导致通货膨胀，通货膨胀又滋生一群人对另一群人的剥削，越先拿到增发货币的，越有利，反之，越吃亏。

王莽多次进行货币改制，向市场投放了大量新货币，这些新货币通常被豪强大族、富豪商贾先行拿到，平民百姓在其中不知不觉就被剥削了。所以，王莽本身致力于公平的货币改革，首先激怒了底层人民，另外又鼓励了豪强大族，人民越发穷苦，豪强愈发强大。

而此时的帝国人民已经禁不起折腾了。早在成帝刘骜末年，全国各地都有多次农民起义。汉哀帝时，谏大夫鲍宣又上书说当时人民有“七亡七死”，其言曰：“凡民有七亡：阴阳不和，水旱为灾，一亡也；县官重责更赋租税，二亡也；贪吏并公，受取不已，三亡也；豪强大姓蚕食亡厌，四亡也；苛吏徭役，失农桑时，五亡也；部落鼓鸣，男女遮列，六亡也；盗贼劫略，取民财物，七亡也。七亡尚可，又有七死：酷吏殴杀，一死也；治狱深刻，二死也；冤陷亡辜，三死也；盗贼横发，四死也；怨仇相残，五死也；岁恶饥饿，六死也；时气疾疫，七死也。”

在这种情况下，一切政策都应当以呵护小民、维护稳定为要务，在跟豪强地主的斗争上要讲策略，避免殃及小民。但王莽的举措，比如货币发行，都是泥沙俱下，而小民的抗风险能力无论如何是无法跟豪强大族比的。

类似的政策还有恢复井田制、土地收归国有。重新划分土地，打破豪强兼并，拯救破产农民，提升破产后卖身为奴的人民的地位，初衷当然是好的。但在具体操作中，恢复井田制显然有悖经济发展规律，而一刀切地禁止奴婢买卖则也断了破产之家的生路。土地分配还没解决好，显然不适合禁止奴婢买卖，而王莽似乎不懂得循序渐进。

最终，王莽不但没有能完成土地改革、废止奴婢买卖，反而遭到了上至公卿大夫诸侯、下至庶民百姓的普遍反对。到最后，与币制改革浅尝辄止类似，土地改革、奴婢制度改革也都流产了。

王莽退却了，但对帝国人民的伤害已经造成了。在极度仇恨王莽的豪强大族、刘姓宗室的推波助澜下，此时的汉帝国已经成了一个火药桶，只需要一点火星就要炸，而这点火星最终由王莽亲自点燃了。

肆　崩盘

王莽专研《礼经》，大概没读什么课外书，所以狭隘，王莽也犯了“如果你手里只有一柄锤子，那么你看什么都像钉子”的错误。

他不了解这个帝国，他不知道他真正的敌人是谁，真正的朋友又是谁，谁是要分化瓦解的，谁又是他应该团结的。所以，他无论面对什么样的对手，只要对方让他感觉不适，他就要彻底征服之。对内表现在对傅、丁外戚的赶尽杀绝，表现在对翟义家族的掘坟挖墓，对外则表现在对周边四夷的歧视、侮辱。

如果说，对内改革只是体现了王莽没有延时满足能力与笨的话，对外，王莽简直是个十足的蠢货。

西汉末年，随着帝国实力的衰弱，帝国军事威慑变得鞭长莫及，西域诸部本来就渐渐有不臣之心。这种情况下，极度考验西域都护府相关官员的政治手腕，但王莽秉政之后，对西域的态度却越发颐指气使、蛮横跋扈，最终导致了西域的叛乱离散。王莽出尔反尔，诱杀了几个叛乱者，但于西域失控的大局无济于事。

而在西羌部落，王莽为了营造四海归附的假象，曾于公元4年，派中郎将平宪等携带大量金币诱惑西羌，使羌豪良愿等所统部落，共一万二千余人，献地称臣。

这本是促进民族融合、国家一统的好事儿，但王莽把这块地设置为西海郡后，便把这里变成了发配犯人之地。在王莽的改革大锤下，无数犯人被迁徙至此，与西羌土著争夺生存资源，遂激起了羌人的反叛，虽然被护羌校尉窦况暂时镇压，但从此，西羌与新莽水火不容，甚至贻害东汉多年。

在西南边陲，王莽也开战了。本来，西南夷各部落或采用郡县制，或维持封国制，都是汉帝国中央与西南少数民族居民博弈的结果。在这一框架下，各安其分，西南夷是大汉帝国不可分割的一部分，而汉帝国并不像统治核心地区一样向他们征收重税。

但王莽称帝后，有一个举措是把周边各少数民族政权最高统治者的爵位称号从王贬为侯。这是西域叛乱的一个重要原因，也是西南边境句町叛乱的原因。句町叛乱连绵数年，益州大尹程隆被杀，王莽派平蛮将军冯茂出战，也没能平定战火，后冯茂被王莽召回处死。最后，由宁始将军廉丹、庸部牧史熊率领作战将士十余万人、后勤运输又十余万人，才勉强平定叛乱。

不过，相比与匈奴交往引起的纠纷，这都是小打小闹。

汉元帝时，昭君出塞后，汉匈结成翁婿关系，双方曾经约定：长城以南归汉所有，长城以北则归匈奴，双方互不侵犯，有投降者不得接受。长期以来，双方遵守约定，睦邻友好。

但王莽秉政后，先是在平帝元始二年，为了讨好太皇太后王政君，示意匈奴单于派遣王昭君之女须卜居次云入侍。派遣使者入侍本是汉匈和约的一部分，但问题是，此前的入侍人选都是由匈奴单于决定的，王莽此举可以说有违汉匈外交中相互尊重的默契。

不过，这不是什么核心问题，匈奴也就忍了。然而，王莽却变本加厉。因为王莽针对西域举措失当，车师后王姑句与婼羌去胡来王唐兜都背弃西汉政权，率领部众投奔匈奴。单于接受二人后，按照约定向汉朝报告，但王莽蛮横地责备单于擅自受降。

问题是，双方此前的和约只规定了不得相互接受降者，并未规定不能接受第三方势力。匈奴单于也很委屈，但本着和平友好的考虑，也迫于王莽的压力，单于交出了两个降王，而二降王被王莽斩首示众。王莽提出，从此以后，匈奴不得接受汉人逃往匈奴者，不得接受乌孙逃往匈奴者，不得接受西域各从属政权佩戴汉朝印绶的人向匈奴投降，不得接受乌桓人向匈奴投降。

王莽或许有王莽的道理，但也确实刺痛了匈奴人——汉帝国周边诸政权普遍是汉的从属，但根据双方此前的盟约，匈奴却并非从属。因而在匈奴人看来，王莽这种等同从属的要求是极其蛮横苛刻的，仇恨的种子就这样渐渐滋生。

不过，当其时，匈奴单于囊知牙斯并不敢跟汉帝国翻脸，想起卫青、霍去病，想起陈汤西征斩首郅支单于，他咬咬牙，同意了王莽的诉求。

但一味退让是没有出路的。囊知牙斯的退让，让王莽得寸进尺，王莽派出使者，示意囊知牙斯改名，改成和汉朝人一样的单字名。伤害不大，但侮辱性极强，不过受辱总比丢命强，囊知牙斯居然硬着头皮上书自请改名为“知”。

王莽在干什么？然而这并不是结束。王莽即真后，他又派五威将王骏等人出使匈奴，宣布新朝取代汉朝，并授予单于新印。

这本是应有之义，但王莽又玩手段了。他新赐予囊知牙斯的印是“新匈奴单于章”，而原来的印是“匈奴单于玺”。其中的区别：一是改玺为章，二是前冠国号。如此一来，匈奴的地位和匈奴单于的政治地位就被刻意压低了。此前，名义上，匈奴单于与汉皇帝级别是一样的，现在降了一级，同时加国号为新，这也意味着新朝不把匈奴视为独立政权，而是将其视为附属诸侯国。

然而，让人当小弟是要硬实力的，这种文字游戏只能骗骗小孩子。匈奴这一次，再也不想忍受王莽的愚弄了。

同时，由于先前的四条新规，导致乌桓与匈奴交恶，乌桓拒绝向匈奴交税，匈奴对王莽的怒火积累到了极点。新莽始建国二年，即公元10年，匈奴单于囊知牙斯派遣右大且趣呼卢訾等十余人将兵众万骑，以护送乌桓为名，勒兵朔方塞下，准备伺机入侵。

匈奴还接受了一些对王莽政权不满的汉人和少数叛将，包括车师后王的兄长辅国侯狐兰支，汉司马丞韩玄、汉右曲侯任商等。

这让王莽勃然大怒，当年十二月，王莽派遣立国将军孙建等率领十二将军统率甲卒三十万人，数道并出，约期歼灭匈奴。百忙之中，王莽也没忘记玩文字游戏，他又下诏改单于名为“降奴单于”。

而这次出兵，最后被证明是新莽帝国崩盘的最直接诱因。三十万人呢！三十万人来自不同地方，行军路程不一，抵达预定战场的时间也不相同。但王莽下令，要全军集结后再同时出征、深入匈奴、毕其功于一役。

单单是军队集结就花了接近一年的时间，这一年中，匈奴单于下令部属四处出击，杀雁门、朔方太守都尉数人，劫掠吏民无数，而先期到达边塞的将士只能眼睁睁看着。

三十万人长期行军、屯驻，吃喝拉撒，耗费甚多，以至于粮草军需的征发，东抵大海代郡，南至江淮的人民都牵连其中，吏民疲敝，国家虚耗。

整个就是一枪未放、就要把自己拖死的局面。也不是没有明白人，将军严尤就上书指出，征讨匈奴有五样难处：第一，先到的，给养不足，师老兵疲；第二，军粮运输，缺乏统一调度，损耗巨大；第三，万里转运，也消耗巨大；第四，北方气候恶劣，旷日持久，恐有疾疫；第五，辎重太多，行军困难。严尤据此认为，如此兴师动众，难有大功。

但王莽哪里听得进去！后来乌珠留单于囊知牙斯去世，双方局势因匈奴主和派的上台而短暂缓和，但大体上，从始建国二年开始，汉匈边境都处于较高级别的警戒状态。

长期暴师塞外，也终于彻底拖垮了帝国财政，让帝国民不聊生。于是，全帝国都准备抛弃这个穷兵黩武的赳赳武夫了。

第二十四章
大起义

壹　星火燎原

王莽的崩盘逻辑可以这样概括：

——当王莽篡汉之心路人皆知时，先有安众侯刘崇飞蛾扑火，后有翟义声势浩大的起义，让王莽反应过度，导致关中空虚，赵朋、霍鸿乘机起事，动摇国本。

——强行即真又失去很多声望，让那些同情汉朝、但心存幻想的人彻底看清了王莽的真实面目。

——为了巩固心腹铁粉对自己的支持，王莽大肆封赏，为了争取中间派，王莽也大肆封赏，开了许多空头支票，要兑现就要花钱，不兑现又会让人失望。

——强行推动土地所有制改革、奴隶制度改革、币制改革，不但没有起到预期的作用，反而激化了矛盾，让豪强大族抱团更紧，让底层人民的生活更加困苦。

——中央帝国本位主义，使王莽在对西域政权、西南各部落、西羌、匈奴等的交往中颐指气使、蛮横无理。王莽的新室实际成为原有秩序的破坏者，最终也导致了各地的反弹，战火频仍，兵连祸结，极大消耗了帝国国力民力。

这一切，最终将帝国推到了崩溃的边缘，只需要一点火星就会燃爆整个帝国，埋葬王莽的新室。

临淮人瓜田仪率先发难。新室天凤四年（公元17年），瓜田仪在会稽郡长洲县起义，喘息间，万余人闻风而动。

琅琊女子吕母也起兵了。吕母是个奇女子，她的儿子曾经做县吏，但被县宰冤杀，吕母便散家财，聚兵弩，暗地结交县里穷苦少年，得百余人，聚众攻打海曲县，杀了县宰为儿子报仇，随后率领众人逃入海上，招纳流民，部众也发展至万余人。

瓜田仪本来就是盗贼，是流民成盗的典型。吕母的阶级地位略高一些，但从百余人发展到万余人，其部众成分也变成了流民为主。这两部分的起义，很能说明新莽末年农民起义的本质，这是失地农民为了生存铤而走险。

瓜田仪和吕母很幸运，他们没有像翟义、赵朋、霍鸿一样成为炮灰。倒不是因为他们比翟义更有能力，而是此时此刻，新莽政权要四处救火，无暇顾及他们这种小规模起义。

王莽首先采用了怀柔策略，派遣使者赦免瓜田仪、吕母的叛乱。不过，王莽不能解决根本问题——分地给他们，使者调解劝谕的结果只能是“散而复聚”。

当然了，瓜田仪、吕母的克制也是一个原因。起义军是为了求生存，并非为了推翻新莽政权。所以，当他们能够通过就近收保护费、劫掠维持生存的时候，并未将战火扩大。

但鉴于新莽政权江河日下，瓜田仪、吕母起义军就像新莽朝的癌细胞，转移扩散是迟早的事情，新莽政权治下的帝国，已经成了一个癌细胞培养皿。

在荆襄一带，新市人王匡、王凤因平时替大家调解纠纷，被拥立为首领。他们带领数百人啸聚山林，马武、王常、成丹等人也相继来投，队伍渐渐扩大到七八千人，以湖北绿林山为根据地，劫掠为生，后来发展为声势浩大的绿林军。当然，他们同吕母、瓜田仪一样，也是求生存，一时间并不敢以攻城略地为奋斗目标。

而瓜田仪起义军的运动也终于展现出了转移扩散效应。天凤五年，琅琊郡的樊崇在莒县起兵，在青州、徐州之间流窜劫掠；东海郡的力子都也起兵转战兖州、徐州，所到之处，抢粮抢钱。樊崇与力子都的队伍最终会合一处，樊崇的同乡逄安又与郯城人徐宜、谢禄、杨音带领队伍来投，队伍扩大到十余万人。

到这时候，一个恶性循环形成：起义军去抢劫小自耕农、小地主，导致更多的人破产失业，成为流民，从事生产的人越少，养活的人越少；为了抢到足够的口粮，起义军必须持续转战，反过来对更多地区经济造成破坏。

所以，尽管王莽通过怀柔政策、分化瓦解，一度诱使瓜田仪与朝廷达成投降归顺的口头协议，但并没有办法改变崩盘大局：樊崇、力子都们转战抢劫不一定有活路，但退归田里，一定没有活路。

于是，王莽决定开战。参考对匈奴之战，我们可以想象王莽对农民起义军的开战，那一定会规模浩大，一定要让人目瞪口呆，一定是令人匪夷所思的作战计划。

地皇元年（公元20年），王莽参考《易》里讲的“孤矢之利，以威天下”，制订了规模庞大的扩军计划：外置大司马五人，大将军二十五人，偏将军一百二十五人，裨将军一千二百五十人，校尉一万二千五百人，司马三万七千五百人，军候十一万二千五百人，百长二十二万五千人，士吏四十五万人，士千三百五十万人。

你以为这是作战部队吗？不，这是王莽的压胜仪式！王莽是打算通过一场传说里的阅兵式祝诅农民起义军，意图让叛乱者凭空消失，从而达到不战而胜的目的。

当然了，这是不可能有作用的，也是难以实现的，按照王莽的计划，需要征调四百万壮劳力，全帝国的常备军都不够。

真正有用的，是由新室太师王匡和更始将军廉丹率领的十余万精锐。这是久经训练的正规军，由南北军、郡国军、边郡军组成，矛戈锋利、车骑完备、铠甲鲜明，就单兵战斗力而言，完胜拿着锄头镰刀、衣不蔽体的农民军。如果是团战，正面死磕，十万对十万，新莽的东征军也可以确保胜算，但真实的战场不是做数学题。

王匡、廉丹的大军先在无盐县击败了索卢恢率领的一万多名起义军，并擒杀了索卢恢。

但随后，王匡与廉丹发生了分歧，廉丹坚持稳打稳扎，先在无盐一带稍事休整，以巩固胜利果实，但王匡作为第一统帅，一意孤行，率军深入。

廉丹无奈，率部跟随，大军在成昌聚与起义军董宪部相遇。双方僵持，而后，周边的各路起义军纷纷来援，对王匡、廉丹军形成合围之势。王匡、廉丹军在激战后败阵，王匡败逃。廉丹无力回天，大吼一声：“小儿（指王匡）可以逃跑，我不能这样做。”随后在农民军的汪洋大海中英勇战死，他手下的校尉另有二十余人追随他死战不退，求仁得仁。

随着王匡败阵、廉丹战死，新莽的十余万东征军灰飞烟灭。这就是里程碑式的无盐之战，是新莽末年农民起义的关键转折点。

有一个情节需要补充，那就是起义军领袖之一樊崇提出：为了区分官军与起义军，起义军全部涂红眉毛。这就是赤眉军的由来。

但个人认为，官军与赤眉军本身就有区分度，不必凭赤眉区分。樊崇的提议，最重要的作用是，让关东战场上的各路义军通过共同的特征——赤眉，产生身份认同，进而同仇敌忾。而这显然起到了预期的作用，王莽的东征军，在农民军的汪洋大海里就像一片落叶。

而无盐之战的胜利，其里程碑意义在于：它极大地鼓舞了全国各地的其他起义军，新莽政权的外强中干在此一战中暴露无遗。从此以后，各路义军，从被动地游击求生，转向了主动地攻夺州县，星星之火，终于烧成了燎原之势。

贰　春陵起兵

新莽末年农民起义可以分为两个主战场：其一是东线战场，是樊崇、力子都等赤眉军所在的山东、江苏、河南、河北一带；其二是南线战场，在荆襄一带，绿林军是主要活跃者。

绿林军发端于新市人王匡、王凤。王莽末年，民不聊生，荆襄一带发生饥荒，百姓纷纷散入湖泽之中，靠挖荸荠充饥。人一多，荸荠也不够吃，以至于有相互抢食的。新市人王匡、王凤因为识文断字、办事公平，就被推出来为大家评理断事，维持江湖秩序，一来二去，王匡、王凤就成了江湖一哥、二哥。

后来，像马武、王常、成丹这些人都纷纷来投奔王匡、王凤，队伍人数越来越多。人多胆大，他们就组织了一场对离乡聚的攻击掠夺，随后退居绿林山中继续招降纳叛，发展到七八千人。

王莽地皇二年（公元21年），时任荆州牧调集两万多名壮士围剿绿林军，但在云杜县被击败，死了数千人，丢弃辎重粮草无数。

绿林军乘胜追击，攻取了竟陵县，随后又转战云杜县、安陆县，沿途摧毁了许多集镇、掳掠了大量妇女后，又回到绿林山中，队伍进一步扩大到五万余人。这种情况下，州郡对他们已经无可奈何了。

而他们山贼的做派又避免了王莽对他们的高度关注。但也因为是山贼做派，绿林军没有任何战略规划，也不知为何而战。又因为山林湖泽之间卫生条件差，地皇三年，绿林军遭遇了大瘟疫，死者近半，这让绿林军不得不化整为零：王常、成丹率兵西入南郡，号称下江兵；王匡、王凤、马武、朱鲔、张印等率部进入南阳，号称新市兵。

另外，在下江兵、新市兵转战之时，平林人陈牧、廖湛也聚众数千人，号称平林兵，与下江兵、新市兵互为声势。值得一提的是，有一个叫刘玄的，也在这时候投奔了陈牧，做了一个小小的安集掾。

如此一来，绿林军迫不得已的战略转移，忽然之间就把战火燃遍整个荆襄大地，王莽对此就再也不能装聋作哑了。

王莽派遣纳言大将军严尤、秩宗大将军陈茂，带领吏士百余人到荆州募集士兵攻打绿林各部。

严尤先前向王莽上书谏《伐匈奴五难》，是一个很有军事能力的人，陈茂也长期担任军事将领，作战经验丰富。而此时的南阳太守是甄阜，称前队大夫，都尉是梁丘赐，称前队属正，都不是泛泛之辈。

严尤、陈茂到部后，与甄阜、梁丘赐紧密配合：严尤、陈茂率部击败了下江兵，成丹、王常、张印败退到龙山、钟山之间打游击；而甄阜、梁丘赐则在小长安迎头痛击了刘縯、刘秀代表的南阳刘姓宗室及豪强联军。

刘縯、刘秀何许人也？首先他们是兄弟俩，其次他们是刘姓宗室，还是在属籍的。具体来说，他们是刘邦的九世孙，谱系清清楚楚——汉景帝生长沙定王刘发，刘发生春陵节侯刘买，刘买生巨鹿都尉刘回，刘回生南顿令刘钦，刘钦的两个儿子就是刘縯、刘秀兄弟。

显而易见，一代代过去，刘縯、刘秀家的家族地位是持续下降的，这是因为长沙定王儿子较多，其中十二人封侯。儿子当然还会生儿子，但问题是侯爵的继承，只能由一个人，那么其他的儿子、孙子就难免阶级降级。

但从长沙定王算起，几代来开枝散叶，发展到刘縯、刘秀时，宗族何止数千人，这数千人配上王侯之家的背景，怎么说也是南阳郡的顶级豪强了。

单说春陵节侯刘买这一支。侯爵传到王莽时期，继承人是刘敞，但王莽继位后，他的侯爵被剥夺了。若说寻常之时，刘敞无疑是春陵侯一家的大族长，但当乱世之时，已经被剥夺侯爵的刘敞只能是跟随者。

春陵侯家另有好儿郎。此人正是刘縯。刘縯其人，轻财好施，结交豪杰无数，有大志，有大才。其风采，各位想象时，可以对标东汉末年奠定东吴政权基础的小霸王孙策。

当赤眉、绿林起义军各自在帝国东线、南线能够与官军僵持，甚至反攻之时，刘縯判断，时机到了。他与兄弟刘秀分头联络，他们的亲友圈包括刘秀姐夫邓晨家、妹夫李通家、舅舅樊宏家、刘秀未婚妻阴丽华家，无一不是南阳豪族。

兄弟俩也不会像农民军那样漫无目的，他们计划三处同时起兵：刘秀与李通、李通从弟李轶在宛城针对甄阜、梁丘赐进行斩首行动；邓晨起兵新野；而刘縯则组织春陵子弟起事。

不过，宛城密谋失败了。众人谋划已定后，李通让李轶、刘秀去春陵向刘縯汇报，但在李轶、刘秀走后，事情败露，李通情急之下只身逃脱，宗族六十余人都被杀害，他在长安做宗卿师的老父亲李守也被王莽杀害。

打蛇不死反遭其殃，刘縯、刘秀、李通、邓晨到底是起兵了，但也成了甄阜、梁丘赐的眼中钉肉中刺，王莽也在朝堂上酝酿雷霆一击，他不怕农民军，但怕农民军中混入豪强士大夫。

刘縯所部有八千余人，素质普遍比较高，但凭借这个想据有南阳并不容易，因为南阳也是王莽的基本盘，守备严密，兵防强大。

不过，刘縯自有办法。他派宗室刘嘉（不是安众侯刘崇的叔父）去游说平林兵、新市兵等部，与他一起合兵。此时，绿林军面对来势汹汹的官军，正着急上火呢，于是，两伙人一拍即合。刘縯与绿林联军先是攻下长聚，之后攻下长子乡，又攻杀湖阳县尉，进军棘阳。

在棘阳稍事休整后，刘縯与绿林联军准备多路并进，去攻打南阳郡的郡治所在地宛城。但在去宛城的路上，刘縯军在大雾天气里，与甄阜、梁丘赐率领的数万精锐猝然相遇。事发突然，加上寡不敌众，一场混战之后，刘縯军大败，刘秀的二哥刘仲战死，邓晨的妻子、刘秀的二姐刘元与三个女儿都死于乱军之中。

此外，刘秀的叔叔刘良，当初听说刘縯起兵造反时，大骂二人胡闹，但最终也无奈跟随起义。在小长安之战中，刘良的妻子和两个儿子都被杀害。其余宗族近亲中，共计十余人死于非命。

不过，刘縯、刘秀都成功逃脱了，留得青山在，不愁没柴烧。而刘縯、刘秀起兵，最重要的意义是，推翻王莽的正确方式被打开了：刘姓宗室的号召力、南阳豪强的财力物力脑力、农民起义军的战斗力结合起来，王莽的末日也就到了。

叁　昆阳大战

小长安之战后，刘縯、刘秀兄弟有“胜败兵家事不期”的觉悟，埋葬收敛了死去的亲人将士，就继续唱起《水手》了——“擦干泪，不要怕……”

但刘縯、刘秀的盟友们，新市兵和平林兵这些乞活军一般的队伍，对革命前途产生了很悲观的预期，纷纷滋生了逃跑主义。也不怪他们，甄阜、梁丘赐率领的官军太强大了，十万精锐已经全部渡过潢淳水，在潢淳水与泚水之间安营扎寨，绵延数十里，旗鼓蔽日，铠甲明亮。同时，甄阜、梁丘赐还偷师项羽，毁掉了潢淳水上的全部桥梁，做出破釜沉舟、毕其功于一役的姿态。

面对这种士气低落的情况，刘縯也无可奈何。要让人去拼命，光靠嘴巴是不够的，要么得有丰盛的战利品预期，要么得有足以让人慷慨赴死的战前悬赏，然而这两点，刘縯都无法提供。

甚至，起义初期，联军攻破湖阳后，还因为刘縯的部队抢夺战利品吃相太难看，当即就要引发来自平林、新市兵的攻伐，是刘秀说服刘縯强迫宗室让出全部战利品分给农民军才得以平息干戈。刘縯、刘秀代表的南阳宗室军队，与农民军一开始就貌合神离，大家都明白这就是彼此利用的关系。

不过，正在刘縯一筹莫展之时，一支五千余人的下江兵进军宜秋，给刘縯送来了一个贵人。下江兵是在严尤、陈茂及荆州牧的围剿之下游击至此，由王常、成丹、张印率领。

刘縯听到这个消息后，立即与李通、刘秀前往宜安，在下江兵壁垒之前喊话：“希望能够见下江兵一贤将，共图大事。”

最终，王常被推举出来。王常，字颜卿，是汉颍川郡舞阳县人。王莽末年，王常因为替兄弟报仇杀了人，隐姓埋名逃到江夏。

从舞阳到江夏，刘縯、刘秀家所在的春陵是必经之地。强调这点，并不是说王常曾经托庇于刘縯、刘秀家。

但有一点值得注意。强项令董宣的故事，不少人耳熟能详，说的是东汉立国后，董宣硬杠刘秀大姐湖阳公主的事儿，皇帝刘秀对他也无可奈何。然后呢，湖阳公主说出了一番耐人寻味的话：“文叔为白衣时，藏亡匿死，吏不敢至门。今为天子，威不能行一令乎？”

文叔是刘秀的字，这段话说的是刘秀在起事前，就是当地的强人。那么，亡命之徒王常，与“藏亡匿死，吏不敢至门”的刘縯、刘秀兄弟，很难不让人浮想联翩。

那么，王常在流亡南阳、江夏时期，或多或少、或直接或间接受过刘氏的恩惠，大概是合理的推测，再不济，也久闻“山东郓城人称及时雨呼保义宋江宋公明哥哥的大名”。

同时，关于王常的家世，唐代章怀太子李贤注《后汉书》引《东汉观记》有言说：王常祖籍关中鄠县，在成帝、哀帝年间，其父王博举家搬迁到颍川舞阳县。

我们注意以下三点：第一，关中和颍川都是豪强纵横之地，王常家曾谋得立锥之地；第二，王常杀了人，安然无恙地亡命江湖；第三，王常在《后汉书》中与世代官宦的李通、邓晨、来歙合传。显然，王常的阶级属性更接近豪强，而非流民。

这样的王常被推出来与刘縯谈判，双方自然一拍即合。随后，王常成为刘縯在下江兵中的吹鼓手，通过一番“人心思汉、天命在刘”的说辞，暂时忽悠了成丹、张印等人与刘縯结盟。

有了下江兵的加入，新市兵、平林兵也打消了作鸟兽散的主意，各部齐心合力，在刘縯的指挥下，开始谋划对甄阜、梁丘赐的反攻。

谋划已定，大军饱食三日之后的夜里，刘縯率军从棘阳出发，在潢淳水下游过河，绕到官军背后，直扑蓝乡，抢占了甄阜、梁丘赐留在那里的全部辎重。

随后，在天刚蒙蒙亮之时，刘縯部从西南，下江兵从东南同时向官军发起了攻击。官军一部分在睡梦中就丢了性命，一部分仓促迎战，但在三面而来的震天杀声中，仓促迎战的官军们很快就阵脚大乱，掉头往宛城跑。

然而，跑到了潢淳水边上，这些脑袋一片空白的官军才想起桥梁已经没了。前有河阻，后有追兵，怎么办呢？兵败如山倒，回身战已无可能，只好硬着头皮渡水而逃。大冬天的，天又冷，水又深，淹死的人不计其数。

最后统计战果，甄阜、梁丘赐都被阵斩，官军死亡两万余人。这是南线起义军前所未有的大胜利。

这时候，负责追击围剿下江兵的严尤、陈茂，听闻蓝乡之战的消息后，不得已放弃了进剿行动。他们率军北上，意图回到宛城据城坚守，但在淯阳这里被盟军阻击，阵亡三千余人。严尤、陈茂从小道向颍川、汝南一带仓皇逃窜，而盟军则顺势合围了宛城。

如此一来，荆襄战场，起义联军基本上彻底占据了主动。在这种情况下，对王莽而言，战局已经完全失控。当然了，王莽不会甘心失败，他会组织更大规模的反击，但在这之前，起义联军有闲暇搞一搞组织机构的事情了。

先前，由刘縯提出联盟，取得了不错的联盟成绩。但这是口头上的合伙人，各自不相统属，而当时还没有发展出股份制，荆襄起义军各部没法搞出一个股份制公司来。因此，为了统一指挥，起义军各部首领纷纷提出，应当选一个真命天子出来。

选谁呢？南阳豪强与绿林各部有不同的意见。包括王常、李通、邓晨在内，纷纷表示，刘縯宗室之后深通谋略，应当为众人之主。但新市、平林、下江各将帅都支持拥立春陵戴侯的曾孙刘玄。

博弈的细节，史料记载有限，但博弈的结果很清楚：新市、平林诸将帅趁刘縯领兵在外时，抢先拥立了刘玄，随后召刘縯前来，向刘縯宣布了结果。

刘縯对推举刘氏没意见，但对不是他这个刘氏有意见。不过，这不能放在明面上来说，刘縯找了个借口说：“天下未定，王莽未免，先行自立，恐赤眉也有所立，导致宗室相攻。可以先称王，然后等攻灭王莽，降服赤眉后再称天子。”

不得不说，尽管有私心，但刘縯的主意是个好主意，既解决了无主的问题，也不至于风头太盛，以致木秀于林风必摧之。

从战湖阳后的分赃不均，到刘縯联合下江兵时张印、成丹等人的激烈反对，南阳宗室与绿林义军的矛盾由来已久。这时，也是张印拔剑而起，充当了类似田延年之于霍光、李逵之于宋江的角色，坚决支持立刘玄为天子。就这样，绿林派暂时占了上风。

公元23年二月，义军在淯水边的沙滩上设坛，更始将军刘玄即皇帝位，大赦天下，改元更始，以刘玄从叔父、刘秀叔父刘良为国三老，王凤为定国上公，王匡为成国上公，朱鲔为大司马，刘縯为大司徒，陈牧为大司空，其余为九卿将军。

在这一系列任命中，绿林军各部的利益得到了充分保证，刘姓宗室也切到了相当份额的蛋糕，而南阳豪强的利益无疑受到了侵犯。但这也没有办法，分蛋糕是要用枪杆子背书的，在当时的荆襄大地，没有谁比绿林义军各部更能打。

拥立已定后，更始政权开始了进一步的攻城略地：平林后部负责进攻新野；王凤带着刘秀等人绕过宛城向昆阳、定陵、郾城一带进军，把触角伸出南阳盆地，指向中原。

这一安排也充满了对舂陵刘氏的提防：刘縯、刘秀兄弟被分开编制，舂陵子弟大概也被混编进绿林军各部中；同时，重镇新野的攻坚任务没有交给刘縯。

不过，对于在新野负隅顽抗的新莽官员和本地豪强来说，如果一定要选一个势力投靠，他们显然更信任兼具宗室、豪强双重身份的刘縯。平林兵围攻新野不下，新野宰登城高呼：“愿得刘司徒一言即降。”没有办法，平林兵将领只好向更始帝刘玄申请调来了刘縯，才迫降新野。

这样一来，刘縯就再次取得了独当一面的军事指挥权，他随即率领部署及下江兵挺进合围宛城，而刘玄派遣的其余援军也陆续赶来，将宛城围了个水泄不通。

这是公元23年五月的事儿，距离甄阜、梁丘赐覆灭已经半年有余。逃脱的严尤、陈茂也已经将战败的消息传递给了王莽。

王莽得到的消息并非刘玄称帝，而是刘縯以柱天大将军身份统领义军，声势浩大。宗室领导枪杆子，这是王莽极为忌讳的。

王莽先下达了悬赏令：抓到刘縯的，封五万户侯，赏十万金，位上公。但刘縯人头如果这么易得的话，王莽也不会悬赏如此丰厚。所以，这是没有多大用处的，真正有用的，还得是武力。

王莽又派遣大司徒王寻、大司空王邑带领百万大军前往南阳，镇压起义军。这百万大军，包含作战士兵四十二万，后勤保障几十万，还有王莽从全国各地搜罗的奇能异士几百人，比如人高马大的巨无霸，还有懂兵法的六十三个门派几百人。为了壮大声势，王莽又调集了许多狼虫虎豹、大象犀牛随军队出征，当然还有驯兽人了。

但打仗这事儿，会用兵，一百万就是一百万虎狼之师，不会用兵，那就是一百万头猪、一百万只羊。而军事统帅带兵作战的难度，是随着统兵数量几何级增长的。自古以来，中国古代战争史上，带兵不受数量约束的，不过区区数人而已。

王邑、王寻的大军从关中出发，进居洛阳，南下颍川，吸纳了严尤、陈茂的败军，随即向南阳盆地挺进。

这时荆襄大地的形势是：刘縯率领大军围困宛城，王凤等其余将领带兵四处略地，向荆襄之外开拓。而王凤一部，包括刘秀、王常、宗佻、李轶等人，此时正在颍川郡境内，他们已经攻下昆阳、郾城、定陵，建立了拱卫南阳盆地的前哨防线。

如此一来，昆阳、定陵、郾县防线就直面王邑、王寻百万大军的前线。而当时，昆阳一线的兵力分布如下：刘秀带领几千人在今禹州市、颍水西岸阳关聚附近打野，顺便哨探；王凤在昆阳城内统率几千人守城。

跟刘秀一起打野的军队，一看王寻、王邑的军队黑压压地冲过来，吓得掉头就逃回了昆阳城。刘秀无奈，也只好跟着回昆阳。

到了昆阳，王凤、王常、宗佻、李轶诸将商议，打算弃城逃跑，但刘秀表示反对。刘秀反对的理由很简单，但也很有说服力：昆阳是宛城的门户，昆阳失守，宛城的大军将无险可守，内外夹击必然溃散。

不过，当时昆阳防线的主帅是王凤，刘秀只是王凤部下的一个将领而已。再加上刘秀这人平时一副人畜无害的模样，大家很是诧异：几盘花生米啊？喝成这个样？

然后，诧异完了，也没人把他的话当回事，大家该干吗干吗：你沙和尚只管念经，我猪八戒只分行李。

好在官军送助攻来了。恰在此时，斥候来报，王邑、王寻大军即将抵达城北。王邑、王寻带领着成分如此驳杂的乌合之众，行军速度竟然还如此之快，倒也不是庸才。大军来袭，昆阳城里的汉军明白：逃命已经来不及了。

然后，刘秀又召集大家，向大家说明了自己的具体安排。众将一听，似乎还有救，反正也逃不掉，打打试试！

按照安排，王凤、王常带领九千守军坚守昆阳城，刘秀、宗佻、李轶、邓晨等十三人趁着夜色偷偷出城，去定陵、郾县征发兵力来救。

刘秀、宗佻、李轶去定陵、郾县搬救兵暂且按下不表，单说昆阳城下。严尤跟王邑、王寻建议："宛城刘縯带领的起义军才是主力，只要我们消灭了刘縯，昆阳自然不战而下，兵贵神速，我们犯不着在昆阳耽搁。"

但是王邑、王寻不听，他们觉得带着百万大军，如果连小小昆阳城都拿不下，实在有损威风。王邑还有自己的小九九，当初镇压翟义叛乱，他就因为没能活捉翟义被王莽大骂一顿，这次特别想打个全胜的仗。

新莽军围住昆阳后，立即发动猛攻。新莽军此时是生力军，锐气正盛，围城十重，各种攻城器械、手段无所不用其极，地动山摇、黑云压城。

城中守军抵抗了一段，觉得守不住，王凤就又想投降。但他被王寻、王邑粗暴地拒绝了，二王以为昆阳指日可下，一定要全胜，接受投降怎么算全胜。大家都姓王，相煎何太急？

起义军大部分都是穷苦老百姓，是被王莽不切合实际的新政逼得没有活路，才走上起义道路的。王寻、王邑作为王莽的忠实支持者，却只想全部消灭他们。严尤建议他们围三缺一，他们也拒绝了。

王凤、王常带领的守军，从此断了念头，专心坚守——横竖是个死，抵抗到底，还有活命的希望嘛！而这一耽搁，刘秀可就组织起了一支军队返回到昆阳城下。

人数并不多，刘秀亲自带领的先锋军只有一千多人，步、骑混编。所以，王邑、王寻也没太把刘秀的援军当回事，只派出几千人来抵挡刘秀。王寻、王邑以为这不过是个有些胆色的蟊贼，甩下尾巴就能把苍蝇赶走了。

但是，刘秀一马当先，亲手砍杀了十几个人，跟随他的士兵们也受到了鼓舞，奋勇而进，取得了几次小规模战斗的胜利。昆阳城下，战役的势头从此开始发生微妙的变化。

新莽军顿兵坚城之下已经一月有余，锐气渐渐挫败，起义军却愈发受到鼓舞。刘秀又添了一把火，他派人用弓箭向城中射入“密信”，告诉城中：宛城已经攻破。而这些密信，有一些因为射手射术不精，也非常巧合地落在了新莽军的大营中。

很快，昆阳城内外，新莽军、起义军都知道宛城已经攻破，援军即将到来——实际上，这是刘秀撒的一个谎，宛城真正攻破，是在三天之后。

这时，李铁率领的援军后队也抵达昆阳城下。刘秀挑选了三千壮士组成敢死队，然后，亲自率领敢死队，冲击王莽军。

这一次，王邑、王寻不敢再轻视刘秀了，他们拣选了四五万精兵，亲自迎战刘秀。但同时，他们下达了一条奇怪的命令，其他诸营只许看，不许动，乱动者格杀勿论。

而同样是拣选精兵，王邑、王寻的四五万人，战斗力跟刘秀的属下相差太多。这场兵力十比一的对决，很快分出胜负，王邑、王寻的主力精锐被冲垮，王寻被斩杀。其他的新莽军就一直眼睁睁看着主帅战败，眼睁睁看着一只蚂蚁吞下了大象。

王邑、王寻最后的这道命令，看起来就像他们非得攻下昆阳、不允许王凤投降一样蠢，但他们也有他们的难处。王莽征发的军队，鱼龙混杂，是典型的驱市人而战，只看人数。

狼虫虎豹能打仗吗？不能！运粮队能打仗吗？不能！未经训练的，能打逆风仗吗？不能！王邑、王寻的命令，看起来蠢，实际上有一个重要考虑：乌合之众别来添乱！

而王邑、王寻统率的主力部队被打崩后，昆阳城中的守军也纷纷出战，内外夹击，驱赶乌合之众。

老天爷也来助刘秀，一时间电闪雷鸣、大雨倾盆，昆阳附近的滍川水瞬间暴涨，新莽军成群结队地被赶下河川。人数太多，以至于堵塞了河川。

淹死的，踩死的，被杀的，百万大军灰飞烟灭，一个个被王莽强行征发的个体就这么不明不白地死了。

新莽军的主要将领，除了王寻这个先前没打过仗的战死之外，王邑、陈茂、严尤三位，都展现了出色的战场逃命技巧，王邑逃回了洛阳，严尤、陈茂逃往汝南。

昆阳之战就此落下帷幕。这一战并不那么气壮山河，真正的对抗实际上只有刘秀与王莽军主力。

表面上看，这是一场两万对一百万的不可思议的以少胜多之战，但本质上，这是一场五千对五万的可以理解的以少胜多之战。

但不管怎么说，此一战，作为最重要的谋划者与执行者，刘秀展现了出色的战前庙算、卓越的临阵决断、非同寻常的定力与意志。

此一战，也为刘秀攒下了足够的政治声望，连同刘縯攻破宛城，在公元23年五六月间，整个中央帝国许许多多有远见卓识的豪强大族都注意到了春陵刘氏，并暗暗准备好了筹码。

肆 王莽末日

昆阳大战尘埃落定之前，坚守数月的宛城被攻破，更始帝刘玄率诸将入城，定宛城为都城。

值得一提的是，当时守城的将领是棘阳长岑彭。更始诸将没少吃他苦头，因而都想杀了岑彭，但刘縯建议封赏守节不屈的岑彭，更始帝刘玄接纳了这一建议，封岑彭为归德侯。

不久之后，昆阳大战的捷报传来。此时，刘縯、刘秀兄弟的声望如日中天，已经有了功高震主的嫌疑。

政治敏感的刘秀立刻意识到危机，当即提醒刘縯："新市、平林诸将莫非有针对我们的阴谋？"

刘縯是个豪爽的人，不拘小节，坦诚待人，当即打了个哈哈："不必担心，他们素来蝇营狗苟。"

若在平时，更始诸将最多颇有微词，但当天下无人不知刘縯时，老实人的刻薄与狭隘就会转变为不择手段。

刘玄与更始诸将策划了一出鸿门宴，刘玄先是大会诸将，随后又让刘縯拿宝剑过来检视，绣衣御史申屠建还随献玉玦，暗示刘玄迅速决断。

不过，刘玄做出了和项羽一样的选择，自始至终不为所动。他自有他的考虑，刘縯所代表的宗族势力，是他制衡平林、新市诸将的仰仗，同时，王莽未灭，不宜兄弟阋墙。

刘縯的舅舅樊宏在宴会上看出了暗流涌动，提醒刘縯："申屠建该不是想学范增？"刘縯依然没当回事。

与此同时，刘縯的部将刘稷却大放厥词："最早谋划大事的，是刘伯升兄弟，现在的更始帝做了什么？"

这是致命的，刘玄不杀刘縯，是为了让他和他的部下起到制衡的作用，而不是大张旗鼓地和自己唱反调。

但刘玄仍然没有直接对刘縯下手，他任命刘稷为抗威将军。这是一个警告，但愣头青刘稷根本没当回事，还抗礼不拜，再次公然挑战刘玄作为更始政权皇帝的权威。

刘玄忍无可忍，即日与诸将陈兵数千人，收捕刘稷，准备明正典刑。而政治上极其幼稚的刘縯仍然没有意识到局势的严重性，他依旧固执地为刘稷说情。朱鲔和李轶趁机劝刘玄一并捕杀刘縯，于是，这一场硬碰硬以刘縯当日被杀而告终。

而刘縯的大司徒之职，则由他的族兄刘赐接任——更始帝刘玄依然要维持宗室、豪强与农民军之间的均衡。但刘赐毕竟不是刘縯，其军事能力的欠缺，决定了他在大争之世并不能真正起到制衡农民军军头的作用，这也为刘玄政权的内讧覆灭埋下了隐患。

不过，这是后话了。刘縯被诛杀后，更始帝刘玄、刘秀，都面临一个重大抉择。更始诸将纷纷支持杀了刘秀，斩草除根，但刘玄有所犹豫，而刘秀的态度最终让刘玄饶过了他。

刘秀当时正在颍川郡强攻父城县，听闻兄长被杀的消息后，立即快马加鞭赶回宛城向刘玄谢罪。刘縯的部下纷纷求见刘秀，刘秀都只是客套一番后，立即转入深刻的自我批评，不敢说昆阳之战的战功，不敢为刘縯服丧，言笑平常，似乎全然不把兄长之死当回事。

这就让刘玄很不好意思了，他不能再对一个这么懂事的人下手了，不但不能下手，他还任命刘秀为破虏大将军，封武信侯。

就这样，一次大火并被控制在了较小限度内，农民军、宗族、豪强之间的矛盾被暂时压下，更始政权再度表现出万众一心的样子，向着颠覆王莽的最终目标前进。

而此时的王莽，已经众叛亲离。当年那些支持他的小伙伴，一个个都背叛了他。

首先是甄丰父子。

甄丰大抵与孔光、刘歆一样，对王莽支持的底线是他不能称帝代汉。所以，当王莽不可阻挡地迈向最后一步时，甄丰就与王莽貌合神离。王莽察觉到了这一点，所以在新朝封赏时，甄丰掉出了四辅的行列，被封为更始将军，与卖炊饼、看城门的王兴、王盛同列，理由还很充分，就是哀章制造的假符命。

甄丰倒是无所谓，甄丰的儿子甄寻却不干了。他先是伪造符命，说应当把京城地区分成两块，仿照周公、召公，让甄丰做右伯，平晏则为左伯。王莽基于维稳的考虑，从了。甄寻变本加厉，又伪造了一个符命，说王莽的女儿、曾经的汉平帝皇后、此时的黄室室主应该嫁给自己。

这彻底激怒了王莽。王莽对这个成为政治牺牲品的女儿的感情很复杂，早在平帝驾崩后，他就着手让她再嫁，但她的女儿表示愿意为汉室守节，这大概更加深了王莽的愧疚心理。所以，甄寻这是触碰到了王莽心中最隐秘的地方。

王莽下令彻查此事，最终的结果是甄丰自杀，甄寻逃往华山一年多后被抓捕归案。甄寻又抖搂出许多黑料，牵扯出了刘歆的两个儿子刘棻、刘泳，王邑的弟弟王奇，刘歆的门生丁隆等，这几位都被处死。

此案继续扩大株连，前后又有数百人被处理。不过，儿子、门生都犯了事儿的国师公刘歆却最终安然无恙。

但刘歆最终也未能陪王莽走到最后。五年后，新朝地皇二年（公元21年），刘歆的女儿刘愔与她的丈夫、王莽的儿子王临共同谋杀王莽，事情败露，王临、刘愔都被逼自杀。

王莽仍然没有追究刘歆。但此时，王莽的新室已经濒临崩溃，刘歆看着自己的理想幻灭，就决定自己动手解决王莽。

然而，秀才造反，三年不成，刘歆磨蹭了一年多，到地皇四年七月，才决定动手。他联络了卫将军王涉、大司马董忠及司中大赘孙伋密谋劫杀王莽后逃奔南阳，向更始帝刘玄投降。

但孙伋扭头就向王莽泄密，刘歆、王涉、董忠被王莽召入宫中进行诱捕，董忠被诛杀，王涉、刘歆被迫自杀。

这是新朝地皇四年（公元23年）的事儿，也是更始帝更始元年的事儿。刘歆的背叛已经让王莽的理想主义在现实面前碎成了玻璃碴，而昆阳大捷则让王莽彻底放弃了治疗。

接下来的时间里，王莽大概做了两件事，一件是染头发，一件是娶媳妇。

王莽六十多岁了，又长时间耗费精力改地名、改官名等，已经须发尽白。但王莽是个体面人，虽然帝国政治已经彻底崩溃，但精气神儿不能倒，所以王莽染了一头黑发。

随后，王莽又娶了杜陵人史谌的女儿为皇后，又广置后宫，按照公、卿、大夫、元士四级，立了一百二十位姬妾。显而易见的是，这是场面安排，王莽已经无福消受了。

煎熬，理想破灭的每一秒都是煎熬！不过，王莽不用煎熬太久了，系统已经准备清理他这个漏洞。

更始政权自从杀了刘縯之后，已然成为当时帝国最具影响力的政权，那么，清理王莽自然也是他们当仁不让的责任。

更始政权决定向西两路进兵：一路由定国上公王匡率领，出颍川转进洛阳，从函谷关入关；另一路由西屏大将军申屠建、李通从弟丞相司直李松率领，从南阳西进武关。

当时，王莽在洛阳还有二三十万大军，由太师王匡、国将哀章统领。洛阳城坚，守兵又多，更始军的定国上公王匡对此也无可奈何，这一路就阻在了洛阳城下。

而武关一路情势却不同。申屠建、李松军刚一开拔，就鼓舞了反莽派。析县人邓晔、于匡在析县南乡起兵响应，而且不等不靠，锐意进取，先逼降了武关都尉朱萌，又攻杀右队大夫也就是弘农郡太守宋纲，向西攻拔湖县。

这样一来，就相当于从南道北进，进入函谷关通道，并绕过了函谷关，直逼潼关。而湖县属于京兆尹，可以说已经威胁到王莽的腹心了。邓晔、于匡堪称偷家高手！

王莽还能有什么应对措施呢？关中的兵基本上都被他调到关东战场了！王莽还有一项绝技，就是痛哭告天，意图借助上天诅咒起义军。王莽不光自个儿哭，还带着大家一起哭，其中还有大量的太学生，哭得悲痛的都被封为郎，一共封了五千个郎官。

虽然大家都哭得很悲痛，但这当然没有用，王莽也做了他人生中最后的军事应对。他拜九人为将军，皆以虎为号，押上了最后的家底——北军精兵数万人，东向御敌。

为了防止这些人背叛，王莽把他们的妻子都监押在宫中为人质。同时，王莽又吝于封赏，当时宫中还有六十万黄金，而王莽仅仅赏赐九虎及中高级军官每人四千钱。

这样的军队，战斗力可想而知。九虎进军至华阴县回溪，依托小溪流拒守，但被于匡、邓晔一击而溃，其中六虎战死，其余三虎退保渭河口的京师仓。

三虎在京师仓这里顽抗了些时日，但等邓晔开了武关，引申屠建、李松带领的汉军入关后，关中就遍地烽火了。李松、邓晔均分兵游弋，所过之处，本地豪强纷纷响应。不日，汉军、邓晔军、关中义军齐会长安城下，围城猛攻。

九月，城破，王邑父子退入宫中拒守，与义军对战一日，兵败身死，而王莽也失去了最后的保护，随后被商人杜吴杀死，并被疯狂的汉军、义军分尸。

混乱直到邓晔、于匡、申屠建、李松进入长安城，杀了胡作非为的校尉王宪后，才稍稍停止。王莽的头颅随后被李松派使者送至宛城，悬挂在菜市场。

就这样，一代理想主义改革家王莽落了个身死名灭的下场！

与此同时，定国上公王匡也攻破了洛阳，生擒王莽太师王匡、国将哀章。随后，冬十月，更始奋威大将军刘信击斩在汝南自立的宗室刘望，并诛杀了在刘望帐下效力的严尤、陈茂，据有汝南。

至此，关中、荆襄、中原等大部分地区都落入了更始政权手中。更始帝迁都洛阳，派遣使者分行郡国，准备把其他地区都纳入版图。

革命胜利了！革命胜利了吗？

第二十五章 真命天子

壹　未来在哪里？

王莽时代彻底翻篇了，但帝国的未来该何去何从呢？

王莽失败了，并不代表王莽一无是处。王莽的改革是面对前汉帝国豪强兼并积重难返开展的，他的初衷是为了拯救帝国。从变革本身来看，在封建专制奉行二百余年后，王莽是第一个有勇气做全面体制改革尝试的人。

但王莽的步子迈得太大，改革也不能高屋建瓴抓主要，他什么都想做，结果什么都没做好。与此同时，他的理想主义无法掩盖他实操的无能，以至于后期，他的许多举措成为令人迷惑行为大观，甚至说王莽是个可笑的玩笑都不为过。

而王莽本身的可笑，又是中国古代史的可悲之处。由于王莽改制的代价太过沉重，在此后的相当长一段时间内，没有人再敢做类似的尝试，以至于此后的两千年历史，都只能对帝制专制修修补补，然后，一次又一次陷入历史周期律。

不过，这是一个大历史角度的问题。对当时的中央帝国，对刘玄、公孙述、隗嚣、刘永、王郎、刘秀们来说，一个最现实的问题是，怎么收拾王莽改制失败后的这个烂摊子。

不同的人有不同的阅历与见识，也就有不同的答案。刘玄想恢复汉制，刘秀也做如此想，隗嚣、公孙述则意图割据一方，赤眉集团则仍然没能完成从流寇到主人翁的身份转变。

这就是王莽覆灭后的局面。秦失其鹿，天下共逐之，刘玄拥有先手，拥有棋子优势，但刘玄也有刘玄的问题。刘秀有一些心腹门客，有天下闻名的声望，但毋庸说与刘玄相比，即便与隗嚣、公孙述之流相比，他的本钱都太少。

不过，夺取天下，是一场长跑比赛，往往后来者居上，而刘秀对天下的未来，思考得比谁都清楚。刘秀有一个反面典型，就是王莽。套用刘备的话：凡事与王莽反，大事可成。刘秀还有一个正面榜样，那就是大汉帝国的列祖列宗，只要紧紧围绕着恢复汉家制度的主旋律，大事必成。

当然了，这两个条件不是刘秀得天独厚的，更始帝刘玄也有。不过，对比两人的早年生活，会发现两人的素质差距不小。

刘玄，是刘秀的族兄，都属于春陵节侯刘买一脉，具体谱系不明。刘玄弟弟被人所杀，刘玄结交宾客意图报仇，但宾客犯法被捕，出卖了刘玄，刘玄无奈逃往平林避难。后来，官府抓了他的父亲刘子张，刘玄只好玩了一出诈死，他让人送葬归春陵，瞒过了官府，官府释放了他的父亲，而刘玄自己则继续亡命在外。

由此可见，刘玄也是有勇有谋。而且，刘玄依托春陵刘氏，也算是豪强子弟，这点倒和刘秀差别不大。

但刘秀早年又有独特之处。他的大哥刘縯好客养士，有战国四君子之风，与此同时，刘秀留给人的印象是喜好种地。然后，在新朝天凤五年（公元18年），刘秀又求学长安，跟帝国名师大儒学《尚书》。

那么，相比流窜犯刘玄，刘秀受到了系统的贵族教育，而刘玄可能仅仅上了几年宗族私塾。同时，在刘秀的前半生，具体来说，就是刘縯被害之前，刘秀一直被保护得很好：衣食无忧，可以一直干自己喜欢的事儿；又于兄长身边耳濡目染，深通与豪强、儒生、流氓、盗贼的相处之道，懂军阵兵法。

以此为背景，当王莽覆灭，更始帝刘玄取得帝国政权之后，就遇到了身份转换上的麻烦。

刘玄本是平林兵中的一个小安集掾，在陈牧、廖湛手下效力，后来因为绿林军各部领袖要压制刘縯，才推举他当的天子，多少有点赶鸭子上架。而究其本质，他是春陵刘氏子弟，算是宗室，但因为流亡生涯，也因为长期混迹于绿林军，刘玄的气质更接近失业流民。

一个流民皇帝，带着一群成分主要是流民的军队建立的政权，最迫切的问题是身份转变：皇帝就是皇帝，而流民则必须成为维护皇帝专制统治的暴力机器。而刘玄在这件事上，表现得有些迟钝。

王莽被杀后，脑袋被长安中的起义军送到宛城。更始帝刘玄当时正在黄堂闲坐，当即打开盒子来看，看后不自觉感叹："王莽不当皇帝，就是个霍光一样的人物啊！"

刘玄宠爱的韩夫人也在旁边，言笑晏晏地跟刘玄逗乐："王莽如果不瞎折腾，陛下能有今天的地位？"对新时期新形势，韩夫人更敏感一些。

然后，到了公元24年二月，更始帝率群臣从洛阳出发，一起进入关中，定都长安。

长安的皇宫，只有未央宫着火损毁严重，其他宫殿都还完好。数千宫女，钟鼓、帷帐、舆辇、器服、太仓、武库、官府、市里，都迎来了新主人——更始帝刘玄。

刘玄进入长乐宫，宫廷固有的郎官、羽林、宦官大体都保留了原来建制，一时间朝廷威仪尽显。

但与刘秀早年曾经求学京师，见过执金吾的威仪不同，逃亡平林的刘玄，常年与市井之徒打交道，已经不太能理解皇家的生活。

刘玄面向南边坐在龙椅上，看着偌大的皇宫，宫禁森严，郎官、羽林不动如山，忽然感觉有点尴尬。

恰好此时，有几个部将急急忙忙赶来上朝，刘玄决定找点话说来打破这种尴尬。只见他清了清嗓子，高声问道："这次掳掠，收获几何啊？"

大殿里的郎官、刘玄身边的近侍一听此言，尽皆哑然！陛下，这帝国今儿起就是你自个儿的家了，您准备自个儿抢自个儿？

真正适应身份转换的话，刘玄不会问出这样的话。问出这样的话就说明：刘玄还没把自己当成帝国的主人，他认为自己仍然只是个打秋风的。

当然了，身份的表面转换是很容易的。刘玄已经住进了皇宫，嫔妃都归他享用，武库的兵器、太仓的粮食，名义上都成为他的私产和帝国的公产。

群臣任职在宛城基本上已经完成，稍做调整即可。朱鲔当了左大司马，赵萌为右大司马，刘赐为前大司马，李松为丞相，这些人组成高层班子。

李松和棘阳人赵萌劝说他把打天下的功臣都封为王，他也同意了，带着一群王显得更威风嘛！朱鲔以“高祖之约，非刘氏不王”表示反对，刘玄就先把舂陵刘氏近支封了。

太常将军刘祉被封为定陶王，刘赐为宛王，刘庆为燕王，刘歙为元氏王，大将军刘嘉为汉中王，刘信为汝阴王。

随后，起义军领袖王匡被封为比阳王，王凤被封为宜城王，朱鲔被封为胶东王，卫尉大将军张卬被封为淮阳王，廷尉大将军王常被封为邓王。

执金吾大将军廖湛为穰王，申屠建为平氏王，尚书胡殷为随王、柱天大将军李通为西平王，五威中郎将李轶为舞阴王，水衡大将军成丹为襄邑王，大司空陈牧为阴平王，骠骑大将军宋佻为颍阴王，尹尊为郾王。

这份封王名单中，出身农民领袖的占了大多数，这决定了更始政权本质上还是农民政权，农民还是暂时胜利了。

但刘邦铲除异姓王的故事告诉我们：大封异姓王是分裂祸乱之源。不过，刘玄不得不封，他自身缺乏军功，必须厚赏军功派来笼络众将领，而大封诸侯的恶果他也必须承受。

他后来娶了赵萌的女儿为夫人，委政于赵萌，试图通过赵萌来和各诸侯王博弈，到底还是引起了诸侯王的不满。

像王常等人，回到封地就成了土皇帝，他们各自保留了自己的私兵，不听调，不听宣，各自为战，各自为政。

各个诸侯王高度自治，就导致刘玄能够控制的资源极其有限，他一直没有建立起稳固的统治区作为自己的粮仓兵源，他也没有组织起一支效忠于自己的中央武装，他得依赖赵萌、张卬的私兵保卫自己。

在新政府的建设中，农民出身的大小将领充斥于各个机构，关系户遍地，大量小商贩、厨师，摇身一变成了官员。

这样的新政府，除了蛀虫就是蛀虫，丝毫不具备治理能力。在这样的统治下，生产力也不可能恢复。没有生产力的恢复，就是存量经济，一部分人对另一部分人的强取豪夺成为经济活动的全部，注定不可持续。

更始帝建都长安，坐拥关中，一群出身农民的新地主，并不知道怎么做一个合格的地主，这就导致更始政权看起来最强，实际上却最为危机四伏。

而与此同时，刘縯死后，被边缘化的刘秀是什么表现呢？他比更始政权的所有人都表现得更像统治阶级。

从刘縯被杀到更始军进入洛阳，刘秀大概想明白了一个问题：谁是他的朋友，谁是他的敌人，谁是可以团结的对象。

南阳豪族，甚至天下豪族都可以是他的朋友；王莽无疑是他的敌人；农民领袖虽然谋杀了他的哥哥刘縯，但农民军却是他可以团结的对象。那么，对不同的人，就要采取不同的策略。

对商人地主、士人豪族，他要充分保证他们的既得利益。对天下公敌王莽，他不必亲自下手，更始政权、赤眉军、关中义军必定都欲除之而后快，事实是昆阳之战后数月，王莽就身死名灭。

对农民军，则能分化瓦解的分化瓦解，能吸纳为自己所用的就吸纳。拿起锄头，本职工作是种田的农民军就是粮食生产机器；拿起刀剑，从事重体力劳动锻炼了强健体魄、坚韧意志的农民就是帮自己重建帝国、中兴汉室的帮手，少数顽固不化的，坚决剿灭之，这样就可以充分保证控制区的安定。

在天下无处不打仗的年代，谁能开辟出一片安定的统治区，谁就能吸引人口、人才。有人、有地，就有粮、有兵，有粮、有兵就有了一切。

更始帝刘玄在昆阳大捷之后四个月，也就是公元23年十月，进入洛阳。刘玄当时打算定都洛阳，就任命刘秀为司隶校尉，让他负责整修宫室及各办公衙门。

当时的农民军，大多数人都土里土气的，穿着抢来的衣服，不管合不合身，只管颜色亮丽与否，以至于许多人戴着平民的头巾，穿着不伦不类。这可让迎接更始帝定都长安的关中绅士、地主、乡贤笑掉了大牙。

刘秀呢？他已经量才施用，配齐了司隶校尉的属官，定制了正规的汉家官吏制服，开始正常办公了。

这是一次非常漂亮的营销。刘秀及其官属，与其他农民军形成了强烈反差。不动声色地向豪强、地主、士大夫阶层传递出了“我们不一样”的信息。

三辅派来迎龙的官吏中，年老的，看到刘秀及其官属的形象，不自觉流泪感叹：“想不到有生之年，还能看到汉官的威仪！”

汉成帝、汉哀帝的世道坏，王莽的世道更坏，遍地烽火的世道坏到了极致。在这种情况下，在成帝、哀帝时期可以优哉游哉地剥削农民的食利阶层会愈发怀念汉帝国的秩序。

当刘秀在洛阳，以汉家官吏的形象示人时，他就替代王莽成为新的偶像，人们开始把重建秩序的希望寄托在他的身上。

同时，刘秀也看到了更始政权难以成事。他从刘縯之死中吸取到了一个重要教训，那就是：当平台已经变坏，不要试图去改造平台；积重难返，一个人的努力必然无力回天。

无法改造平台，但是，可以跳出原来的平台，重建一个新的平台。现在有一个机会，有童谣说“谐不谐，在赤眉；得不得，在河北”。

更始政权跟赤眉闹翻了。更始帝刘玄进入洛阳后，派使者去招降樊崇。樊崇的赤眉军听说有了新皇帝，说起来也是推翻王莽的共同战友，就带着二十多个将帅来投奔刘玄，刘玄把他们都封为列侯。

但所谓的列侯仅仅是个名头，封邑迟迟没有确定下来，也没有给樊崇他们安排个一官半职。

如果仅仅是樊崇等几十个人，可能也就忍了。但他们手下还有三十多万赤眉大军，他们组织松散，缺吃少穿，嗷嗷待哺。很快就有人不满意更始帝刘玄的安置，相继有士兵逃跑，自寻活路。

樊崇这边一琢磨，没得到封邑关系不大，只要有兵，自己占地盘自己封侯呗！而一旦人心散了，队伍带不起来，就没有了议价筹码，那将是致命的。

于是，樊崇和二十多个赤眉将领当日就悄悄地逃回自己的营地。如此一来，赤眉自然也就与更始政权决裂了。

王莽刚刚灭亡，绿林、赤眉两大起义军就准备拔刀相向了。那么，童谣里的

“谐不谐”，答案很明显，和谐不了。

跟赤眉没谈拢，就不能再丢掉河北，当绿林与赤眉成为两大对立阵营后，态势颇像秦末汉初刘、项相争。

以更始为代表的绿林占据关中，以洛阳为前线；以樊崇为首的赤眉占据东方，随时准备入关消灭更始政权。

这种情况下，谁能率先开辟第二根据地，谁就占据上风。更始政权立刻将这件事提上议程。

但初步讨论结果是没有人愿意去。为什么呢？

因为河北有铜马部、青犊部、上江部、大彤部、铁胫部、五幡部、尤来部、大枪部、檀香部、富平部、高湖部、重连部、五楼部、城头子路部等几十支起义军，不相统属，斗争形势很复杂，大部分地区也毁坏严重，油水大概也不多。

起义军领袖们好不容易进了城，美女、珍宝、华服、美食，还没来得及享用呢，谁愿意去北方啃硬骨头！

刘秀倒是很想去，但这话刘秀不能直接说。他韬光养晦，虽然逃过一死，还升了官，但各绿林军领袖以及更始帝刘玄对他仍然存有戒心。

但这是个难得的机会，刘秀仍然要争取。刘秀找到了族兄，时任更始帝大司徒的刘赐，让刘赐在合适的时机提出让刘秀出巡河北。

更始君臣再次议事时，讨论了很久，仍然没找到合适的派往河北的人选。刘赐说话了：“既然大家都不愿意去，我看司隶校尉刘文叔比较适合。”

不出意料，刘赐的建议，遭到了强烈反对。以大司马朱鲔为首，参与谋害刘縯的诸位，都不同意放刘秀在外。于是，仍然没议出个结果。

但许多事，台下比台上重要。朝堂上没议出个名堂，朝堂下的活动串联却不能停。这时候刘秀的部将冯异向刘秀提供了一个重要信息：更始政权左丞相曹竟和他的儿子尚书曹诩很受刘玄信任，能左右决策。

刘秀当即与曹竟父子深相结纳，钱财开路，马屁搭桥，很快就走通了这一门路。与此同时，刘赐也没有停止对更始帝刘玄的说服。

终于，刘玄打消了疑虑，授予刘秀符节，令其以破虏大将军的身份代行大司马职责，北渡黄河，说服河北郡县及起义军各部归附更始政权。

这一去，端的是“猛虎归深山、蛟龙入大海”，刘秀就要天高任鸟飞、海阔凭鱼跃了。

贰　疯狂融资

刘秀徇河北，遇到的第一个问题是，他没有军队。舂陵八千子弟兵，自刘縯死后，就被混编进更始政权各个将领手下。舂陵兵作为私人部曲，刘縯死后，刘秀本可以继续成为他们的领袖和效忠对象，但刘秀自顾不暇，自然不敢声明对舂陵兵的所有权。

那么，更始帝刘玄作为更始政权的最高领袖，自然成了舂陵兵天经地义的效忠对象。

舂陵宗室中有头有脸的人物，都在更始政权里担当了举足轻重的职位：刘秀是破虏大将军、武信侯、司隶校尉；刘秀的亲叔叔赵良是国三老；刘秀的族父刘歙从更始帝入关，被封为元氏王；上节提到的刘秀的族兄刘赐是大司徒，后来又做到丞相、封宛王；刘秀的族父刘庆封燕王，刘庆儿子刘顺封虎牙将军；另一个族兄刘嘉则做了汉中王。

大家脑袋别裤腰带上起义，图的也不过是列土封疆这样一个前程，这时候，不可能放下现成的富贵跟随刘秀去河北冒险。因此，当刘秀北上之时，来自舂陵刘氏的支持极为有限。

但刘秀是个光杆司令吗？倒也不是。他有符节，同时他是以破虏将军的身份代行大司马事，职责是镇慰州郡，让河北诸郡归附更始政权。

符节、官职、职责，都允许他以更始帝的名义贩卖自己的私恩。

史载，刘秀渡过黄河后，所到刺史部、郡、县，都先召见当地的二千石官员、长吏、三老、官属，下至低级临时工型办事员，一一考察评定，该升职的升职，该罢黜的罢黜。不过实际上，刘秀的巡行，鼓励赞赏的多，惩罚罢黜的少，因为结果是“吏人喜悦，争持牛、酒迎劳”，而挨了罚、丢了官，可没这个兴致。

此外，刘秀还审理州、郡、县里的犯人，因王莽苛政而被处罚的人，大多数都被平反。而王莽的诸多政令，也被一并废除，汉朝原来的制度被恢复，官名也重新用汉家官名。

总而言之，刘秀所到之处，都在身体力行地恢复汉家秩序，同时也让自己成了活广告——恢复汉家秩序，请认准春陵刘文叔。

除了符节、职位之外，刘秀还有一支百余人组成的私人班底，有些是他的官属职员，有些是因为他卓越的人格魅力而与他惺惺相惜以至于鞍前马后。

其中一位是冯异，前文说了，就是这位，给刘秀出了个走后门的主意，最终搞定了徇河北的差事。

冯异，字公孙，颍川父城人，搁今天，是河南省平顶山市人。喜好读书，精通《左氏春秋》《孙子兵法》。

单单从这个袖珍书单看，冯异就不是个读死书的人，五经，他读了难度较高的《春秋》，《春秋》多家注解，他偏偏读了故事性最强的《左氏春秋》。

显然，冯异不安分，有大志向，一旦风云际会，必定龙腾虎跃。而新莽末年是一个风云际会的时代，是一个大丈夫更容易建功立业的时代。不过，单靠自己是不行的，冯异需要找一些志同道合的人。

刘玄称帝、更始政权建立时，冯异以郡掾监的身份监颍川五个县，当时正与父城长苗萌一起守城。后来刘秀带兵进攻颍川，攻父城不下，在巾车乡屯兵休整。

冯异守城是兼职，抽空还得去其他县视察工作，结果在一次出巡中，被汉兵给抓了。当时，冯异的从兄冯孝，同郡丁綝、吕晏都已经投奔了刘秀，他们都向刘秀举荐冯异。

刘秀和冯异一聊，酒逢知己千杯少。冯异当即一拍大腿：跟着大哥干了！回头又劝说苗萌和他一起向刘秀投降，刘秀用冯异为主簿，苗萌为从事。

冯异还向刘秀推荐同乡姚期、叔寿、段建、左隆等。从此以后，冯异代表的颍川帮就成为刘秀的心腹班底之一。

另外，刘秀的小迷弟邓禹，在听说刘秀徇河北之后，第一时间从新野赶去和刘秀会合。邓禹博学多识，十三岁时因为《诗经》学得不错，去长安游学，遂和同在长安游学的刘秀结下了深厚的情谊。而此时，邓禹见到刘秀说的第一句话就是：大哥，我可不是来混饭吃的，我要和你一起打天下，名垂青史。

其他的，还有朱祐、祭遵、臧宫、傅俊、王霸等人，都在很早就投奔刘秀麾下。

朱祐，舅家是复阳刘氏，年少丧父，随母亲依附舅家，往来舂陵，与刘縯、刘秀兄弟很处得来。刘縯起兵时，以朱祐为护军，刘縯被杀后，朱祐为刘秀报信，遂留在刘秀身边，当刘秀徇河北之际，仍任命他为护军。

祭遵，颍阳人，曾任县吏。震惊天下的昆阳之战发生地离颍阳不过五十公里，故刘秀的昆阳传奇他虽未亲历，但极早耳闻。昆阳之战后，他多次求见刘秀，最终讨得了门下吏的职务，成为刘秀的一名警卫员。

臧宫，颍川郏县人，做过郏县亭长，和刘邦发迹前的职事一样。他也和刘邦一样爱凑热闹，绿林起义后期，他带领宾客投了下江兵，担任校尉。舂陵刘氏起事后，舂陵军、农民军联合作战的过程中，作战勇猛、做事勤勉的臧宫被刘秀看中，暗暗收入麾下，成为自己的心腹。

傅俊，颍川郡襄城人，在襄城县也当过亭长，王凤、刘秀率领汉军攻打襄城时，他出城投奔汉军，结果把老母亲、弟弟、亲族几十口人都搭进去了，和李通一样惨。王莽覆灭后，他回襄城安葬亲人后，听闻刘秀徇河北，立即带领宾客日夜兼程，在邯郸追上了刘秀。

王霸，也是颍川郡人，王凤、刘秀攻略颍阳时，王霸求见，随后跟随刘秀参与昆阳大战，战后被老爹喊回去了。刘秀担任司隶校尉期间，又路过颍阳，王霸得到父亲批准，从此追随刘秀左右，刘秀徇河北时，以功曹长史的身份追随。

以上，冯异、铫期、邓禹、朱祐、祭遵、臧宫、傅俊、王霸八位，后来都入选了东汉明帝刘庄图画在洛阳南宫云台阁的云台二十八将。如果把刘秀建立东汉当作一个从创业公司到上市公司的故事的话，这八位是有原始股的。

刘秀徇河北，带着这些心腹干将和他们的门客，一开始是很顺利的。刘秀是钦差，背靠当时帝国最强大的势力——更始政权。刘秀又拥有巨大的声望，一路又身体力行恢复汉朝秩序。这让刘秀在很多地方都受到了热烈欢迎。而随从们跟着吃香喝辣、狐假虎威，好不风光。

但好日子很快到头了。刘秀们来到了邯郸。邯郸是战国赵的国都，汉兴以来也长期作为封国的国都，人口众多，城池坚固，粮草器械储备充足。不过，邯郸有地头蛇，那就是赵王刘彭祖的后代刘林。

刘林据说是赵缪王刘元的儿子，但是笔者考证了下，时间对不上。刘元的父亲刘偃，是刘彭祖的小儿子，汉武帝征和二年，以亲亲故，封他为平干王。刘元继位后，在汉宣帝五凤二年（公元前56年）就去世了。假设刘元去世前刚刚生了刘林，则当刘秀徇河北到邯郸时，是公元23年，刘林至少也八十岁了……

而刘林听闻刘秀一行来到，当即来见刘秀，对刘秀说："赤眉如今在河东，如果能决河水淹他们，定让他们全部变为鱼鳖。"

刘秀大概一来怀疑刘林这个王室后裔的真实来路，二来看这货太蠢、太残暴，就没搭理他。随后，刘秀离开邯郸，取道北上，去往真定。

然而刘秀刚走，刘林就与汉成帝刘骜的冒牌儿子王郎勾结在一起。当年十二月，刘林拥立王郎为天子，定都邯郸，同时派遣使者徇行河北郡县，宣示主权。

王郎自称成帝儿子子舆这事儿，在河北已经传播很久，再加上刻意营销，王郎拥有非常广泛的受众。一时之间，邯郸豪强李育、张参等纷纷来投。而王郎使者所到之处，郡县皆下。

忽然之间，刘秀一行就成了丧家之犬。刘秀也不敢去真定了，为了躲避王郎可能的逼迫，他决定北上蓟县，离王郎远一点。

刘秀脚程很快，但王郎的加急信使也不慢。他们前脚刚进蓟县城，王郎的檄书也到了蓟县。檄书除了通令蓟县归附之外，还附带了一条悬赏令：购求刘秀首级，赏十万户侯！

屋漏偏逢连阴雨，汉武帝子刘旦一脉、前广阳王刘嘉的儿子刘接响应王郎，在蓟县起兵了。蓟县城瞬间大乱，有传言邯郸使者马上就要到来，城中的二千石官员都在忙着准备迎接的事儿。

显然，蓟县是没法待了。刘秀可以继续向北逃窜，从上古来的耿弇就这么建议他，但因为部属都不愿意北上，刘秀只好带着部属仓皇南逃，沿路也不敢进城，只能啃点冷馒头充饥。

到了饶阳这里，大家饥寒交迫，实在走不动了。刘秀只好想了个主意，冒充邯郸使者，到驿站里骗点吃的垫垫肚皮，结果差点就漏了馅儿。

刘秀的一干随从饿极了，吃相实在惨不忍睹，更恶劣的，还有人抢饭吃。驿站的小吏心里就起了疑，这帮人恐怕不是好人。于是，小吏想了个歪主意，跑到外边，击鼓大喊："邯郸使者来了！"刘秀和众随从吓得大惊失色，本能反应，丢下饭碗，上车上马四散逃命。

但刘秀转念一想，就又回到了座位上，他从容不迫地说："请传邯郸使者来见！"大伙儿这才安心吃完饭，大摇大摆地走了。

出了饶阳，继续往南走，没日没夜地赶路，天还下起了雪，刘秀脸都冻皴裂了，随从们更是凄风冷雨、怨声载道。

而艰难局面还在继续。到了滹沱河，没有船，好在河结了冰，众人踏冰而行。这冰偏偏还结得不厚，大家走着走着，冰面就裂了，最后的几辆拉辎重的大车都陷在水里，只好抛弃不要。

队伍继续前进，进抵下博城西。刘秀也困惑了：白茫茫大地一片真干净，我要往哪里走？嘿，就在这时，忽然出现一白衣白衫白帽白鞋的白胡子老头，他走到刘秀面前，向南一指："小伙子，加油啊，向南八十里，信都郡还在为更始帝坚守！"

终于看见了曙光。至此，从邯郸北上，又从蓟县仓皇南逃，堪称刘秀的小长征。队伍中，一些不坚定的分子被淘汰掉，比如王霸的门客，就逃得一个不剩。而刘秀坚定的支持者也得到了锻炼，比如王霸，刘秀就评价他："患难见真情、疾风知劲草、岁寒而知松柏之后凋！"

而雪中送炭，陪刘秀熬过低谷的回报是丰厚的，刘秀的创业公司在信都就要谋划上市了。

刘秀一行听了白衣老人的话，士气大振，连夜赶路，平明就到了信都城下。信都太守任光一听刘秀来了，急忙亲自出城来迎，同时送上了信都城。信都有兵、有粮、有坚城、有出色的将领，作为刘秀在河北的第一块根据地再合适不过了。

不久之后，又有和戎郡卒正邳彤来投。和戎是王莽割巨鹿郡所置，治所在下曲阳，卒正是王莽对郡守的一种叫法，所以，也可以叫和戎郡守邳彤来投。

信都与和戎，都是当初刘秀徇行时，向更始政权宣誓效忠的，显然他们也为刘秀的人格魅力所折服，他们懂得眼前这个人能充分保证他们的利益，是恢复汉家秩序的不二人选。

所以，刘秀不会真的据信都为己有，也不会夺取邳彤的兵权。刘秀还告诉任光、邳彤：你们的仍旧是你们的，我还会给你们期权。任光当即被拜为左大将军，任光的两个搭档，李忠为右大将军，万脩为偏将军，而邳彤则被任命为后大将军，同时，几位的官职如故，任光依然管辖信都，而邳彤则统领和戎。另外，这四位，都被封了侯。

随后，刘秀征发了二郡辖县四千多人，分别攻下了贳县、堂阳。这时，率领宗族宾客据城自保的昌成人刘植和宋子人耿纯各自带领数千人也来投奔。人马多的刘植被封为骁骑将军，人马略少的耿纯被封为偏将军。

如此一来，依托信都、下曲阳，辐射贳县、堂阳、昌成，刘秀就在今河北省石家庄市到今山东省德州市之间广袤的平原上建立起一块有相当纵深的根据地。而耿纯、刘植的部众，加上信都、和戎的郡卒，及新征发的军队，刘秀大抵已有二三万战斗力不俗的兵马。

但这远远不够，当时的情势，河北基本上是王郎的地盘，刘秀的支持者不过是万绿丛中一点红。因此，刘秀需要拉来更多的投资，才可以与王郎决一死战。

邓晨来了。更始帝定都洛阳后，邓晨被任命为常山太守。当刘秀占据信都后，邓晨孑然一身前来投奔，要鞍前马后效力，但刘秀又打发他回了常山。刘秀说："大姐夫，你以一身从我，不如以一郡做我的北道主人。"

真定王刘杨与刘秀结盟了。刘杨一开始起兵响应的是王郎，这个王爷不简单，振臂一呼，就拉起一支十余万人的兵马。刘秀派刘植去跟刘杨联络，最后以刘秀迎娶刘杨的侄女郭圣通为条件，双方通过政治联姻达成了盟约。

在与刘杨结盟前，刘秀带兵攻打下了中山郡的治所卢奴。随后，在刘杨的支持下，刘秀挥师南下，顺势攻下新市，将刘杨的真定郡纳入版图，又到常山郡的郡治元氏城，吸纳了邓晨的战略储备。

这一路，刘秀相当于在原来的信都—和戎根据地西北又开辟了一大块根据地，既解决了南击王郎的后顾之忧，又拿下了中山、真定、常山三个郡国，将地盘扩大了一倍不止。

此时的刘秀，可以整合的人口不详，但可以调动的军队，至少在十万以上。那么，此时的刘秀，面对王郎，虽然仍然没有优势，但差距已经不那么令人绝望。

刘秀带领的各部联军在常山整合后，继续南下，迅速攻占了房子，直逼赵国境内。大概是一路虐菜太顺的缘故，刘秀军前部朱浮、邓禹带人一头扎进柏人，却撞进了王郎大将李育的防线里，被打得丢盔弃甲、狼狈逃回找刘秀。

刘秀了解了情况，吸纳了朱浮、邓禹的败兵，重整旗鼓，带领大军，再度挺进柏人。李育作为邯郸大豪，战斗素养是不错的，但面对刘秀，他还是在正面死磕中迅速败下阵来。

无奈之下，李育退入柏人城中。汉军遂合围柏人，进入攻城战。兵法云“十则围之”，刘秀没有十倍的兵力，而李育又不是等闲之辈，汉军一时无法攻破柏人城。不过，刘秀没有闲着，一边围困柏人城，一边又派偏将打野攻下了广阿城。

于是，刘秀与王郎的角逐进入僵持态势。好比象棋的中局，车马炮围绕楚河汉界形成均势，谁都知道到了战局的关键时候，一着不慎，就会满盘皆输，所以谁都不敢轻举妄动。

如果没有生力军的加入，刘秀与王郎在柏人、巨鹿一带的相持，或许会变成刘邦与项羽在鸿沟的样子，智穷力竭，生不如死。但就像韩信之于刘邦，刘秀也迎来了他的韩信——上谷耿弇。

耿弇，字伯昭，祖籍巨鹿。汉武帝时，因先祖任职二千石官员的缘故，举家搬迁到扶风茂陵。

耿弇的父亲，名叫耿况，字侠游，以明习经学，被选为郎。曾与王莽的从弟王伋一起跟安丘先生学习《老子》，后来被王莽任命为朔调连率。朔调就是上谷郡，连率就是郡太守，王莽喜欢改地名官名嘛！所以，耿况就是上谷郡太守。

王莽末期，农民起义，王莽被推翻，更始帝刘玄建都长安。耿况想到自己是王莽任命的地方官，就很惶恐。于是，耿况就派年仅二十一岁的儿子耿弇前往长安求见更始帝，奉使贡献，以求能保全官位身家。

耿弇刚走到宋子，王郎已经以汉成帝儿子刘子舆的身份在邯郸称帝了。孙仓和卫包是耿弇的从吏，俩人合计："干脆就近投刘子舆得了。"耿弇听了两人的谋划，按剑而起："刘子舆是个废柴，迟早要完蛋。我到长安，跟国家讲讲上谷、渔阳的兵马粮草形势，也就几十天的时间。等我回来后，发渔阳、上谷突骑兵，打刘子舆这些乌合之众，还不是摧枯拉朽！"

好大的口气！不过这时候我们无法分辨耿弇究竟是豪门的纨绔，还是将门虎子。但显而易见，对王郎这种江湖骗子型野心家，耿弇没放在眼里。而且，王郎与更始，孰强孰弱，耿弇有基于常识的判断。

另外一点，从耿弇的言谈中，我们可以窥视到渔阳、上谷的军事力量。两郡临近边塞，日常厉兵秣马，军队战力当为帝国一流。

不过孙仓、卫包两个老油条，看着慷慨激昂的黄口小儿耿弇，笑了笑没吭声，然后，这哥俩趁耿弇不注意，还是收拾包裹投了王郎。人类的见识，常常不以年幼年长论短长，耿弇将向孙仓、卫包两个老家伙证明这点。

耿弇继续向长安进发，不过最终没有去成，他已经知道带着更始帝符节的刘秀到了河北。他走到宋子，打听到刘秀去了卢奴，就折道北上，在卢奴追上了刘秀。最后，耿弇被刘秀任命为门下吏，成为一名小小的警卫员，听朱祐使唤——刘秀只把他当成寻常求官的地方二千石子弟。

但耿弇很有想法，他看刘秀带着数百随从，也没法打王郎，就向朱祐请假，要回上谷带兵来打邯郸。刘秀听说了，很惊奇："小家伙，志向不小嘛！"

之后，耿弇跟着刘秀到了蓟县，恰好遇上刘接起兵响应王郎，情势危急。刘秀跟随从商议，接下来怎么办？耿弇的意思，让刘秀去上谷，合渔阳、上谷铁骑，再南下攻取邯郸。

刘秀当时急需第一桶金，本来也有此意，但奈何手下人都不同意，于是决议南走。这前文已有描述。当分别时，刘秀跟耿弇约定，耿弇回渔阳，作为刘秀在北方的支援——“是我北道主人也！”

类似的话，后来刘秀跟邓晨也说过，但两者意义并不一样。邓晨是亲姐夫，当初一起商讨起兵反莽，可以说既是至亲，又是战友，刘秀真把邓晨当作依靠。对耿弇，刘秀这话就像明星对路人粉说“我爱你们”，又像远方亲戚离别，说“有空再来”，客套多一点，真诚少一点。

所以，还闹了个小小的乌龙，当耿弇带领着上谷、渔阳共计四千突骑、两千步兵前来增援时，刘秀的部众都以为他们是帮王郎来的，纷纷吓得无法自处。

而当耿弇带领着上谷、渔阳的将领们进入刘秀营中来拜谒时，刘秀喜出望外，脱口而出：“我要与上谷、渔阳的士大夫们共此大功。”

跟随耿弇一起来的，除了六千军队之外，还有这么几位：寇恂，上谷昌平人，被耿况任命为郡功曹；吴汉，南阳郡宛城人，当过县亭长，王莽末年，以宾客犯法，亡命渔阳，更始使者韩鸿徇河北，拜为安乐令，设计力劝彭宠助刘秀；盖延，渔阳要阳人，力大无穷，彭宠用为营尉，行护军；景丹，耿况的副手；王梁，彭宠任命的狐奴令。

刘秀当即任命他们为偏将军，各自带领原班兵马。而耿况、景丹、彭宠、盖延四位郡高级官员则被封为列侯。值得一提的是，耿弇、寇恂、吴汉、盖延、景丹、王梁六位，都在云台二十八将之列。上谷帮是毫无疑问的精兵强将！顺便，上谷帮这一路走来，还攻下了涿郡、清河、河间凡二十二县。

平衡被打破了！而平衡还将继续被打破！更始帝刘玄听闻王郎自立为天子的消息后，在更始二年（公元24年）二月，任命尚书仆射谢躬为大元帅带领马武、庞萌等人前去征讨王郎。

谢躬与刘秀会合，场面其实颇为尴尬。他们同属更始政权，论官职，刘秀大，论河北战事，则谢躬是最高指挥官，谁指挥谁呢？如果刘秀没有真定王刘杨、信都帮、上谷帮的支持，刘秀当然应该听谢躬的，但问题是，刘秀已经鱼跃龙门，即将化龙了。谢躬的部队也许不少，但刘秀的部队更多。

不过，暂时，他们共同的敌人是王郎。所以也好商量，谢躬与刘秀决定组成联合部队，共同指挥。汉军留一部分兵围困柏人，大军进围巨鹿。

王郎做出了垂死挣扎，他派人进攻信都城，信都城里的大户马宠开了城门，搞得刘秀后院起火。但谢躬派人迅速夺回了信都城，刘秀为了巩固后方，把李忠派回信都，行太守事。

王郎又派倪宏、刘奉带领数万人救援巨鹿，刘秀带兵迎战于南䜌县，战事不利。景丹等人率领上谷突骑小试牛刀，他们从两翼对倪宏、刘奉发起攻击，最终大破王郎援军。

王郎的两次阴谋被粉碎后，就黔驴技穷了，他只好龟缩在邯郸据守。耿纯劝刘秀以少数兵力看守巨鹿，率精锐直扑邯郸，刘秀听从了耿纯的建议。

夏四月，刘秀留将军邓满守巨鹿，自己率大部队向邯郸进发，在上谷突骑的支持下，野战连战连捷，遂进围邯郸。

王郎成了瓮中之鳖。王郎派谏大夫杜威向刘秀请降，杜威提出封王郎为万户侯，刘秀的答复是："能留条小命就不错了。"王郎认为刘秀太欺负人，投降一事也就不了了之。

刘秀以优势兵力猛攻邯郸二十余日后，五月初一，王郎的少傅李立开门迎汉军入城，邯郸城破。王郎连夜逃走，王霸连夜追杀，斩其首而还。

叁　统一河北

平定王郎之后，刘秀在河北的卧榻之侧，还有两个大威胁。

其一是更始帝派来的方面军总司令谢躬。谢躬对更始帝刘玄很忠诚，也很有能力，刘秀就曾经说“谢尚书是真正的官吏”。谢躬不但有军权，还在河北以更始帝的名义安定百姓，与刘秀争一个民心所向，让刘秀很焦虑。

其二是铜马等起义军。根据刘秀后来镇压起义军的记载，活跃在河北的，有名号的，起码有大肜、青犊、五幡、五校、檀乡、尤来、大枪、高湖、重连九支，赤眉军有一部分也会渡过黄河来劫掠。这些起义军组织松散、毫无军纪，走到哪抢到哪。

老刘家、老王家，作为统治阶级的最高代表，功不可没，而刘秀作为豪强大族的一员，也并不无辜。

不过，现在派锅并不能解决问题，天下已经大乱，打来打去也打不出一个保证公平的结果来，而人口因战乱的大量减少，也解决了生产要素不足的问题。是时候天降圣君来收拾乱局，恢复秩序了。

这个新秩序必然是旧秩序的延续，必然以剥削为底色，但总好过当前这种各方势力混战的无谓牺牲。而收拾乱局、恢复秩序的明君是谁？目前，刘秀看起来是最有希望的那个人。

在镇压农民起义上，谢躬和刘秀有共同的诉求，刘秀利用这种诉求，顺便除掉了谢躬。攻破邯郸之后，谢躬与刘秀，两支大军都进了邯郸城，你在城西，我在城东，部下时常因为打劫掳掠有些小摩擦。

当时，刘秀就有除掉谢躬之意。但在除掉他之前，刘秀还想争取一下。得精英者得天下，谢躬是个难得的人才，志在天下的刘秀，首选必然是拉拢谢躬。

但是，刘秀多次暗示明示谢躬，谢躬都顾左右而言他，不做回应。终于，刘秀动了杀心。刘秀先搞了个鸿门宴，请谢躬和部将震威将军马武一起喝酒，打算在酒席上除掉谢躬，但谢躬防备很严密，没得到机会。

后来，谢躬带兵出了邯郸，前往邺城屯守。离得远了，小摩擦少了，双方的矛盾略有缓和。刘秀为了安抚谢躬，也多次当着众将的面称赞谢躬的行政能力，这让谢躬放松了警惕。

谢躬的妻子颇有见识，提醒谢躬："刘秀这小子在麻痹你，你要不做防备，一定要吃亏。"但谢躬并没有当回事。

而刘秀则利用与谢躬关系的缓和，先对铜马等义军下手了。下手之前，刘秀需要继续壮大自己的实力。铜马等在河北的农民军有百万之众，战斗力也颇为强悍，刘秀虽然很强，但要彻底解决他们并不容易。于是，刘秀先派吴汉、耿弇去幽州征发幽州十个郡国的突骑兵，但是过程并不顺利。

讨灭王郎后，更始帝刘玄封刘秀为萧王，他在命刘秀回长安的同时，还派出苗曾担任幽州牧，任命韦顺为上谷郡太守，蔡充为渔阳郡太守。

刘秀好不容易鱼入海鸟投林，当然不会归命长安，他以河北未定为由继续滞留河北。但他没法阻止苗曾、韦顺、蔡充等更始帝命官的上任，当时的他没有跟更始政权决裂的勇气，名义上他还是更始政权的萧王。

那么，对苗曾等人来说，刘秀则只是他们的同事，而不是他们听命的对象。因而，当苗曾听闻刘秀派吴汉来幽州征发突骑兵的消息时，暗自整兵戒备，同时敕令下属郡县，禁止应征。

但吴汉依托的渔阳彭宠、耿弇老爹上谷郡太守耿况，都是当地强大的势力，远不是苗曾这种钦差所能控制的。

吴汉听闻苗曾的部署后，当即兵分两路：一路由耿弇带领回上谷，诛杀韦顺、蔡充；另一路则由自己带领，他只率二十名骑兵，快马加鞭、日夜兼程赶到了苗曾治所右北平郡无终县。

耿弇回上谷，就是回家，有老爹撑腰，将韦顺、蔡充斩杀，手到擒来。而吴汉一路，人数极少的小分队麻痹了苗曾。苗曾看吴汉人少，便打算和刘秀捣捣糨糊，他大咧咧地亲自出迎吴汉，结果被吴汉当场偷袭斩杀。

于是，吴汉、耿弇带回了幽州十郡数万突骑兵，这是当时帝国最精锐的骑兵。当吴汉、耿弇带领幽州突骑归来时，萧王刘秀正在鄡县进攻铜马义军。

刘秀的策略很有意思，坐拥幽州突骑，加上自己原来的兵力，他的底气更足了，但他却选择坚壁不出。

刘秀这样做，是因为他了解农民军。农民军缺少建设能力，自然没有动员能力，也就没有后勤保障能力，因而对农民军而言，利在速战。农民军没什么目标，图的就是抢一把，吃顿饱饭，抢不着，就会换个地方继续抢。如果他们求战不得，必然退却。

果然，铜马义军多次挑战刘秀大营，刘秀开启静默模式。铜马义军耗了一个多月，没有粮食吃，趁夜南逃，刘秀这才纵兵大击。吴汉的突骑屯集在鄡县东南的清阳，他与刘秀两下夹击，追至馆陶这里，大破铜马义军。

铜马大部被迫向刘秀投降。但刘秀这边整编还未完成，东南方向，高湖、重连义军又打过来了，与铜马军残部合兵一处，向北突进。刘秀只好暂时停止整编，带着吴汉、耿弇等与高湖、重连、铜马余部大战。

双方在华北平原上展开了大练兵，你追我赶，打一会儿，跑一会儿，再打一会儿。最后，竟然从馆陶向北打到了蒲阳山，相当于从今天的山东聊城打到了河北保定。终于，在蒲阳山这里，刘秀军彻底击败了高湖、重连、铜马部。

随后，刘秀对所有投降的义军进行收编。起义军领袖都被封为列侯，但起义军心里仍然很忐忑。于是，刘秀来了一出单枪匹马进敌营，做出一副推心置腹的样子，起义军人心才得以安定。

通过收编铜马等起义军，刘秀得到了近二十万精锐步兵——类似于曹操的青州兵。这件事意义重大，因为这说明，从此，刘秀有了不依附于河北豪强的私兵。

刘秀把这些兵分配给诸将，像邓禹、冯异、姚期、朱祐、祭遵、臧宫、傅俊、王霸这些早期心腹随从都得到了大量部属，可以与上谷帮、信都帮分庭抗礼了。

而基本荡平以铜马部为首的大股河北义军后，刘秀所有指挥得动的兵力加起来有几十万，关中诸将都因此称呼刘秀为“铜马帝”！

收编铜马等部义军之后不久，在河内郡射犬，又有赤眉别帅与大彤、青犊等十余万义军聚集。刘秀再次率众赶往射犬，悉数击破。

这一次，刘秀不再用封侯招降了——二十万铜马军，足以让他在与河北豪强的博弈中占据优势。至于其他的农民起义军，刘秀则安排他们回家种地。

王莽末期，全国参加起义的穷苦农民有数百万，无数人埋骨他乡，最终只有铜马、重湖、高连的少数义军领袖完成了阶级跃迁，不亦悲乎！

而在刘秀南击射犬义军的同时，他安排了对谢躬的谋杀，计策是驱虎吞狼、调虎离山。

射犬，是个小集镇，又称射犬聚，在河内郡野王县，今天河南焦作市境内。刘秀出征前，跟谢躬说：“我去打射犬，如果大彤、青犊、赤眉别部被击败，在山阳县的尤来部必然要北逃。这时候，以谢公的威望，出击尤来，必然大破之。”

谢躬同意了。事情不出刘秀所料，刘秀击败聚集在射犬的起义军后，在山阳的尤来义军果然向北窜逃，进入隆虑县境内。

隆虑就是现在的河南省安阳市林州市，著名的林州红旗渠就修在这里，在大山之中，地形险峻，易守难攻。因此，谢躬带兵出战，并没有获胜，反而和尤来义军拼了个两败俱伤。

而在谢躬带领所部主力离开邺城进军隆虑的同时，刘秀安排吴汉与岑彭突袭邺城。兵多将广就是可以为所欲为，谢躬带走了邺城的大部分精锐，邺城空虚，而刘秀这头大军在外，邯郸却仍然有猛将锐卒。

作为最杰出的云台二十八将，吴汉又不单单是猛将，他的脑子还特别好使。

谢躬出征后，留大将军刘庆与魏郡太守刘康一起守城。吴汉先给刘康写了一封信，这封信很精彩，尤为精彩的是开头。吴汉写道：“盖闻上智不处危以侥幸，中智能因危以为功，下愚安于危以自亡。”

意思大概是："我听说，第一等智慧的人，不会让自己处于危险的境地，而求侥幸；第二等智慧的人，能够利用危险火中取栗；最笨的人，是对危险无所察觉，或者满不在乎，最终自取灭亡。"

这里，第一等智慧的人的做法，始终能给我们的生活以启示。举个例子，投资股票，在一个基本面差的股票上重仓，就是典型的"处危以侥幸"。刘康呢，已经处在危险之中，所以，他选择了吴汉提出的"因危以为功"，投降了。

刘康不是弃城投降的，他捕获了刘庆和谢躬的老婆孩子，开城投降。谢躬战败而归，还不知道刘康已经投降，他带着数百轻骑刚进城，就中了吴汉的埋伏。谢躬被吴汉亲手击杀，余众全部投降。

就这样，刘秀在河北的眼中钉、肉中刺被除去了。这时候，如果各位对河南省政区了解的话，应该能意识到，刘秀的势力已经打入河南省在黄河以北的部分，他可以在黄河北岸来去自如，而前汉司隶部河南郡的郡治重镇洛阳，已经迎来了刘秀的死亡凝视。

至此，刘秀已经完全控制了幽州刺史部十郡国，冀州刺史部十郡国，司隶部的河内郡也接近完全控制。

刘秀控制区内，仍然有数股义军流窜，但大体上，在整个汉帝国国土上，他已经是可动员地盘最大的地主了。

当然了，算上名义控制区，更始帝刘玄仍然是第一，赤眉樊崇等算是第二。但这两股势力中，更始军内部矛盾重重、新封诸王各自为政，赤眉军无组织、无纪律、困在流寇的身份里不能自拔。

刘秀、更始政权、赤眉三国鼎立，刘秀个头最小，这是当前中央帝国的主流局势。这种情况下，虽然刘秀的人员素质最高、整合能力最强，但要想吞并更始政权与赤眉军，依然不知道有多少仗要打。

不过，上天垂怜。上天大概觉得中央帝国已经失控十几年了，人民受过的苦也够多了，于是决定加快重建的进程。然后，突然之间，像蝗虫过境一般洗劫了几乎整个黄淮之间、巩洛以东的赤眉军决定挺进关中与更始政权争天下了。

三国鼎立，突然老大老二要死掐了，作为老三的刘秀可太喜出望外了……

肆　刘秀称帝

更始政权进入长安后，更始帝刘玄按照李松、赵萌的建议，分封诸王。他以朱鲔为左大司马，刘赐为前大司马，二人与西平王李通、舞阴王李轶、邓王王常等镇抚关东，而以李松为丞相、赵萌为右大司马，襄理内政。

更始帝刘玄又娶了赵萌的女儿为夫人，很是宠幸，因此便委政于赵萌。而刘玄则与韩夫人、赵夫人日夜美酒高会，长醉不起。有大臣奏事时，刘玄常常让侍中代替自己在帷帐中代为应答。

总之，在关中的更始帝刘玄妥妥的昏君。但这是表面上的，实质上却是刘玄在借助赵萌的力量制约分封诸王，乃至渐渐解除诸王的兵权。只不过，在细节操作上，缺乏政治艺术，玩砸了。

最终的结果是，诸王对更始政权离心离德，更始帝与赵萌约束不了在关中胡作非为的王匡、张印，也约束不了在关东听调不听宣的朱鲔、李轶、王常、李通等。

当更始政权初入长安时，天下翕然向化的不在少数，更始帝檄文所到之处，像上谷耿氏、渔阳彭宠、陇西隗氏都表示顺从，甚至隗氏政权的隗嚣力排众议带领兄弟子侄入朝做了更始政权的官。

但渐渐地，因为更始政权内部的矛盾，天下豪杰渐渐对更始政权丧失了信心：耿况、彭宠等找了新主人；隗嚣的叔父隗崔、兄长隗义密谋叛逃，但因为隗嚣的告密而被杀害，隗嚣因此做了更始政权的御史大夫，但终于还是走向决裂，叛归陇西，割地自雄；在关东，梁王刘永、琅琊人张步、淮南李宪、夷陵田戎、邔人秦丰、东海董宪纷纷称号建制自立；扶风茂陵人公孙述则统一了蜀地，与更始政权在汉中交兵……

忽然间，天下又像王莽末年那样遍地烽火了，只是这一次，更始政权成了众矢之的。不过，不管是刘秀，还是公孙述、刘永、张步、隗嚣、董宪，他们都有地盘，都能自给自足，也就犯不着与更始政权正面对抗，毕竟再混账的天下共主也是天下共主。

但赤眉集团就不一样了。更始帝初都洛阳时，樊崇、逢安、谢禄、徐宣、杨音等赤眉军首领曾经前去受赏，本质是一场和平谈判，谈的是灭王莽后得到的大蛋糕怎么分，樊崇等三十余人都被封了侯，但迟迟没有实际兑现，于是樊崇等脱逃，和谈破裂。

樊崇、谢禄等逃回后，兵分两路，继续干起流窜抢劫的勾当。樊崇、逢安是一路，先攻拔长社，又南击宛县，杀宛县令。谢禄、徐宣、杨音是一路，先攻拔阳翟，又带兵进入梁地，击杀河南太守。整个更始二年（公元24年）下半年，赤眉三十余万人就一直在祸害河南人。

赤眉军这么多人，战斗力这么剽悍，如果有高人指点，据地自雄，也不是不能自给自足。但樊崇、谢禄等打了这么久，愣是没打出个名堂，也没法指望这半年他们就能在河南折腾出个名堂。

这半年，赤眉军打了很多仗，打坏了河南的瓶瓶罐罐，也打穷了河南。赤眉军在这里榨不出油水来，还死了不少人。于是，赤眉军中普遍升起一股厌战情绪：咱出来抢，不就是图个肚子饱，命都送了，还吃不饱，图啥嘛！

赤眉的底层民众都想背着锄头、拿着镰刀回家种地去，穷依然是穷，但最起码不必提心吊胆、居无定所。但是樊崇、谢禄这些赤眉领袖，是无法容忍自己攫取荣华富贵的筹码擅自离去的。

于是，樊崇、谢禄等人商量后，向赤眉众人说：“兄弟们，入关去，关中宫女那个美啊，未央宫那个宽敞啊，长安城那个富庶啊！”

不劳而获是会上瘾的，本来因为受不了征战漂泊之苦打算回家种地的赤眉大众，听了樊崇、谢禄的画饼，立刻士气倍增，纷纷喊着：“同去，同去！”

于是，数十万赤眉军再次兵分两路，浩浩荡荡地向关中进发。更始二年冬天，樊崇、逄安部走武关，谢禄、徐宣、杨音部走陆浑关。

更始三年正月，两部在弘农取齐。更始帝刘玄派苏茂前来阻挡赤眉，被赤眉打败，死伤数千人。

更始三年三月，更始帝刘玄再次派遣李松与朱鲔分别从关中、洛阳出兵与赤眉会战于蓩乡，再度大败，死亡三万余人，李松狼狈脱逃。

刘秀一直都在密切地注意着赤眉的动向，在天下第一与天下第二的争斗中，他发现了一个渔翁得利的机会。他拜最信任的将领邓禹为前将军，分麾下精兵二万，同时，让邓禹自选偏裨，持节西征。

邓禹先攻破箕关，进入河东，进围河东重镇安邑，然后围绕安邑围点打援。他先在解县南大破更始大将军樊参数万人，又逆袭王匡、成丹、刘均等十余万兵马，俘获刘均及河东太守杨宝等，遂定河东。

更始军河东之败与蓩乡之败产生共振，直接促成了更始政权高层的政治大地震。王匡、张卬等人战败后，退归长安，与申屠建、廖湛商议，准备大掠长安，退归南阳，然后，凭借宛王刘赐的兵马与赤眉抗衡。

但更始帝刘玄凭借自己有限的威严，压下了众人的议论。恰逢赤眉拥立刘盆子为帝，刘玄又派王匡、陈牧、成丹、赵萌屯新丰，李松驻军掫城，以拒赤眉。

而留在朝中的张卬、廖湛、申屠建、胡殷等人，则与隗嚣密谋劫持更始帝前往南阳。但是，侍中刘能卿发觉了五人的密谋，并立即向刘玄告发。

更始帝刘玄决定先下手为强，便称病不出，召五人觐见。除了隗嚣，其余四人都去了。刘玄本该按计划摔杯为号诛杀四人，但少了一个隗嚣，他犹豫了，思虑良久，他只能让四人先在外间门房等候。

张卬、廖湛、胡殷等人因此狐疑，这三位可是战将，他们当机立断，斩关突出，只留下倒霉的文官申屠建——申屠建随后被刘玄斩杀。

而张卬、廖湛、胡殷可不是光杆司令，他们都有部曲。三人出宫后，立即统领所部劫掠长安东西市，当晚就浩浩荡荡地闯入宫中。事发突然，更始帝刘玄的近卫军抵挡不住，刘玄只好与夫人狼狈地逃出宫外，投奔新丰赵萌而去。

到了新丰，刘玄又怀疑王匡、陈牧、成丹等人参与了张卬的密谋，他故技重施，召三位来见。陈牧、成丹先来，立即被刘玄拿下斩杀。王匡消息很灵通，听闻陈牧、成丹被杀后，立即率部前往长安与张卬会合。

更始丞相李松率部返回更始帝刘玄帐下，与赵萌一道攻打王匡、张卬，双方在长安城内鏖战一个多月，王匡、张卬败走，更始帝返回长信宫居住，由李松、赵萌负责重建长安城防。

但就在更始内部大混战的当口，赤眉已经攻入关中。王匡、张卬率领残部东至高陵，刚好碰到了赤眉大军，他们便向赤眉投降，然后，与赤眉合兵再次进攻长安。

长安孤城如何支撑得住！李松带兵出战，大败，李松也被活捉。赤眉军用李松胁迫李松的弟弟城门校尉李汎开城投降，长安城破。更始帝狼狈逃窜，随后向赤眉投降，被封为畏威侯，暂时逃过一死，但在张卬的鼓动下，更始帝被谢禄杀害。

就这样，刘秀的族兄、当了两年乱世皇帝的更始帝刘玄，成了过去式，而刘秀则如东升的旭日，已然天下归心。

击杀谢躬、平定铜马等起义军后，刘秀兵分三路，在三个战场上开启了战事：其一就是邓禹西征；其二是冯异、寇恂守河内与洛阳的朱鲔、李轶抗衡；其三则是刘秀亲率云台二十八将中的大部分在河北进行剿匪——河北的起义军残部仍然不少。

也就是在剿匪途中，刘秀在众人的拥戴下走上了至尊之位。当然了，并不是居中一坐、山呼万岁就能当皇帝的，它需要一系列操作……

冯异、寇恂驻兵河内，这是两位攻击性十足的将领，自然让在洛阳的朱鲔、李轶如坐针毡。朱鲔决定试探一下虚实，派部将苏茂渡河攻击温县，但冯异、寇恂果断出击，苏茂落了个几近全军覆没的下场。

这之前，刘秀其实对河内的防御颇为担忧，毕竟洛阳城屯兵三十万，还有朱鲔这种狠角色，但温县一战，让刘秀放心了。

而温县捷报传来时，刘秀这厢又刚刚大破尤来、大枪、五幡等部起义军，双喜临门，众将觉得时机已到，就推出了从谢躬手下投诚过来的马武代表众人求见刘秀，跟刘秀东拉西扯了许久，中心思想只有一个——劝刘秀班师蓟县登基当皇帝。

刘秀听他说完，大惊失色："你胡说八道啥呢，信不信我斩了你！"马武很坚决："众将都这么说！"于是，刘秀让马武出去跟众将说明自己的想法，随后大军开拔回到蓟县。不过，登基仪式并没有在蓟县举行，但剧本大抵已经写好了。

到了更始三年四月，公孙述那边急不可耐地自称天子了。然后，从蓟县南返，经过中山，众将再次集体上奏："人心思汉，更始刘玄不行，大王您昆阳横空出世，王莽彻底崩溃；河北溜达一圈，旬月平定，妥妥的天选之子，一定得您当皇帝，不然我们都会很伤心，老百姓也没指望。"

这是众人拥立的第一次，刘秀没有接受，要再三辞让嘛！继续南行，到了南平棘，诸将再次固请。南平棘，听听这地名，洛阳市青要山镇像是举行即位大典的地方吗？刘秀仍然不听。

耿纯看不下去了，这都第三次了，再让下去没完了，于是单独求见刘秀，直奔要害："我们大家跟着您出生入死，就是图个封侯拜将、列土封疆，你不升级，我们也没法升级，时间长了，人心散了，队伍可不好带了。"

刘秀也是个爽快人，很欣赏耿纯的真心话，这次他答复："我再琢磨琢磨。"继续南行，到了鄗县，刘秀当初在长安读书的室友彊华自关中来投，带来了《赤伏符》，上边写道："刘秀发兵捕不道，四夷云集龙斗野，四七之际火为主。"

好了，最后一击，群臣因此再次上奏，刘秀终于答应。于是安排在鄗县南千秋亭五成陌设坛场，六月，刘秀正式即皇帝位。鄗县听着好像也不怎么样，那好办，改名。鄗县因此改了名，在东汉叫高邑。

王莽当初接受进位安汉公、居摄、即真，也动辄三让四让，看起来虚伪极了。而现在，刘秀也陷入了"真香定律"！

当然，从时机上看，刘秀此时称帝刚刚好。长安已乱，更始、赤眉大火并已经展开，天下第一更始帝危若累卵，天下第二赤眉不会突然就拥有建设能力、治理能力，那么放眼整个中央帝国，刘秀已然是不可撼动的天下第一。

有的人称皇帝上尊号，是自己急不可耐加上被部下绑架，比如公孙述。有的人称皇帝上尊号，实在是自己强大到无以复加，比如刘秀。

此时的刘秀，已经可以支撑起三场局部战争，甚至四线作战，也没什么压力。在这种背景下，登基称帝，可以说时机刚刚好！

第二十六章

荡平群雄

壹　定都洛阳

刘秀称帝之时，河北境内的生产生活秩序基本上已经恢复正常了，连小股农民军也都销声匿迹了。所以，刘秀称帝后驾临河内，他的下一个目标，必然是隔河相望的天下之中洛阳城。

洛阳城此前就被冯异、寇恂折腾得很惨。温县之战，并非朱鲔挑事在先，是冯异把手伸到了河南，在洛阳周边疯狂打野，而且还与朱鲔的搭档李轶眉来眼去。最终，冯异听从刘秀的建议，把李轶与自己暗通款曲的信件透漏给朱鲔，借朱鲔之手杀了李轶。

朱鲔是是可忍孰不可忍，但温县之战最终以更始洛阳军团惨败收场。此后，冯异、寇恂就更嚣张了，二人乘胜进军，耀威洛阳城下，绕城三匝而还。

随后，刘秀驾临河内，先是招降了活动在汝南、颍川之间的宗室刘茂，又派遣耿弇、陈俊驻军五社津，防备荥阳以东。如此一来，在洛阳与刘永割据政权之间就树立起一道屏障，阻断了朱鲔投向刘永的可能。

与此同时，赤眉攻陷长安，更始君臣向赤眉投降。那么，在刘秀主持下，被吴汉等十一员大将围困的洛阳城就成了孤城。

谁都知道，这样的洛阳城迟早要被拿下，但怎么拿下却事关重大。朱鲔是个很有才能的人，杀了李轶之后，洛阳城里他说了算，洛阳城又很坚固，粮草充盈。所以，刘秀派出了大半将帅，围攻了几个月，仍然没能攻下洛阳。

于是，刘秀决定招降朱鲔，他派出的使者是岑彭。岑彭先前在朱鲔手下当过校尉，朱鲔还曾经推荐他当淮阳都尉，但因为兵荒马乱未能成行，两人可谓交情不浅。

岑彭到了洛阳城下，朱鲔在城上，两人唠得很开心。话入正题，岑彭问朱鲔："面对汉军几十万大军，大司马您还能坚守几时，更始已经灭亡，又有谁能支持你？"

这种形势，朱鲔当然清楚，但他也说出了他的忧虑："当初刘縯遇害，我参与其中，还阻止更始派遣萧王去河北，罪过深重啊！"

岑彭回报，跟刘秀讲了朱鲔的担心。刘秀回答道："干大事情，不计较小怨恨。朱鲔现在要是投降，官位可保，我怎么会诛罚他。黄河水在前，决不食言。"

岑彭再次回到洛阳城下，向朱鲔说明了刘秀的态度。对此，朱鲔深表怀疑，他就从城上丢下一根绳索，对岑彭说："如果说话算话的话，就从这爬上来。"

岑彭二话不说，抓着绳索就要玩攀岩。朱鲔一看，信了岑彭的话，允诺投降。又过了五天，朱鲔带领轻骑去见岑彭。他仍然有戒心，出发前还交代部将："坚守城池等我，如果我不回来，各位带着大军南奔轘辕关，去投奔郾王。"

郾王就是尹尊，更始帝刘玄所封，封地应该在郾县。朱鲔见到岑彭后，让人把自己绑起来，和岑彭一起渡河前往河阳见刘秀。

刘秀接见了朱鲔，亲自为他解开身上的绳索，举行了友好的会谈之后，让岑彭又送朱鲔回洛阳城。第二天，朱鲔率领所有部下出降。

朱鲔被拜为平狄将军，封扶沟侯，后来官至少府，侯爵传了好几代。这个结局不好，但也不坏，不过，以他的才能，如果当初选择跟随刘氏兄弟，成就恐怕不会比邓禹低。人生啊，选择很重要。

洛阳的和平解放，不但尽可能避免了汉军与洛阳守军的伤亡，也较完整地保全了洛阳城的城市面貌，是一件功德无量的事情，也让洛阳从解放这天起就成为东汉的都城。而刘秀入主洛阳，执天下之中，也端的是意气风发。而初恋情人、原配阴丽华的到来，则堪称锦上添花。

阴丽华是新野人，和刘秀姐夫邓晨是同乡。同时，阴家是豪强，祖上是管仲。

管仲七世孙流亡楚国，做了阴邑大夫，遂以阴为氏，阴氏在春秋战国时就是卿大夫之家。在刘縯起兵时，阴丽华兄长阴识就带领宗族、宾客千余人来投。

刘秀年轻时在新野听闻阴丽华貌美，后来游学长安，又见执金吾威风，遂有“仕宦当作执金吾，娶妻当得阴丽华”的抒怀。

当刘縯、刘秀兄弟南阳起兵后，刘秀也得偿所愿，在宛城当成里迎娶了阴丽华，这一年刘秀二十九岁，阴丽华十九岁。

但随后因为刘縯被杀，刘秀在更始帝刘玄手下苟且求存，顾不得妻小，只好安排阴丽华回新野老家。后来，刘秀徇河北，恰逢邓晨的侄子邓奉起兵淯阳，他就安排阴识带着家人投奔了邓奉，接受邓奉的保护。

后来，刘秀在河北打开了局面，在鄗县登基当了皇帝，就派侍中傅俊到淯阳接回了阴丽华，一同前来的还有刘秀的大姐和小妹。阴丽华到了洛阳后被封为贵人，刘秀的大姐刘黄被封为湖阳公主，小妹刘伯姬被封为宁平公主。宁平公主此前不久，刚刚嫁给了李通，这时候，李通也被刘秀征召来做了卫尉。

正常来说，阴丽华是刘秀的正妻，应当被立为皇后，但刘秀在真定又娶了郭圣通。阴丽华是女神，郭圣通大概也不差，虽然是政治联姻，但此时，刘秀已经跟郭圣通生了一个儿子，取名刘彊。

刘秀和郭圣通生儿子，可不是生理需求与心理需求共同作用的结果，因为阴丽华到了身边后，刘秀又接连和郭圣通生了五个儿子，他和郭圣通之间是有感情的。而且，与郭圣通的联姻，给刘秀带来了真定王刘杨的十万大军，这是帮助刘秀平定河北的最重要的力量。

最终，在建武二年（公元26年），刘秀在郭圣通和阴丽华之间选择了郭圣通为皇后，郭圣通的儿子刘彊被封为太子。史书上讲，刘秀有意立阴丽华为皇后，阴丽华以郭圣通已经有了儿子而坚决辞让。

实际上，恐怕当时的情势，有不得不立郭圣通为皇后的缘由，而且，刘秀对年轻貌美的郭圣通的爱，也丝毫不比阴丽华少。

对于刘秀来说，天下第一的实力，坐拥初恋情人与现任正宫皇后，居天下之中，人生赢家莫过于此。

不过，春风得意马蹄疾，一脚踩在泥坑里，得意忘形之际，乐极生悲也往往紧随其后。公元26年，刘秀集团内部的暗自倾轧，终于有一些摆在了台面上。

刘秀政权是以大地主、大富商、士大夫为核心的，在击败收编铜马义军前，甚至可以认为刘秀只是上市公司的职业经理人，并不占有股份。而刘秀集团内部，这些豪强地主又各自有各自的诉求，谁也不服气谁，争功是常有的事儿，欲求得不到满足生怨也是常有的事儿。然后，在公元26年，刘秀定都洛阳后，迎来了一个爆发期。

集中表现在三件事：一是真定王刘杨的叛乱，二是渔阳太守彭宠叛乱，三是护花使者邓奉叛乱。

刘杨制造了一个“赤九之后，瘿杨为主”的符谶，想自己当皇帝。彭宠是因为他原来的手下吴汉、王梁在刘秀定都洛阳后，都位居三公，而自己仍旧是当初的封赏，他不满意，另外也是被朱浮等人排挤倾轧陷害。邓奉造反的原因很奇葩，是因为吴汉等人征南阳，所过残破，碰坏了邓奉家的瓶瓶罐罐。

这其中，刘杨手下兵最多，但叛乱影响最小，刘秀只派了耿纯一个钦差就把麻痹大意的刘杨兄弟们给绑了，刘杨随后被处死，但他的儿子又被封为真定王——真定集团的利益还是得到了保证。值得一提的是，耿纯是刘杨的外甥，其中的妙处各位自行体会。

彭宠坐拥边塞铁骑，战斗力是极为彪悍的。他发兵大破朱浮，又攻下广阳、上谷、右北平的多个郡县，把战火烧遍整个渤海湾，又与山东的张步结盟，大有搅动河北之势。但彭宠却突然很憋屈地死了，家里三个小苍头趁他睡着把他绑了，取财宝、首级后，向刘秀投降。龙头彭宠一死，渔阳叛乱也就很快消弭了。

邓奉兵众最少，但战斗力最彪悍，他把汉军的势力几乎全部从荆州清除出去，又把岑彭、朱祐、贾复、耿弇、王常、郭守、刘宏、刘嘉、耿植组成的全明星救援阵容阻挡在昆阳一线数月，还俘虏了刘縯、刘秀兄弟的心腹朱祐，最后才被彻底瓦解赤眉后腾出手的刘秀御驾亲征搞定。

不过，这三人的背叛，倒也不是什么坏事，有挤脓包的效果，虽然彭宠、邓奉、刘杨不一定就是脓包，还可能只是权力倾轧的牺牲品，但最起码刘秀集团内部的向心力因此得到加强了，谁是代价已经不重要了。

回到平定邓奉叛乱，有人要问了，为啥刘秀要拖到建武三年夏天才御驾亲征呢？那是因为，这之前，他在西线关中战场、东线战场都有大动作——在西线战场，他要彻底瓦解赤眉；在东线战场，他要对妄称尊号的梁王刘永开战了。

贰　关中战场

刘秀图谋关中，是从派遣邓禹西征开始的，时机刚刚好，赤眉、绿林恶战，邓禹刚好捡便宜。邓禹一开始的表现也是极其出色的，在河东战场他所向无敌。但接下来，他的操作就很迷了。

首先，在安邑大破王匡等部后，邓禹选择了从汾阴渡河。这个渡河地点，大家翻开地图来看看，就知道邓禹有多㞞了。

众所周知，黄河呈“几”字形，因此，在河套东部，黄河有很长一段是从北向南流，还因此成为陕西与山西的自然地理分界，而此一段的南段又被关中平原与河东平原分开。

而春秋战国时，关中是秦人的地盘，河东是晋人的地盘，双方围绕黄河拉锯。这时，处在下游的蒲坂渡口就成了战略要地。而汾阴处在蒲坂上游，相距一百里。

从汾阴渡河与从蒲坂渡河的区别是：从蒲坂可以直插关中心脏，从汾阴则进入关中平原的北部山区，前者意味着战略决战，后者则是打游击。

当然了，也不是不能从汾阴渡河，韩信当年攻河东，就跟魏王曹咎玩了一出，明渡蒲坂，暗渡汾阴。但韩信渡河后，在河东平原迅速移动，直扑安邑，而邓禹大将军从汾阴渡河后，却跑到关中平原东北角上的衙县跟更始政权的公乘歙打了一仗。

此时邓禹军士气正盛，兵多将广，又受到关中士绅的热烈欢迎，公乘歙自然不堪一击。衙县一战，邓禹赢得很干脆，但同时，邓禹在战略上一败涂地。

邓禹的手下不乏战略家，大家纷纷劝邓禹趁着赤眉立足未稳，赶紧进攻长安。邓禹却不同意，他觉得他打不下长安，同时，他觉得陕北上郡、安定、北地这些郡，粮储丰富、防守薄弱，可以先打下来。

柿子捡软的捏，倒也合理。但可以乘势而为时，还是菜鸟打三国游戏的思路，专捡边角料开拓，真的是没有魄力，也缺战略眼光。邓禹这脑回路，看不懂！

邓禹挥军北上，也有收获。三郡多个属县望风而降，还打败了许多赤眉别将带领的小股部队，西河郡太守宗育也向邓禹投降。

刘秀在后方听闻这个消息后，立即意识到邓禹的战略失误，他当即向邓禹下发敕令：“大司徒您就像尧，赤眉乱贼就像桀。长安的官吏人民都无所依靠，你得乘势而进，以顺应人心、安抚长安百姓呢！”

但邓禹依旧坚持自己的想法——头铁嘛！邓禹继续进军到栒邑，留冯愔和宗歆守栒邑，让其他部将去各属县征集粮食，之后到大要会合。

然后就出了差错。冯愔和宗歆因为争权不和，冯愔把宗歆杀了，因而就反叛了，带兵进攻邓禹。邓禹这下知道自己把事情彻底办砸了，只好如实向刘秀飞书汇报。

刘秀却也没责备邓禹，而是问使者：“冯愔最宠爱谁？”使者告诉刘秀：“是护军黄防。”刘秀做出了一个惊人的判断，他回信给邓禹：“少安毋躁，冯愔一定会被黄防抓捕。”

后来，过了几个月，黄防果然把冯愔给绑了，带领部众来向邓禹告罪。刘秀这么神？其实是他使了一招反间计。他打发邓禹使者西归的同时，还派出了尚书宗广持节前去招降冯愔、黄防。

冯愔是带头谋反的，罪在不赦，当然不会投降。但黄防就难免想一想：“我真的要跟刘秀为敌吗？”想通了，也就投降了。

出人意料的是，冯愔被押解到洛阳后，刘秀赦免了他。一方面，刘秀对部下极为宽容；另一方面，天下未定，刘秀的部下，不同派系之间倾轧颇为严重，这也是刘秀和合各方势力的手段。

而这么一折腾，邓禹永远地失去了解放三辅的机会。如果说，昨天，他通过西征打下河东，奠定了名将地位，今天，他的名将就要打个问号，而明天，他将名声扫地。

当邓禹在陕北以堂堂王师打游击时，赤眉已经把关中搞成了阿鼻地狱。

更始政权定都关中后，虽然没能建立起稳定的统治，但在朝堂上，表面的秩序是建立起来了：皇帝有皇帝的样子，大臣有大臣的样子，基本的礼数还颇能遵守。

赤眉建立的政权，则从一开始就没把君君臣臣这一套当回事，刘盆子是绝对的傀儡。刘盆子入主长乐宫的第一天，诸将就争功不休，以至于刀剑相向。三辅里各自结营自保，来向刘盆子进贡的人，还没走到长乐宫，就被赤眉士兵抢了。赤眉政权也组织不起一次像样的朝会，每一次朝会，最后都成了庙会。

这种情况下，刘盆子不可能对赤眉将领有任何约束，而赤眉将领们本身对赤眉士兵也没有什么约束。因而，对外，赤眉士兵在三辅地区烧杀抢劫无恶不作；对内，刘盆子连宫里的太监宫女都养不起。

刘玄败亡后，后宫还有一千多宫女没人管，她们只能自力更生，采摘些野菜、抓点池塘里的鱼虾度日，饿死了不少人。刘盆子来了，她们以为能得口饭吃了，结果，刘盆子也只能央求中黄门给每人发几斗小米。

但刘盆子也管不了她们许久。刘盆子看赤眉劫掠得实在不像话，担心自己迟早惹祸上身，就找来兄弟刘恭商量。刘恭给刘盆子出的主意，是坚决不再当这破天子。

刘盆子召诸将前来，苦口婆心，最后跪下相求，得到了将领们的许诺：“以后不出去抢劫了。”然后，这帮将领们忍了二十天，三辅也清静了二十天，但也仅仅只是清静了二十天。

没办法，这帮人没有治理的能力，不知道三辅人民和土地可以成为供养他们吃喝玩乐的不竭源泉。其实，他们只需要节制一些，土豪士绅会送来粮食、美酒、美女。

打着皇帝的名号向老百姓征发钱粮女人，然后把征发所得三七分成，三分送给皇帝，七分留给自己，豪强大族最擅长了。赤眉不懂得文明人的抢法，就只好用野蛮人的抢法，杀鸡取卵，民怨沸腾。

几十万赤眉军，不事生产，每天抢劫浪费，长安城中的粮食很快就被消耗完了，无可奈何之下，他们集体离开长安城继续西进。但同时，他们带走了财宝，烧毁了宫室。

刘盆子自然也没法留下来，他也一起成为流民皇帝，而留在长乐宫的宫女们大多饿死了。赤眉一路向西，又折道北上，杀向安定、北地，到了阳城、番须中，天降大雪，冻死饿死无数，只好又打道回府。

回长安时，赤眉途经西汉皇陵。于是，他们又开始挖坟掘墓，盗取墓葬中的宝贝。

赤眉拔营西进的时候，在北边的邓禹大将军，终于等到了攻进长安的机会。长安已经是一座空城，邓禹不费吹灰之力就进了城，驻军昆明池，大飨士卒。邓禹又择吉日祭祀了汉高祖刘邦的宗庙，随后把西汉十一帝的牌位都收了，派人送往洛阳，刘秀认了祖宗，置园陵安放。

然后，邓禹在长安开启了连续送人头的操作。他先在蓝田跟大魔王延岑打了一仗，输了，退到云阳搞粮食补充给养去了。刚刚缓过神来，赤眉从西北回来，又要进长安，邓禹派兵在郁夷狙击赤眉，又被打败。

赤眉到底进了长安，这时候延岑又来捣乱，赤眉派逢安率精兵去迎击延岑。邓禹觉得赤眉精兵在外，有机可乘，就又带兵进攻长安城，结果赤眉谢禄带兵来救，邓禹再次战败。

邓禹连战连败，部下离心，刘秀在洛阳坐不住了，下诏书召回邓禹，同时派冯异进督关中接替邓禹。

冯异行政能力很强，他从函谷关、弘农入关，一路受降沿途十几股盗贼。冯异作战能力也不错，他到了华阴，与赤眉相遇。他的部下兵少，但他先行坚守，再寻机出战，又能使用招降分化的策略。最终，在华阴僵持了六十天，击降了赤眉将领刘始、王宣等五千多人。

但冯异到底也被邓禹带到沟里去了。邓禹接到刘秀的诏命后没敢抗命，和副将车骑将军邓弘带着残兵当即东归，但在华阴遇到冯异后，他又习惯性头铁了。

他看冯异军队不少，就邀请冯异跟他一起打赤眉。赤眉人太多，凭他们这些人硬碰硬，冯异心里有数，打不过，因此没答应邓禹和邓弘。

但邓弘不管三七二十一，带着部下就往赤眉军中冲去，求胜心切，中了诱敌之计，被包围了。冯异一看，这是友军，得救啊。无奈之下，冯异只好和邓禹一起带兵去救邓弘，费了九牛二虎之力，才把赤眉稍稍打退了一些。

冯异准备见好就收，可大半年来，邓禹好不容易在赤眉身上占到了一点便宜，就像赌徒好不容易回了点血，哪舍得走，坚持要死战到底。

结果如邓禹所愿，他、邓弘、冯异总共几千人，死了一大半。邓禹倒逃得快，拍屁股向东逃到了宜阳，冯异则弃马爬山逃命，和手下几个人逃回了大营。

不过，冯异一离开猪队友，立马正常了。他继续奉行坚壁策略，召集了几万人，声势又壮大起来。

随后，冯异向赤眉下战书，约期会战。会战嘛！正常理解都是当面锣，对面鼓死磕。冯异却耍了计谋，他让一部分士兵都换成赤眉的装束——只有自己人能认出区别——埋伏在赤眉必经之路上。

到了会战当天，赤眉大军前来，冯异前部迎上。冯异兵少，却异常顽强，直打到天黑。这时，按约定，冯异部下的伏兵从两翼侧后杀出！

赤眉大军一下子蒙了，什么情况！自己人打自己人？冯异军却平添了生力，勇气百倍。赤眉军呢？借用《让子弹飞》里的台词："都是四筒，下不了手啊！""下不了手，撤吧！"于是，赤眉开始崩溃，僵持战瞬间变成了追歼战。

冯异纵兵追击，直追到崤山山谷里。赤眉实在跑不动了，一共男女八万余口向冯异投降。赤眉余众还有十多万，继续东进，逃到宜阳，遇到了早就严阵以待的刘秀大军。

刘秀派冯异入关前就交代他，此行的主要任务就是把赤眉赶出关中，让他们东归。而刘秀自己会在赤眉东归的必经之路上，整顿大军，投降者管一顿饱饭打发回家种地，顽固者格杀勿论。

好多天没吃过饱饭的赤眉，看着堆积如山、香气扑鼻的馒头，痛快地交出了手中的兵器和财宝，投降了。樊崇等赤眉领袖，连同家人都被安置在洛阳城里，每个人赏赐一套房子，二顷田。

不久之后，有人告樊崇、逄安谋反，两人皆被诛杀。杨音在长安时，对刘秀的叔叔赵王刘良不错，被封关内侯，与徐宣回到家乡，得以善终。至此，轰轰烈烈的赤眉、绿林大起义彻底落下帷幕。

宜阳受降之后，刘秀命令冯异再度带兵入关。这时候，关中的形势是这样的：延岑在蓝田、王歆在下邽、芳丹占据新丰、蒋震占据霸陵、张邯在长安、公孙守在长陵、杨周在谷口、吕鲔占据陈仓、角闳占据汧县、骆延在盩厔、任良在鄠县、汝章在槐里各自称将军。这里边有些是赤眉残部，有些是关中本地的起义军，还有一些是从汉中、陇西来的外来户。

延岑就是典型的外来户，但延岑的势力却是最大的。延岑，南阳郡筑阳县人，家世不详。王莽末年，起义军纷起，延岑也拉起一支队伍，攻占了冠军县城，割据自守。更始政权建立后，更始帝刘玄派宗室刘嘉前往镇压延岑。

在冠军县附近被刘嘉击败后，延岑向更始政权投降，长期在刘嘉手下效力。更始政权定都长安后，刘嘉被封为汉中王、扶威大将军，持节就国，定都于南郑，拥众数十万，而延岑依旧在刘嘉麾下。

东汉建武二年（公元26年），更始帝刘玄已经被赤眉杀害，关中大乱，处在益州公孙述、陇西隗嚣、关中赤眉夹缝中的刘嘉外部压力很大。外部压力大，内部维稳也承压，延岑就在这个当口，造反了。

延岑骁勇善战，刘嘉派他戍守在外。延岑精兵在手，瞬间就围了南郑，击破刘嘉军。延岑也因此击定汉中，刘嘉则带着残部逃往武都。

延岑头脑一热，追到武都，遇上了更始大将柱功侯李宝，被李宝打败。延岑回头想逃回汉中重整旗鼓，不承想，南郑已经被公孙述的大将侯丹攻取，不得已，延岑逃往天水。

而刘嘉则收集残兵，得到数万人，任命李宝为相，从武都南下攻击侯丹——刘嘉也想夺回汉中。但侯丹背靠公孙述富庶的益州政权，坚守不下。刘嘉无可奈何，只好退回武都，在河池、下辨一带驻防。

稍事喘息后，刘嘉决定先把延岑收拾了再说。于是，他率兵再度攻击延岑，延岑被打得安身不得，只好带兵北渡散关，逃到陈仓。刘嘉在身后像狗追流浪汉一样穷追不舍，最终，延岑被逼进了关中平原。

关中，当时是赤眉的地盘。延岑看了看自己手下这点兵，还不够赤眉塞牙缝的，瞬间丧失了继续逃命的勇气，转头再次向刘嘉投降。

刘嘉收编延岑后，乘机东进。彻底歼灭赤眉、为更始帝报仇，他没这个实力，也没这个觉悟，但继续东进，却可以接近邓禹，方便向刘秀靠拢。

刘嘉大军挺进到谷口时，赤眉政权派大将廖湛带领十余万人马前来迎战——廖湛先前是更始帝敕封的邓王，此时已经向赤眉投降。刘嘉大军与廖湛大军在谷口这里打了一场惨烈的遭遇战。双方兵力相当，刘嘉大军客场作战，求生欲更强，战斗力也因之增强。谷口战斗最终以刘嘉亲手击杀了廖湛而告终。

不过，在人家赤眉的地盘上，想站稳脚跟，要么一直赢，要么像冯异一样，先安营扎寨，坚壁不战让自己不可战胜。刘嘉选择了继续战斗。刘嘉派李宝和延岑带兵南下，屯兵杜陵，觊觎长安，而自己则带部分士兵就谷云阳。

长安在今西安市未央区，杜陵在今西安市雁塔区，相距不过十五公里，赤眉政权自然如临大敌。赤眉派左大司马逄安带领十余万人出击李宝和延岑。

刘嘉军刚刚跟廖湛军死磕了一场，现下又分为两部，李宝和延岑在杜陵的军队满打满算五六万人。而且这一次，轮到赤眉为生死存亡而战。李宝和延岑战败了，士卒死了大半，李宝也被逄安俘虏。

但战役并没有就此结束。延岑收拾残兵败将，准备逃跑，李宝却来信了。李宝告诉延岑，让他引兵再战，自己在内接应，里应外合，再赌一把。延岑接到信后，立即整兵还击。逄安一看：这小子还挺有种！好，这次彻底击溃你！于是下令，全军出击。

李宝却在后方，带着亲信不慌不忙地把逄安营寨中的旗帜全拔了，又不慌不忙地都换成了刘嘉军的旗帜。逄安与延岑大战正酣，延岑突然大喊一声："快看，你家没了！"

逄安和他的军队，回头一看："哎哟，泉水都被人家拆了！"那还打什么劲儿！赤眉军遂四散逃命，战死的，踩死的，掉河里淹死的，掉山谷里摔死的，不计其数，赤眉十余万精锐顷刻间灰飞烟灭，只有逄安带着几千人逃回了长安。

此一战，赤眉耗尽了最后一点精锐，不久就东进向刘秀投降，而延岑却凭借此战成为关中最强势力。邓禹曾经带兵在蓝田这里跟延岑打了一仗，也被延岑打败。

然后，延岑就再次背叛了刘嘉。恰好，邓禹连续战败后，也退到云阳打秋风。在刘秀的特别交代下，在来歙的运筹下，刘嘉和李宝率众向邓禹投降。刘嘉终于可以安心当一个大地主了，而李宝却在不久后因为骄横被邓禹斩首。

这就是延岑，骁勇善战、没有节操、有点本钱就想自己干、在投靠背刺之间反复横跳全无心理压力。但延岑马上就要遇到真正的对手了。

冯异西来，按路线，依次会遇到下邽的王歆、新丰的芳丹、霸陵的蒋震、长安的张邯。

冯异尽量避免与他们接战，如果不得不打，也不过赶走了事，并不执意消灭谁。冯异的目标，是先占领长安，据长安城而守。

他且战且行，很快进入了长安城，不轻松，但也没有太大的损耗，长安城是个空城，遇到的抵抗很有限。延岑此时已经自称武安王，并在关中拜任牧守县令，以关中之主自居。

显然，延岑不可能欢迎冯异。延岑当即与长安的张邯、鄠县的任良连兵，前来攻打冯异。冯异屯兵上林苑中，还是惯常的套路，以弱当强，坚守为上，伺机出战，杀了延岑军几千人。

就这样，冯异很快瓦解了延岑对关中脆弱的整合。先前因为延岑强大而纷纷与之联合的各位，现在都派使者前来请求冯异的保护，延岑因此被孤立。同时，延岑还面临一个关中割据势力面临的普遍问题：没有吃的。

适度的饥饿能刺激部下的战斗力，过度的饥饿则必然导致士兵的逃散。延岑大概还有十几万人，但在既完全没有后勤，又不能以战养战的情况下，他又几近孤家寡人。

于是，延岑逃了。他向南进入秦岭，向武关方向逃窜。冯异又派邓晔和于匡抄小道，在析县境内对延岑进行截击，再次大破延岑。延岑只好逃向南阳。

延岑逃走了，但他的故事还没有结束。某种程度上，延岑又像刘备，百折不挠。他在南阳又东山再起，引出另外两位东汉名将。

延岑一走，关中就没有势力能与冯异抗衡，但冯异并没有四面出击；相反，他选择了怀柔。他向刘秀上书，说粮食可以解决一切问题。刘秀随即任命南阳赵匡为右扶风，增兵帮助冯异。援军带来了新战力，但最要紧的是带来了珍贵的粮食和细绢。

当时的关中，闹了几年兵患，财富、粮食被洗劫一空，生产无法开展，老百姓花再多的钱都买不到一石谷子，少量的豆子成为人们争抢的对象，以至于五升豆子就可以卖一斤黄金。

赵匡的到来，首先是极大地改善了冯异军的饮食条件——冯异的兵也挨饿；其次，多余的粮食又成为招诱流民的资本，向冯异投降的人越来越多。而兵强马壮的冯异，这次开始渐渐出兵攻击那些依旧不归附的势力。

到公元28年底，关中的割据势力基本上都被拔除。吕鲔、张邯、蒋震派使者向公孙述投降，一众割据势力首领都被送到洛阳安置，而农民军则被解除武装，遣归田里。

公孙述打算趁着吕鲔等人的投降，进取关中。他派大将程焉带数万兵马出陈仓，试图与吕鲔会合。冯异与赵匡出兵迎战，大破程焉，又一路追击到汉中北部的箕谷，再度大破程焉，回军途中顺道攻破了陈仓的吕鲔。

此后，公孙述又多次派兵试图入侵关中，都被冯异挫败，从此关中安定，成为西拒隗嚣、南拒公孙述的桥头堡。

叁　平刘永董宪

东线战场，有分量的对手，主要有三个：梁王刘永，赤眉老革命董宪，刘永所封的齐王张步。

刘永是正牌梁王嫡长子，法理上继承权远远高于庶出的刘秀，一旦成了气候，对刘秀来说，也很麻烦。所以，在刘秀的问题清单上，刘永堪称是仅次于赤眉军的存在。

早在围攻洛阳朱鲔时，刘秀就派出耿弇、陈俊驻守荥阳一带，主要目的就是为了防备梁王刘永。当定都洛阳后，刘秀就派出大将盖延等人着手东征。

建武二年三月，刘秀先派遣盖延从河内出发，南渡黄河攻下敖仓，又相继攻拔酸枣、封丘，作为试探性攻击。

随后，刘秀正式诏命盖延督率驸马都尉马武、骑都尉刘隆、护军都尉马成、偏将军王霸继续向东南进发，准备消灭刘永。

同行的将领里还有苏茂，就是温县之战，被冯异、寇恂打得差点掉黄河喂鱼的那位。苏茂是朱鲔的部下，朱鲔举洛阳投降后，他也跟着投降了。

盖延大军十余万，在豫东平原上，风驰电掣、势如破竹，先攻下襄邑，又进取麻乡，一眨眼的工夫，就把刘永围在了睢阳。

麻乡是个小地方，在今砀山县的东北方向，又在睢阳的东边，相当于盖延从襄邑绕过睢阳到了麻乡。

此举的意图：扫荡睢阳周边，探清睢阳东边虚实，顺道隔绝刘永大军东逃或者张步、董宪救援的道路。

进展可谓一帆风顺，但还是出了意外。苏茂反了。谋反的原因，大概是跟盖延诸将不对付。苏茂带兵攻下了几个县，还杀了淮阳郡太守，随后带兵拒守广乐，向刘永投降，被刘永封为大司马、淮阳王。

广乐在睢阳北部，距离睢阳最多二三十公里。这样一来，广乐就跟睢阳形成了呼应，兵法上叫掎角之势。

盖延显然很难受。但苏茂并没有骚扰盖延，他急需壮大自己的力量，盖延因此得以专心围攻睢阳。盖延攻了几个月，到六七月，麦子都熟了，也没攻下来。战局僵持，闲来无事，盖延就组织人马把睢阳城外的麦子都抢收了——汉军不讲究什么“不拿群众一针一线”，在战区“不给群众留一针一线”才有助于己方生存。

收完麦子，盖延在某天夜里，搞了一次中等规模偷袭。偷袭起到了作用，有部分士兵攀着云梯上了睢阳城，在城头上展开了搏杀。按说，这离城破还远着呢，组织反攻，把盖延的突击队扔下城去就是了。

但刘永却在关键时刻尿了，他吓坏了，当即整顿兵马，开了睢阳城东门，溜之大吉。就这样，刘永丢了自己的都城。盖延的反应很快，立即亲自带人追击，很快就追上刘永的部队。盖延纵兵攻击，刘永军大败。

这时候，刘永再一次展现了自己保命的丰富经验——他丢下大军，带着几个亲随或者干脆孤身一人逃到了谯县。而盖延则展现了他平原奔袭、痛打落水狗的高超技能。

盖延顺势进攻，攻拔薛城，杀死刘永的鲁郡太守，随后分兵徇地，彭城、扶阳、杼秋、萧县望风而降。盖延又进抵沛郡，攻破沛郡，杀沛郡太守。

这时候，盖延已经深入刘永政权境内，某种程度上犯了孤军深入的兵家大忌。刘永能力不咋的，但偌大的黄淮平原，岂无豪杰？

苏茂这时候已经在广乐攒下了一些家底，分军来救。刘永的部将佼强、周建也各自带兵前来。三部合兵三万多人，一起前来围攻盖延。虽然不是主动，但形势对刘永来说，已然成了诱敌深入，可聚而歼之。

但很可惜，三万多人，称不上优势兵力。双方大战于沛郡西边，盖延大胜，刘永军逃散淹死的不计其数。刘永再次弃城逃往湖陵，带走了佼强和周建，而苏茂则逃回广乐固守。盖延则乘势扩大战果，将沛郡、楚郡和临淮郡都纳入东汉版图。

但放任苏茂在广乐城招诱流民、迅速壮大，始终是个隐患。盖延有很大的可能被隔绝在睢阳以东，被刘永、董宪、张步围攻。因此，建武三年，刘秀派出了另一支大军，攻打广乐。

领兵的是统帅级名将、时任大司马的吴汉，骠骑大将军杜茂、积弩将军陈俊为其副手。吴汉大军围了广乐城，而周建和佼强也从湖陵带了十几万大军前来救援苏茂。

吴汉亲率轻骑前往迎战。吴汉兵精，但周建、佼强人多，吴汉没占到便宜，撤退中还从马上掉下伤到了膝盖。吴汉只好撤退回营，而周建、佼强则统率大军一股脑儿进了广乐城，与苏茂会合。

首战不利，主帅又伤，汉军士气低落。杜茂、陈俊诸将向吴汉汇报了这一情况。吴汉当即包扎伤口，从床上一跃而起，杀牛宰羊，让众将士饱餐一顿，随即号令军中："贼众虽然多，但都是劫掠成性的盗贼，胜了就争功不休，败了则各自逃命，不能彼此救护，没有能仗节死义的英雄好汉。所以，各位，今天是你们封侯拜爵的好机会，加油！"

吴汉很了解对手，因为吴汉了解自己。汉军也广泛存在这种现象，不过因为刘秀居中平衡，略好一些。最关键的是，刘秀建立起了赏罚体系，不管是战死、战败，还是战胜杀敌，将士们都会得到与军功大体相当的封赏。

仗节死义不一定是真实的，但跟着刘秀，吃香喝辣有奔头，一定是真实的。总之，吴汉军的士气被调动起来了，军士激怒，士气倍增。

不过，他们首先要找到宣泄怒气值的对象。如果苏茂、周建、佼强固守广乐城，吴汉也只能顿兵坚城之下。但苏茂、周建、佼强合计接近二十万人马，兵力明显占优势，自然不屑于打守城战。

次日，苏茂等人开城出战，苏茂大军瞬间把吴汉大营围得水泄不通。苏茂此举正合吴汉心意。他早就选拔了四部精兵加上三千乌桓突骑作为敢死队。只听鼓声大作，吴汉军营门开处，万余精兵杀声震天地冲了出来，随后三千突骑分散两翼包抄，无不以一当十。

苏茂、周建大军一看这阵势，先是阵型松动，不久干脆掉头就跑。吴汉一看："想跑，回了城可就不好打了。"他当即亲率突骑，中路突进，在汉军与敌军中突过，竟然抢先进入了广乐城中。

这样一来，吴汉的突击队就与追赶敌军的后队，对苏茂、周建大军形成了夹击之势。苏茂、周建大军回不了城，更加溃不成军。汉军追亡逐北，看着遍地逃窜的敌人，满眼都是爵位封地。敌人多数被歼灭，苏茂和周建带着残兵败将逃回湖陵。

广乐这颗钉子总算被拔了下来。但汉军还没来得及休整，睢阳人又反了，然后刘永又杀了回来。这倒也不奇怪，因为汉军所到之处，烧杀抢掠一点不手软。

盖延这时候已经基本安定了梁、楚一带，因而反应很快，立即组织人马再度包围了睢阳。现在，吴汉攻破广乐后，也率大军前来。两个大元帅合力，刘永还不得赶紧启动逃跑技能？

理论上是这样，但睢阳城防真没得说，而且继汉军伤害民心之后，还乡团刘永比之前更得民心，这就帮助刘永又坚守了一百来天。但结局仍然一样：盖延又割了一茬麦子，睢阳城粮食断绝，刘永又吓得弃城逃跑。

只是这一次，刘永没跑多远。刘永在前边跑，盖延、吴汉在后边追。刘永的辎重部队先被追上，没收充公。盖延、吴汉继续追，刘永的部将庆吾带兵哗变，击杀了刘永，随后向盖延投降。

刘永一死，刘永的弟弟刘防就献城投降，睢阳再次回到汉军手中。刘永死后，苏茂、周建带兵逃往垂惠聚，在这里拥立刘永的儿子刘纡为梁王——丧家之犬不敢再称天子了，而佼强则回西防驻守。

垂惠当时称垂惠聚，大概在今天安徽省蒙城县西北。西防在今天山东单县北边。两个地方直线距离一百八十公里。这些地理信息告诉我们两点：第一，小梁王刘纡充其量是个流亡政府；第二，刘纡政权实质上已经分裂，至少不存在相救的可能。

那么，刘纡的灭亡指日可待。建武四年（公元28年），刘秀派遣捕虏将军马武、骑都尉王霸进围刘纡、周建于垂惠聚。

苏茂在外召集了五校农民军前来救援，刘纡、周建也出城夹击。马武部队被围，危在旦夕，向王霸求救，王霸坚壁不出，直到马武快挂掉、敌军锐气渐挫才出战。

马武怎么看王霸不知道，但王霸这个时机选得刚刚好——马武陷入绝地死战，和刘纡军拼个僵局，王霸生力军加入，打破均势，解救马武回营，继续闭营坚守。

苏茂、周建冲营未果，也收兵回营。当夜，周建的侄子周诵叛变，闭城不让苏茂、周建入城，苏茂、周建、刘纡连夜遁去。周建死在逃跑路上，刘纡逃归佼强，苏茂则逃往下邳投奔关东的另一个枭雄董宪。

刘纡在西防也没待多久。公元29年，刘秀派骠骑大将军杜茂进攻西防，佼强支持不住，和刘纡一起也投奔了董宪。

至此，刘永政权基本被解决。因为刘永余孽与董宪的合流，则下一个解决的对象就不可避免的变成了董宪。

不管是在垂惠聚，还是在西防，抑或两城之间野战的追亡逐北，都属于灭刘永之战的余音，因而盖延仍然是总指挥。

随着刘永势力的最后据点被拔除，战役形势发生新变化，灭刘永之战已结束，灭董宪之战已开启。

公元28年春天，盖延在追击周建、苏茂的蕲县之战后不久，就与董宪打了一次接触战，董宪派来的助威团被迅速击溃。

公元28年，盖延在山东、河南、安徽、湖北交界一带，是纵横无敌的。盖延也打得很开心，史书记载，在彭城、郯县、下邳之间，盖延有时候一天能打好几仗，总能有所斩获，盖延上瘾了。

刘秀在后方都感受到了盖延孤军深入、刀尖跳芭蕾的危险，专门下诏书告诫他稳一点，但已经晚了。

盖延迎来了他作为首席统帅在东线战场的最后一个好消息：董宪部将、驻守兰陵的贲休举城向汉军投降。兰陵距董宪的大本营东海郡郡治郯县，不足四十公里，战略位置重要，一旦反叛就是腹心之患。所以，董宪动作很快，听到消息后，立即组织兵马从郯县出发，围攻兰陵。

当时，盖延和庞萌都在楚国或者楚郡，而刘秀已经驾临一百三十公里外的谯县总揽全局。盖延和庞萌当即派人向刘秀请战，他们要救援兰陵。

刘秀的指示很快到达彭城前线，他命令盖延、庞萌带领军队直捣郯县，围魏救赵。但盖延认为，兰陵城危在旦夕，遂决定先去救援兰陵。盖延率军抵达兰陵城下，董宪稍稍抵抗一番，就佯装不敌，放盖延进了兰陵城。

盖延军一进城，董宪立即指挥大军合围兰陵。盖延登城一看，黑压压的一片，无边无际：从哪冒出来这么多兵？盖延心中打怵，一合计，立即又带兵突围。

这次，盖延打算听刘秀的，前去进攻郯城。围魏救赵反着来当然是不好使的。盖延士气低落的军队没有打下郯城，兰陵却被董宪攻下，贲休被董宪诛杀。贲休自白：集结号吹早了……

兰陵之战后不久，庞萌又反了。绿林起义初期庞萌就在下江兵中。刘玄称帝，庞萌被任命为冀州牧，带兵跟随尚书令谢躬与刘秀一起击破王郎。谢躬被刘秀设计诛杀后，庞萌向刘秀投降，刘秀即位后，他被任命为侍中。

庞萌为人谦逊柔顺，在遍地刺儿头的刘秀军中显得很特殊，因此刘秀很喜欢他。刘秀还当着众大臣的面说："可以托六尺之孤、寄百里之命者，庞萌是也。"

这意思就是：我要是飞升得早，庞萌能当我的周公、霍光——刘秀是不知道诸葛亮，不然一定要加个诸葛亮。然而现在，刘秀的周公、霍光、诸葛亮背叛了他，打脸打得啪啪响。

也不是没有缘由。当时刘秀频频在后方下诏书指示前线战事，这些诏书总是下发给盖延，没有给庞萌的。

个人觉得这很正常，盖延是前线总指挥嘛！但大概因为刘秀的信任，庞萌觉得前线总指挥不是一个人，而是一个决策部门，因此，诏书单单下给盖延，一定有猫腻。

庞萌觉得一定是盖延说他坏话了。进一步想，搞不好自己有一天就成了彭宠了，越想越不得劲，于是，反了！

庞萌一反，盖延就惨了。盖延正跟刘永残部、董宪部打得热火朝天呢，庞萌一个背刺，盖延几乎全军覆没。盖延沿着泗水一路逃窜，又是毁船、又是断桥，各种手段都使尽了，仅仅脱身而已。

盖延败了，刘秀也就不能在后方稳坐钓鱼台了。他当即下令，征召盖延、吴汉、王常、马武、王梁、王霸等人，带兵前来睢阳会合。

董宪这边得到刘秀要御驾亲征的消息，便与佼强、刘纡、苏茂一起，从下邳赶往兰陵。随后，董宪自己驻守兰陵，派苏茂、佼强合兵三万，前往桃乡助庞萌。

这一动态很快被哨探汇报给刘秀，刘秀当时正在睢阳北边的蒙县出巡，同时等待大军集结。但得知董宪军的这一动向后，刘秀决定不等了，他要保住桃城，他要在这里与董宪、庞萌决战。

刘秀把辎重都留在睢阳，带了三千轻骑和数万步卒，日夜兼程，抵达桃乡南边的任城，距桃乡大约六十公里。火急火燎地兼程赶来，当然是为了救援桃乡，但刘秀忽然决定在任城不走了。

将领们很不解，都纷纷请战，庞萌、董宪围城的军队也前来挑战，但刘秀都坚守不出。刘秀自有道理：他从蒙县急行军二百公里，士卒疲惫，需要养精蓄锐；而且他亲自来救，对桃城内的守军来说，是一剂强心针——皇帝亲自来救咱，咱怎么也得再坚持三秒。

桃城和任城，互为犄角，又坚守了二十多天。庞萌、苏茂在城外急得上火，但毫无办法。二十天后，吴汉带领大军从东郡赶来，诸将也各自带兵来会。

大军集结完毕，兵强马壮，刘秀挥军向桃乡进发。他找回了当年在昆阳城下的感觉，亲自上阵杀了几个贼人，然后，庞萌等就像鸡蛋壳一样被碾碎了。

庞萌、苏茂、佼强丢弃了辎重，连夜逃窜。在兰陵的董宪，只好亲自带兵向北挺进，妄图挽救残局。

他们在昌虑、新阳一带布置了防线。昌虑屯集有几万人，董宪则带着万余精锐屯守在新阳，依托山河之险，两相呼应。

但遗憾的是，这点地利实在有限，刘秀率大军进抵蕃县，随后派吴汉从薛县这里绕过去，就直奔董宪去了。董宪很快被击败，逃回昌虑和刘纡一起固守。

这时候，五校农民军残部有几千人，步骑混编在附近，董宪就派人说服了这拨农民军，让他们屯守在建阳与自己呼应。

这点人，还不够刘秀大军塞牙缝的。众将建功立业之心很急切，纷纷提议，全军进攻，一起收拾了，但刘秀又不同意。他认为五校农民军是流寇，没有粮食，在建阳待不了多久，等他们散了再打昌虑。

高，实在是高！虽然刘秀的判断很准确。但这不是重点，重点是从这一事件中，我们可以看到刘秀高出当世绝大部分人的思考维度。

农民军是不得不镇压的，但怎么个镇压法很重要。怀柔瓦解，他们会变成帝国复兴的正资产；一味暴力镇压，相当于拿自己家的碗去砸自己家的锅。刘秀对帝国的一切，都是有主人翁意识的。而其他人没有，即便有也不全面，层级也不够高。

刘秀的东汉政权，本质上是个豪强地主阶级政权，一开始就诞生了远超西汉初年的食利阶层。不得不承认，刘秀除了对地主阶级宽容之外，他对农民阶层也并不坏，跟许多皇帝比起来，甚至是很好。

所以，虽然我一直对刘秀与生俱来的剥削阶级性批判很多，但收拾了乱局，又对底层人民颇为友好的他，仍然不失为一个伟大的皇帝，他是一个数百年一遇的英雄人物。

后来，五校农民军果然作鸟兽散，多数逃到了琅琊郡境内，解除武装种地去了。刘秀亲自带大军四面围攻董宪，董宪军战败，将士四散奔走。佼强率众投降，苏茂逃奔张步，刘纡被部下杀死，做了投名状。

庞萌与董宪逃入缯山，体验了一把当山贼的感觉，随后，董宪被他的部分忠实支持者迎回郯县。不久，郯县又被吴汉攻破，庞萌与董宪又逃到朐县苟活了近一年。但一直在吴汉的围困中，最后粮食断绝，弃城突围，他试图逃窜到琅琊郡进攻赣榆县，却被琅琊太守陈俊击败。

最后，庞萌与董宪在逃亡途中，被部下杀死，也做了别人晋身的投名状。至此，庞萌和董宪，都随风远去了。

肆　耿弇纵横

耿弇不是纨绔子弟，他是典型的贵公子，受过良好的贵族教育，还是文能治国、武能平天下的那种，这是被上天特别偏爱的一个人。

我们说起两汉之交，总说刘秀开挂，以这个逻辑来推，耿弇毫无疑问也是个开挂的男人。更始帝定都长安时，耿弇年仅二十一岁，他奉父命前往长安向更始帝投诚，然后在卢奴遇到了刘秀。

此后，他就一直在请战。他跟朱祐聊，请求回上谷带着上谷精兵来帮助刘秀打王郎，刘秀听说了，赞扬了一句“小伙子，有志气”，就没有然后了。

后来，蓟县逃难，他让刘秀跟他去上谷，依靠上谷、渔阳的兵众打王郎，刘秀迫于随从的压力没有去，但他打发耿弇回家，让他做自己的“北道主人”。

耿弇回到上谷，带回了渔阳、上谷两郡的精锐，带回了吴汉、盖延、寇恂、景丹这些云台二十八将级别的选手，沿途攻下依附王郎的二十多个县，并最终成为攻破邯郸城的最后一把火。

这时候，刘秀开始认真审视这个年轻人，但刘秀给他的职位只是偏将军，让其跟随左右冲锋陷阵。这时的耿弇，就像是刘秀的羽林队长。刘秀镇压铜马军时，耿弇再次请求和吴汉一起回幽州发十郡兵助战，这次耿弇被任命为大将军。刘秀即位后，又改封耿弇为建威大将军。

将军头衔越来越威风，但实际作战行动中，耿弇仍然只作为战术行动的选择，打个县城，走个迂回，剿个匪。他百战百胜，但一直没有得到一个独当一面的机会。

刘秀亲征邓奉叛乱时，走到舂陵，耿弇再一次请求回上谷征兵。耿弇的目标是：平定渔阳彭宠的叛乱；平定涿郡张丰的叛乱；再剿灭富平、获索农民军；最后，南下攻灭张步。

这一年，耿弇二十四岁。耿弇这次请战，和以往一样，不要刘秀的兵，只要刘秀批准他的作战行动。这一次，刘秀批准了。刘秀也想看看这个年轻人独当一面的样子。

当然了，刘秀也安排了必要的支援，景丹、朱祐、祭遵，甚至吴汉，都给耿弇的军事行动打过掩护。

彭宠被苍头杀了，张丰是被祭遵抓获斩首的，获索、平原贼是吴汉和耿弇一起打的，但耿弇和他的家族在其中都出了大力。这是当初他对刘秀吹的牛，前三个战略目标，虽然不是独立完成的，但到底完成了。

最后一个战略目标是征张步。建武五年，刘秀下诏，让耿弇带领骑都尉刘歆、泰山太守陈俊，从平原向东南渡河进攻张步。

追随刘秀近六年，请战数次。终于，在建武五年，耿弇在邓禹、吴汉、岑彭、盖延、冯异之后，也被任命为独当一面的元帅。他会交出怎样的战绩呢？

邓禹一征关中先胜后败，几乎全军覆没。吴汉所向无敌，因为太残暴，把友军邓奉逼反，从南阳狼狈逃回。岑彭被刘秀踢了两次屁股，又现场教学一次，才真正成为方面之帅。盖延横扫刘永，让董宪如临大敌，但不懂围魏救赵，丢了兰陵，庞萌一个背刺，更是落得只身败归。冯异深得“先为不可胜，而后求胜”，但也一度被邓禹拖下水，体验了一把光杆司令逃命的感觉。

耿弇还能延续百战百胜的传奇吗？答案是，可以！刘秀本来的打算是，耿弇从西北挺进山东先打着，自己这边收拾了董宪、庞萌，就可以从西南对张步形成夹攻。但耿弇抢在刘秀到来之前，就把张步打到残血，出门随便补个刀就灭了。

战争大抵分三阶段。

第一阶段，张步派大将军费邑在历下、祝阿一带布防。费邑自己屯军历下，分兵祝阿，又在泰山钟城列营数十。耿弇刚过河，二话不说，主力猛攻祝阿军，半天打下，但围三缺一，让祝阿败军逃归钟城。钟城的守军看到汹涌而来、血肉模糊的败军，吓得直接弃营逃跑了。

这时，费邑又让自己的弟弟费敢屯守巨里，与自己呼应，组织二次防御。耿弇随后玩了一出声东击西，扬言三天后攻巨里，引诱费邑三天后带兵来救。双方野战，费邑被斩首送到巨里城下示众，费敢当即弃城率军逃归张步。祝阿投降，耿弇随即派兵徇属县，没几天，就平定了济南郡。

第二阶段，耿弇巩固济南郡，恢复元气后，挺进临淄，直捣腹心。

张步的布防是这样的：弟弟张蓝驻守西安县，有精兵两万；诸郡太守合兵万余人驻守临淄；自己带主力在剧县。西安与临淄相距十五公里，典型的互为犄角。但剧县就远一些，距临淄超过三十公里，最重要的是，张步此时没有与耿弇决战的打算。

耿弇直接把大军开进到西安、临淄两城之间，又玩了出声东击西。他扬言要攻西安，到开战那天，却突然进攻临淄。最后，只用了半天，临淄被攻下。临淄城大，但兵少，又分属几个太守，不能合力，实际是个软柿子。

张蓝的选择和费敢一样，一看临淄被攻破，吓得也不等耿弇来打了，直接弃城而逃，跑到剧县找大哥去了。声东击西就这么好用吗？确实好用，但关键还是因为两个城加起来才三万多人，张步没有与耿弇大军决战的勇气，只能被动防守。

耿弇放话要强攻西安，让张蓝紧张了好几天。耿弇声东击西打了临淄，按理张蓝应该出兵救援，但这种感觉，就像高考完了一样，压力突然没了，张蓝正处于摆脱紧张的快感中，稍一耽搁，临淄城没了。

第三阶段，决战。

张步本来颇为谨慎，做好了打持久战的准备。但耿弇打下临淄、西安后，却下了一道奇怪的命令：不要去剧县境内劫掠。对屠城三百、最擅长以战养战的耿弇来说，这很不正常。

耿弇想干吗呢？他放出话去：“我在临淄城下，等张步来决战，等收拾了张步，一块儿抢！”张步听说后，怒极而笑：“老夫纵横山东十年，你个毛头小子，太张狂了。”

张步随即决定：盘耿弇！张步有底气，他自己还有十余万精兵，又收编了大彤农民军数万人，合计二十万，耿弇的士兵不足十万人。

主场还有兵力优势，张步相信自己能打败耿弇。但很遗憾，耿弇的上谷突骑，是那个时代最强悍的兵种，远非这些乌合之众所能匹敌。

双方接战后，耿弇先让了一步，他原本在临淄城下迎敌，装模作样打了一阵后，带兵向西安退却。

在西安，耿弇与张步展开了一日一夜的恶战，耿弇屁股被射了一箭，砍断了箭杆继续作战。

陈俊一度被张步军凶猛的攻势震慑，劝耿弇收兵回城固守，等着刘秀大军到来，再合力攻破张步。当时，刘秀已经进军到鲁郡，并且已经通知了耿弇，等自己到了，再会战张步。但耿弇没有放弃这次成为将星明珠的机会。

耿弇大声对着陈俊，也对着众将士说道："御驾前来，我们做臣子的应该杀牛宰羊欢迎，怎么能将贼寇留给君父？"随即下令，全军出击。

张步这才发现，原来耿弇这小子，在城里还藏了这么多生力军。张步㞞了，张步退了，但耿弇提前在退路上打了埋伏。于是，张步溃不成军。汉军追击八九十里，张步军尸横遍野。

一战，张步赔掉了攒了多年的全部家底，一战，山东因此而定。几天后，刘秀御驾到来，对耿弇做出了最高评价："当年韩信攻齐，是攻已经投降的齐国，现在耿伯昭（耿弇，字伯昭）却一路强攻，比之韩信，还更难一些。"

此外，刘秀还说："当初你在南阳请战时，我还觉得难以实现，没想到，你到底做到了，真是有志者事竟成！""有志者事竟成"这个成语，就出自这里。

耿弇一生，战术胜利数不胜数，如果没有这一次大战，他或许只是樊哙、周勃这样的陷阵猛将。经此一战，耿弇脱离了将这个层次，进入了帅这个级别。作为一个军人，他是职业的，甚至是完美的。

而随着张步的覆灭，整个关东基本都纳入了汉的版图。淮南还有个不知天高地厚的李宪，但刘秀派几个偏将就收拾了。接下来，刘秀的战略重心就要转移到西线来。

伍　平定隗嚣

耿弇三场大战打败了张步。不久，张步杀了苏茂向刘秀投降，被封为安丘侯，安置在洛阳居住，三个弟弟也被赦免。

这时候，对张步而言，需要调整心态，装㞞到底。但建武八年，张步带着老婆、孩子逃到了临淮郡，准备和弟弟张蓝、张弘招揽旧部，逃入海中，当海贼王。

张步的计划失败了，他刚到临淮郡，就被琅琊太守陈俊带兵击杀。当初顽抗到底，我还敬他是条汉子。已经投降，又作妖，可太拎不清了——建武八年，隗嚣都成了秋后的蚂蚱了。

不过，张步并不寂寞，在那个时代，拎不清的人有很多，天水隗嚣也是个中翘楚。隗嚣最初在天水起兵，据有陇西，打的是复汉的旗号，更始政权建立后，他没有丝毫犹豫，就接受更始帝刘玄的征召去了长安，成为更始政权的官员。

彼时的隗嚣，汉是他的信仰。后来，更始政权政治败坏，隗嚣又建议刘玄让帝位给刘秀的叔叔赵王刘良。刘玄拒绝后，隗嚣又参与了绑架刘玄回南阳的谋划，谋划失败后，他再度回到陇西自立。

这时的隗嚣，汉依然是他的信仰。邓禹西征，冯愔叛乱，隗嚣曾经帮助邓禹平乱，被邓禹承制拜为西州大将军，跟刘秀搭上了线。建武三年，隗嚣遣使上书，臣服于刘秀，又多次和冯异一道打退公孙述图谋关中的进攻。

建武四年、五年的隗嚣，依然是颇为坚定的亲汉派。建武五年，隗嚣还遣长子隗恂入侍，终其一生，他都没有表现出要称帝自立的样子。

但是在建武五年，他的部将王元、王捷等人屡屡劝说他割据自雄，他开始动心了。同时，隗嚣政权内部的撕裂愈演愈烈，马援、班彪、申屠刚、杜林、郑兴这些名士大儒，早就与刘秀暗通款曲，实质上成为隗嚣政权的买办、投降派和带路党。当然了，这些名士的身份应该算客卿，与隗嚣并没有臣子名分，所以，不伤大节。

以隗嚣一直以来的拥汉表现，他应当成为马援、班彪等的代言人，而不是成为军功派王元、王捷的领袖。

他最终是不可能保住全部地盘的，但倘若带着整个陇西投降刘秀，参考河西窦氏、上谷耿氏，做一个隐形的陇西王，成为顶级豪族是没有问题的。

但当他开始与刘秀离心，就注定了身死名灭。建武六年，刘秀消灭张步政权，彻底荡平了关东。天下十二部刺史，刘秀有其十，这是隗嚣归顺的最后时间窗口。

刘秀需要巩固关东，大军也需要休整。因此，刘秀先诏令隗嚣攻蜀，试探隗嚣的反应，但隗嚣委婉地拒绝了。

不久，刘秀亲临长安，遣耿弇率领七将军从陇道伐蜀，并让来歙奉旨通知隗嚣，大军要经过隗嚣的地盘。隗嚣当然知道假途灭虢的典故，刘秀在敲打他，他不可能看不懂。

来歙本身性格暴烈，又作为天子使臣，到了隗嚣处，一看隗嚣的不痛快样，气不打一处来，当即就要刺杀隗嚣。

在隗嚣的地盘，这当然是行不通的。但诡异的是，拔剑相向被拦下后，来歙竟然大摇大摆带着手下从容撤回。隗嚣恨不得立即杀掉来歙，但许多人拦住了他——前文说了，隗嚣政权内部极度撕裂。

来歙、隗嚣的客卿、刘秀集团的大多数人、河西的窦融都很清楚，胆敢与汉对抗，隗嚣的末日不远，所以，来歙才这么不把隗嚣当回事。

但如此咄咄逼人，隗嚣的反叛必然加速。不过，站在刘秀的角度，统一也要加速。

来歙奉使归来不久，隗嚣与刘秀的战争启动。

但隗嚣竟然比预计的难啃得多。关西出将，隗嚣的兵，都是西凉能征善战之士，大概骑兵也多，加上地理优势，耿弇们上了陇山，取得了一些胜利，但最后还是被赶下陇来。

恰巧关东颍川、汝南一带又发生叛乱，刘秀火速赶回洛阳平乱，关中军心不稳，隗嚣的反攻一度进入关中平原。

双方暂时休兵，隗嚣得了便宜，又向刘秀上书，说汉军声势吓到了自己，反应过度了。刘秀回信："别说这些有用没用的，能战来战，不能战速降；若降，高爵厚禄，若战，必死无疑。"

隗嚣想打太极，刘秀却很直接地把条件摆在台面上。隗嚣想了想，扭头向公孙述称臣了，被公孙述封为朔宁王——这操作！

建武七年，得了公孙述支援的隗嚣，两次发动对关中和陕北的攻击，但分别被冯异和祭遵击败。这一年，汉军处于守势。

建武八年，来歙走山道小路，奔袭略阳城。来歙其人，生猛即在于此，这本来是个战术行动，打个秋风，该撤就撤，但来歙攻下略阳城后，住在这里不走了。

隗嚣通常在宝鸡到固原之间、宝鸡到天水之间陇山两麓布防，略阳则深入陇西腹地。来歙的玩法，无疑是自陷绝地。

但来歙固守略阳，对隗嚣的整个陇上领地都是巨大的威慑。因此，隗嚣立即派将领加固防线，同时，亲率大军连同公孙述的援军，直扑略阳道。

然而，来歙却向死而生，来歙在略阳固守了近一年，随后，他向刘秀上书，说隗嚣已经师老兵疲，可以大举进军了。

于是，刘秀再度亲征。大军未动，战宣先行。刘秀让王遵给故友、隗嚣大将牛邯写信劝降，牛邯接到信后，思量了一番，顺从了大势，带着十六个县、十余万人投降了。

这一次，吴汉与岑彭把隗嚣围困在西城，盖延与耿弇则把公孙述的两个大将田弇和李育围在了上邽。四大元帅出马，隗嚣危在旦夕。

但是，汉军竟又莫名其妙地败了。围城几个月后，隗嚣大将王元等人从蜀地请来了五千救兵，他们从西城周边的山上四散冲来，大喊："百万大军前来！"

汉军有些慌，吴汉和岑彭来不及整军，王元等人已经带兵突进了城里，把隗嚣救了出来，奔冀县去了。

快要煮熟的鸭子飞了！吴汉、耿弇长久屯兵陇上，粮草殆尽，只好撤兵，而北地、安定、天水、陇西这些郡县就又反归隗嚣。

不过，到了建武九年春天，隗嚣因为羞愤而病，不久死去。王元等人拥立了隗嚣的儿子隗纯，陇西隗氏穷途末路的迹象愈发明显。

建武十年，来歙、盖延、耿弇三人率军再次攻入陇上，隗纯投降，王元逃入蜀地，陇西隗氏政权灭亡。

回头再看刘秀灭亡隗嚣之战。隗嚣的优势，主要在于陇上骁勇善战的士兵、优越的地理条件。

但单单陇上地区，缺乏战略纵深，而隗嚣政权作为汉人政权，又不能像羌人一样大撤退到青海一带。所以，战术上的优势，最终抵不过战略上的劣势。

战争层面，隗氏一直在占便宜，最后还是无奈投降。早知如今，何必当初呢？另外，既然提到了羌人，就先预告一下，东汉要在这附近和羌人打上近二百年，陇上将成为东汉帝国永不痊愈的伤口。

而守陕必守陇，东汉帝国的开国元勋打个陇西都这么费劲，可想而知，他们的后代，那些生于安乐、长于妇人的纨绔子弟，是不可能守卫陇西的。陇西不守，关中必乱。

隗嚣成了过去式，而与隗嚣一样，在前汉末年割据帝国西北的窦融却因为恪守能力圈，成为东汉帝国最显赫的家族之一。

窦氏，始于西汉文帝窦太后。东汉窦氏，始于窦融，是窦太后弟弟窦广国的七世孙。窦融高祖父时，窦氏迁居扶风平陵。

王莽时，窦融以强弩将军司马的身份参加过对翟义、槐里之乱的镇压，他的妹妹是新朝大司空、王莽从弟王邑的小妾。

后来，窦融又跟随王匡东征，与刘秀大战于昆阳城下——刘秀在昆阳如天神下凡一般的表现，他是亲历者。

更始政权进入长安后，窦融带着部下向更始大司马赵萌投降，被任命为校尉，后来又被赵萌举荐为巨鹿太守。

窦融作为政治老手，对更始政权能否建立稳定统治还充满疑问，因此不愿意东出就职——此时的关东太不安定。

但在长安，更始功臣太多，派系纷争，是个是非之地。再三权衡之下，窦融选中了河西走廊这块地盘。

窦融的高祖父曾经做过张掖太守，从祖父则担任过胡强校尉，从弟此时正担任武威太守，窦氏在河西颇有根基。

于是，窦融向赵萌请求出任河西。最后，通过赵萌说动了更始帝刘玄，窦融被任命为张掖属国都尉，举家西向。

窦融到了河西，与酒泉太守梁统、金城太守厍（shè）钧、张掖都尉史苞、酒泉都尉竺曾、敦煌都尉辛肜交结互保。

更始政权垮台后，窦融被众人推举为行河西五郡大将军事。窦融就职后，重新整合了河西的郡级官吏，梁统、厍钧、史苞、竺曾、辛肜瓜分了五郡太守职位，原先的武威太守马期、张掖太守任仲，由于孤立不党而被解除职务、排挤出河西统治集团。

随后，很好玩的是，窦融仍然以都尉的身份居属国，兼职监察五郡而已。此时，河西的政治实际上类似于联邦制，五郡太守高度自治，窦融是联邦领袖。

在大一统的时代，这就是在搞分裂，但在当时，天下未定之际，窦融在河西的割据，保证了河西的安定繁荣发展。

窦融和众太守练兵守边、发展农业、和合诸戎，为河西走廊的深度开发做出了卓越的贡献。

可以说，窦融做了一个经营帝国边境的完美榜样。只可惜，这同时也意味着地方势力的膨胀，与中央集权的格格不入。不是每一个皇帝都是刘秀，也不是每一个封疆大吏都是窦融。

后来，刘秀渐次扫平关东群雄之后，窦融表态拥护刘秀的中央政权，并做出了归属于统一政权的实质性让步，相当于窦融主动接受了刘秀集团的并购。

窦融集团也因此跻身东汉政权的大股东之一，而且，河西窦融集团不同于普通的功臣集团，他们在河西积累的财富基本得到保全。论财力，河西几大豪强显然强过南阳和河北豪强。

窦融入朝后，也成为平衡河北、南阳豪强的一大势力。天下稍稍平定之后，刘秀就不允许功臣居三公之位，但窦融从建武八年就一直担任大司空。直到建武二十年，受大司徒戴涉举荐不当之事牵连，窦融的三公之位才被罢免。但不久就加位特进，代阴兴行卫尉事，兼领将作大匠。光武一朝，窦氏荣宠不衰。

陆　真枭雄公孙述

建武三年夏，刘秀御驾亲征，解决了邓奉叛乱后，班师回朝。但荆州南部并未平定，刘秀把这一任务交给了岑彭，同时给他配备了三万精兵，还有傅俊、刘宏、臧宫三个副将。

岑彭的对手是秦丰、田戎，还有一个流窜犯延岑。延岑被冯异赶出关中后，流窜到南阳，又组织起一支人马捣乱。刘秀班师回朝途中，派耿弇把延岑办了，延岑又逃奔东阳，与秦丰勾结。

岑彭先攻破黄邮，进抵邓县。在这里，秦丰与他的大将蔡宏拼死坚守，延岑则在东阳遥相呼应，岑彭被阻住了，一阻就是几个月。刘秀在后方怒了：还要我再御驾亲征一次？当即下诏书切责岑彭。

这一逼，逼出了一个名将。岑彭接到诏书后，当夜下令整顿军马，大张旗鼓地布置了作战任务：明天早上西击山都。

夜里，岑彭命人假装疏忽放跑了几个秦丰军的俘虏。这些俘虏回到秦丰军中，向秦丰报告了岑彭的作战指令。秦丰也旋即做出了应对：重兵布防邓县西边的山都。

接下来的事情很好猜——岑彭玩了一出声东击西。岑彭偷偷地派兵渡过沔水，进攻阿头山，大破秦丰在此驻守的部将张杨。

随后，岑彭从山谷间伐木开道，直扑秦丰老巢黎丘，攻破黎丘城外呼应的屯兵。至此，邓县之战大局已定。

秦丰在邓县、山都一线重兵构筑的防线，是战事的关键之关键，岑彭几个月都奈何不得。但当岑彭采用声东击西的策略完成突防之后，就彻底打乱了秦丰的部署。

秦丰得知岑彭进逼黎丘之后，当即回军驰援，这一次他变成了进攻方。岑彭打出了防守反击，蔡宏被斩杀，秦丰则逃回黎丘，延岑也从邓县防线回到黎丘。秦丰的国相赵京以宜城向岑彭投降，岑彭进围秦丰于黎丘。

岑彭的辉煌战果，吓坏了在夷陵的田戎。田戎决定向岑彭投降，问计于大舅子辛臣，辛臣不同意，但田戎执意投降。

建武四年春，田戎留辛臣守夷陵，自己则带兵沿江而下，又逆沔水而上，进抵黎丘，他已经与岑彭约好了投降日期。

谁知道大舅子辛臣在他走后，立即卷了夷陵的金银财宝抄小路去找岑彭投降了。田戎千防万防没防住大舅子！关键是，他因此起了疑心，该不是大舅子提前已经跟汉军将领串通好了坑自己吧。

安全起见，田戎决定不投降了，转而与秦丰勾连，准备一起抵抗岑彭。此时的岑彭已经今非昔比，突破秦丰的邓县防线之后，他仿佛打开了任督二脉：一起上？省得我一个个找了。

于是，岑彭又摁住田戎一通揍，几个月后，把田戎打得丢盔卸甲退回夷陵去了，田戎的部下，战死的战死，投降的投降，逃回夷陵的没几个。

而秦丰的黎丘也消耗殆尽，城中满打满算还有一千多人。刘秀就派朱祐前往黎丘代替岑彭围城，而让岑彭率大军进攻夷陵。

不久，岑彭攻破夷陵，田戎逃归公孙述。夷陵是长江进入江汉平原的门户，岑彭占据了夷陵，就控制了公孙述东出的长江水道，保证了荆州的安全。

至此，在关中，冯异堵住了隗嚣东进、公孙述北上的门户，岑彭又控制了公孙述东出的必经水路，隗嚣和公孙述的生存空间被锁定。

另外，交代一下，小强延岑又跑了。秦丰困守黎丘的某个时刻，延岑逃离了黎丘，建武四年春天，又组织起一支武装在博山县附近搞事了。

刘秀很头疼，因此动作也很快，他立即派邓禹带领邓晔、于匡从宛城出发攻击延岑。延岑在博山县被击败，随后逃往武当，再次战败。但邓禹依旧没能消灭延岑，延岑从武当逆汉水而上，逃窜到了汉中。

延岑的座右铭：只要汉帝国境内还有一个割据政权存在，我就能活着！顺便，延岑荆州走这一遭，分别和耿弇、邓禹、岑彭，目前我们讲过的三个方面元帅都较量了一番，延岑绝对是两汉之交生活经历最丰富的人。

而延岑的故事仍然没有讲完，到了汉中，他向公孙述投降，被拜为大司马，封汝宁王，负责镇守关中。

好了，我们要讲公孙述了。

公孙述，字子阳，扶风茂陵人，是京城人。出生于官宦世家，汉哀帝时，因父亲公孙仁的缘故补任为郎吏，后来父亲调任河南都尉，公孙述补任清水县长。清水县属天水郡。

公孙仁看公孙述这么年轻，就出任一县之长，怕他办不好事情，刻意选拔了自己门下的几个老人陪他上任。不久，这几个老人都回来了，跟公孙仁说："这小子，我们教不了！"

后来，天水太守很欣赏公孙述的能力，就让他兼管五个县，类似于冯异在颍川时的职责。在公孙述的治理下，这五个县奸道绝迹、路不拾遗。

王莽继位后，任命公孙述为导江卒正，也就是蜀郡太守，治临邛，颇有能名。更始政权建立后，各地豪杰群起响应，南阳人宗成带兵侵入汉中，又有王岑起兵洛县。

公孙述听说后，就派人迎接宗成等人，希望和他们共同治理益州。但宗成等人进入成都后，烧杀抢掠无恶不作，公孙述只好出头召集当地豪强组织义军攻击宗成。

在成军之前，公孙述先派人伪装更始帝刘玄的使者从东方前来，以汉的名义任命自己代理辅汉将军、蜀郡太守兼益州牧。

就这样，公孙述成了益州之主。他组织了千余精兵，沿途发展到数千人，遂大破宗成。一个叫垣副的部将杀了宗成，向公孙述投降。

更始二年，公孙述被功曹李熊等人拥立为蜀王，建都成都。建武元年四月，公孙述又被拥立为皇帝，并以李熊为大司徒，弟弟公孙光为大司马、公孙恢为大司空。

从顶层设计来看，公孙述建国之初，就没有像刘秀那样与士大夫共天下，而是重用弟弟，排挤当地豪强，与刘秀相比，可谓落了下乘。

最关键的是，公孙述接下来的进取遇到了极大的障碍。公孙述要从汉中北出关中，但一直被冯异与隗嚣死死堵在陈仓，无法出去，甚至一度被冯异追到汉中平原的北边。

北上遇阻后，公孙述才做好准备东进开拓荆州，这已经是建武五年的事情了——秦丰、田戎已经被岑彭打败，荆州已经大部落入刘秀之手。

如果公孙述称帝时就开始经略东方，则秦丰、田戎本该是他的菜，当刘秀占据关中时，他可以跨有荆益，当刘秀荡平关东时，他可以夺取扬州，关中、关东可比荆州、扬州难打多了。

所以，当建武六年，公孙述想借助田戎、延岑这些丧家之犬图谋荆州时，只有失败一途——岑彭早在夷陵水道布置了重重防御。

当然了，公孙述没有在政权建立初期就锐意对外用兵，未必就是他战略眼光的问题——对外攻略、扩大地盘是随便谁都能想到的战略方向，但做不做得到又是一回事。

我们无法得知，公孙述让两个弟弟位居三公究竟是因还是果。如果是因，这将导致豪强的不配合，公孙述有安内的需求。如果是果，那说明，起初公孙述与豪强之间本就缺乏信任。

刘秀与河北豪强，也是在玩危险的平衡、巧妙的博弈，邓奉、彭宠、刘杨之叛都危害巨大，公孙述各方面显著不及刘秀，其内部的矛盾无疑更严重。

《公孙述传》讲，公孙述“性苛细，察于小事。敢诛杀而不见大体”，又讲“延岑、田戎亦数请兵立功，终疑不听”，又讲“又立其两子为王……唯公孙氏得任事，由此大臣皆怨”，这都是公孙述内部矛盾的外在表现。

基于此，建武六年之后，公孙述已经失去了在北线和东线破局的可能。他支持隗嚣顽抗了三年，隗嚣到底在建武九年败了。

他派大司徒任满、南郡太守程汎与田戎等攻破了夷陵、夷道，占据了荆门，暂时打开了东出的门户，但两年后，也就是建武十一年，岑彭与吴汉征集荆州大军会战江上，一举击溃公孙述军，任满、程汎被斩杀，田戎逃归江州。

岑彭追到江州，进入广阔无垠的成都平原，兴奋异常，各种穿插迂回，连战连捷，很快攻破武阳，派出精骑打野，兵锋直指成都。

与此同时，来歙率领大军在河池、下辨一带也击败了王元、怀安等蜀将，乘胜而进。一旦两路在成都平原会师，公孙述的灭亡将在须臾间。

但不可思议的事情发生了，怀安招募刺客刺杀了来歙。岑彭这厢，武阳西南有个地名，叫彭亡聚，岑彭就驻军在这里，听闻这个地名，莫名反感，打算移营，但天色已晚，就先搁置了。当天夜里，公孙述派来的刺客，诈称亡奴来降，遂刺杀岑彭。

岑彭之死是蜀人的不幸——岑彭进入成都平原后，约束军纪，下令军士不得掳掠，很得百姓欢迎。岑彭死后，接替他的是素以残暴好杀闻名的吴汉。

而伴随着汉军大兵压境，蜀亡之势已成，刺杀来歙与岑彭，不过聊续残命而已。建武十二年，吴汉、臧宫、刘尚等人破蜀，吴汉下令尽灭公孙氏，族灭延岑，又放兵大掠三日，焚烧宫室。

在两汉之交、天下大乱的情况下，公孙述割据巴蜀，保一方平安，有其积极意义。但在天下大势明朗之际，还要逆势而为，就只能逆之者亡了。

不过，公孙述被围成都之际，曾经亲自出城死战，以致重伤不治，在士大夫常少、张隆劝降之际，能说出“废兴命也，岂有降天子哉”这种话，也不失为一个硬汉。

两军将士的牺牲，公孙述或许有罪，延岑开城投降后，成都所遭的三日屠戮，则吴汉可谓穷凶极恶。

而伴随着公孙述的灭亡，天下可以说基本平定了。河西的窦融早就归降，而且带着部属入朝觐见；交州则通过岑彭驻守荆州时的外交努力也已归附。

北方还有卢芳这个傀儡政权，但本质上他是汉与匈奴问题的副产品，搞定匈奴，卢芳自然会消停。羌人在西边第一次捣乱，在隗嚣被灭之后，当即被来歙、马援打缩了头。南方不久之后有征侧、征贰姐妹之乱，也很快被伏波将军马援平定。

建武十三年，帝国得到了前所未有的安定。